高职高专经济管理类“十二五”规划教材

商 务 谈 判

（第二版）

主　编　付　强　施海霞
副主编　景文艳　闫丽娜　柳　娜
主　审　刘　璇

上海财经大学出版社

图书在版编目(CIP)数据

商务谈判/付强,施海霞主编．—2版．—上海:上海财经大学出版社,2015.3
(高职高专经济管理类“十二五”规划教材)

ISBN 978-7-5642-2131-7/F·2131

Ⅰ.①商… Ⅱ.①付… ②施… Ⅲ.①商务谈判-高等职业教育-教材 Ⅳ.①F715.4

中国版本图书馆 CIP 数据核字(2015)第 046541 号

□ 责任编辑 张美芳
□ 封面设计 张克瑶

SHANGWU TANPAN
商 务 谈 判
(第二版)

主 编 付 强 施海霞
副主编 景文艳 闫丽娜 柳 娜
主 审 刘 璇

上海财经大学出版社出版发行
(上海市中山北一路 369 号 邮编 200083)
网 址:http://www.sufep.com
电子邮箱:webmaster @ sufep.com
全国新华书店经销
上海华业装璜印刷厂有限公司印刷装订
2015 年 3 月第 2 版 2025 年 1 月第 4 次印刷

787mm×960mm 1/16 13 印张 292 千字
印数:9 001—9 300 定价:32.00 元

前 言

谈判的历史源远流长，但作为一门科学和艺术的商务谈判学则是近半个世纪日渐发达的商品经济的产物。当今世界经济全球化和一体化的趋势正在进一步深化，世界各国经济与贸易的联系与交往愈加频繁，商务谈判业已成为经济社会广泛而迫切的需求。

商务谈判是充满挑战的特殊交际活动，它所涉及的知识较为宽泛，包括市场营销、企业管理、国际贸易、法律、语言、心理、沟通、演讲、公共关系、财务、金融、会计、政治、经济、文化等多门学科，是一门综合性很强的应用型学科。本书以培养高职学生的应用性技能为主要指导思想，简明扼要地阐述了商务谈判的基本原则和原理，系统地介绍了商务谈判的基本内容及一般程序，结合大量案例进行谈判战术及策略的研究，使学生全面掌握商务谈判所需的基本技巧。全书共分八章，第一、二、三章属于基本原则和原理部分，第四、五、六章侧重商务谈判的实用策略和技巧，第七章为商务谈判的基本礼仪，第八章简要介绍了涉外谈判即国际商务谈判中，不同国家、地区商人的商务谈判风格。每章前设有"知识目标"、"技能目标"和"导入案例"，正文在丰富的教学资料基础上辅以"案例"和"扩展阅读"，章后设有"本章小结"、"课后思考"、"案例分析"。为适应现代高职教育人才培养的要求，特别在每章后安排了"实训项目"，旨在通过实训增强广大学生的实践能力，真正体现出商务谈判的应用性。再版过程中，勘误并对陈旧的知识内容进行更新，替换、增加了各类案例，尤其在"拓展阅读"部分增加了"商务谈判方案范本"、"商务谈判总结范本"、"竞争性谈判计划范本"等实战指导性极强的内容，对于提升高职学生的职业能力大有裨益。

本书理论内容全面而简洁、以"够用"为度，语言平实，案例丰富，可读性、实用性强，适用于市场营销、国际贸易、工商管理及其他经济管理类专业学生使用，同时也可作为商务人员的参考用书。

本书的修订由黑龙江职业学院教师付强、施海霞担任主编，刘璇主审，景文艳、闫丽娜、柳娜担任副主编。教材各章节分工如下：第一、第二、第三章由付强编写，第四、第五章及本书大部分相关案例资料由施海霞编写，第六、第七、第八章及部分案例和相关材料分别由景文艳、闫丽娜、柳娜编写。本书在编写过程中参阅了大量文献及前人的工作成果，得到了多方人士的大力支持，在此一并表示衷心的感谢。

由于编者的水平有限，书中疏漏在所难免，敬请同行专家和广大读者指正。

付强

2015 年 1 月于哈尔滨

前言

目　录

第一章

商务谈判概述

【知识目标】

◎ 了解商务谈判的含义与特点；
◎ 了解各种类型的商务谈判；
◎ 掌握商务谈判的基本程序及其评价标准。

【技能目标】

◎ 能够熟练划分各种类型的商务谈判；
◎ 能够灵活把握商务谈判的基本原则。

【导入案例】

大学临毕业前，小王打算把自己的自行车卖出去，于是在学校的信息公告栏上张贴了转卖启事，没多久就有两个同学打电话找他商量购买自行车的事。甲同学和小王的谈话如下：

甲：你的自行车怎么卖啊？

小王：这车是捷安特牌的，我也就用了半年多，九成新呢，你要买的话就给150元吧。

甲：这也太贵了吧，你这车是二手的，还敢卖这么贵啊！

小王：虽然是二手的，但是你看看，几乎跟新的一样，所以不能低于150元了。

甲：你要价也太黑了，二手车还敢要这价，谁还敢买啊？

小王：同学，你怎么说话呢？

甲：我就这么说话，一辆破车还狮子大开口啊！

小王:你放心,我今天卖给谁也不会卖给你。

甲:破车,白送我都不要。

最终,双方没有谈拢,不欢而散。

乙同学与小王的谈话如下:

乙:学长,这车打算卖多少钱啊?

小王:说实话,这车是品牌的,而且是九成新,要不是毕业了没法带走,我还真没打算把它卖了,你要买的话就150元吧。

乙:看得出来,学长把车保养得很好,而且样式也很漂亮,就是价钱有点贵了。

小王:这车我买的时候原价400元呢,150元这个价已经是很低了。

乙:学长,我也是刚入学的新生,你就算我便宜点呗,我是诚心诚意要买的。

小王:呵呵,那就便宜10元吧,我送你这两把锁。

乙:学长,130元吧,我只有这么多钱了,要不我只要车不要锁了。

小王:看你真心诚意买的分上,130元就卖给你吧,锁也送你了。

乙:真的?那真是太谢谢学长了!

最终,小王把自行车以130元的价格卖给了乙同学。

启示:上述案例中,甲、乙两位同学与小王关于买卖自行车所进行的讨价还价,就是一次谈判的过程。人生是一个巨大的谈判桌,时时、处处都有谈判,一次"双赢"的谈判是建立在"双赢"的沟通基础上的。谈判既是科学,又是艺术。把握规律,找到感觉,辅以系统的训练,人人都可能成为谈判桌上的高手。

第一节　商务谈判的概念和特点

一、正确认识谈判

谈判是人类不可缺少的一种活动,自有人类社会以来,谈判就广泛地存在于人类活动的各个方面。它是人类交往行为中一种最广泛、最普遍的社会现象。大至国与国之间的政治、经济、军事、外交、科技、文化等的相互往来,小至企业之间、个人之间寻求合作与支持,都离不开谈判活动。

谈判这种方式可以说是源远流长。自古以来,中国诸侯间、各地区政权间的政治、军事斗争都离不开谈判,先秦诸子百家中的"纵横家"就是古代谈判专家中的杰出代表,汉末诸葛亮在东吴"舌战群儒"促成孙刘联盟便是成功的军事外交谈判。现代社会,各种谈判更是数不胜数,如著名的"重庆谈判"、"朝鲜停战谈判"、"中美大使级会谈",以及我国为恢复关贸总协定缔约国的地位、加入世界贸易组织长达十几年的双边和多边谈判等。无数事例说明,不论古今中外,不分经济、政治,谈判几乎是同人类文明社会的形成同时产生的。

当前,随着我国市场经济的发展,工商企业大量地利用外资、引进技术,同外国企业的各种贸易活动正在日趋频繁。各界人士，特别是企业界人士对外交往的机会越来越多，各种各样的谈判无时无刻不在进行。就是国内的企业间、部门间也存在许许多多的谈判。但是，许多谈判是在谈判者准备不足、对对手毫无了解的情况下匆忙进行的。有些谈判人员只满足于握手、碰杯、签订意向书等热闹的场面，其谈判的结果是可想而知的。

谈判并不是一件轻而易举的事情，谈判桌上风云变幻、波澜起伏，不仅会使缺乏经验的谈判者穷于应付，即使老练的谈判人员，有时也难免失去心理上的平衡而束手无策。人们不应指望依靠玩弄诡计和欺诈来获取谈判的胜利。谈判是一门高超的艺术。对于这门艺术，我们有必要学习它、研究它、掌握它，以指导我们的谈判活动。

谈判是一门交叉学科，它是以协调各种社会关系而举行的会晤活动为研究对象的学问，其直接的理论基础是需求理论。这种需求成为一种动力，驱使人们产生会晤的愿望，以至产生谈判的行为。这种需求可能是物质上的，也可能是精神上的。这种需求总是维护、实现谈判者的某种利益，利益又衍生出谈判的目标、谈判策略、谈判艺术和谈判心理等。因此，谈判是社会学、行为学、心理学和众多的技术科学相互交叉的产物。以外交谈判为例，如果谈判者对本国的社会、经济、资源、地理和其他状况不了解，或对谈判国的风土人情、社会政治、经济、宗教习俗不了解，那么，他就不能进行有效的谈判。谈判是一门科学，因为谈判作为一项社会活动，有科学理论可供指导和借鉴，有基本规律可供遵循。

谈判是一门综合艺术。要使谈判达到或接近预期目标，首先需掌握合作艺术。要进行合作，就要有合作的愿望。表达合作的愿望本身就是艺术。欲使对方愿意谈判，就必须选择恰当的表达方式，让对方乐意接受邀请。其次，要有摸清对方真正需求的艺术。在谈判中摸清对方需求，要靠正常的渠道和途径，这也要讲求艺术和技巧。再次，一旦谈判开始，就必须了解对手的性格、气质、爱好等，这种了解也要讲究艺术。此外，什么时候提出什么样的问题、哪些问题在谈判桌上提出、哪些在其他场合提出，这些也要讲究艺术。对于自己的言谈举止、衣着、表情，甚至怎样控制自己的情绪，都要讲究艺术性。就连谈判地点、时间和时机的选择，谈判场合的布置都包含着艺术性。谈判是一门艺术，其艺术性主要体现在对于谈判技巧的活学活用，如果一味纸上谈兵、因循守旧，其结果很可能会偏离谈判目标。

谈判有广义与狭义之分。除正式场合下的谈判外，一切协商、交涉、商量、磋商甚至沟通、交流等，都可以看作广义的谈判。狭义的谈判仅仅是指正式场合下的谈判。

☞案例 1—1　一个英国旅行社业务员的亲身经历

伦敦柯斯塔罗旅行社的业务员常跟西班牙一家连锁旅馆的业务经理见面会谈，讨论下一季度的订房。会谈的时候，柯斯塔罗旅行社的业务员提出：客户抱怨旅馆的各个服务项目，要求变动；还有几项服务上的缺点，要求旅馆改善。西班牙的经理一项一项查看，大部分的项目都同意改善，最后他停下来，叹口气说："先生，我以为这是一次谈判，但我全在让步。""不错，"旅行社代表说，"你停止让步，我就开始谈判。"

启示：一样的产品，买者却乐于接受高一些的价格，这就是谈判；一方要求什么是什么，或者一方完全满足另一方的要求，这就不是谈判。谈判是知识和努力的汇聚，目的在于得到自己所需要的，并寻求对方的许可。

二、谈判的概念和要素

(一)谈判的概念

“谈判”，按我国《辞海》中的解释，“谈”是“讲论、彼此对语”之意，“判”意为“评断”。据法国著名的拉罗斯(Larousse)词典解释，“Negotiation”意为“谈判”，如“使大宗交易得到良好结果的行为”或“政府间的对语”。据英国权威的《牛津词典》解释，“Negotiation”则含有“谈判、商议、商订、磋商”之意，或指“借商议来处理问题”。

1. 国外的代表观点

美国谈判学会会长杰勒德·I. 尼尔伦伯格认为：谈判的定义最为简单，而涉及的范围却最为广泛。每一个要求满足的欲望，每一个寻求满足的需要，至少都是诱发人们展开谈判的潜因。只要人们为了改变相互关系而交换观点，只要人们为了取得一致而磋商协议，他们就是在进行谈判。

美国著名的交易谈判专家威恩·巴罗和格莱思·艾森认为：谈判并不是什么新东西，它从古到今一直是人们生活中的一个组成部分。实质上，谈判是一种在双方都致力于说服对方接受其要求时所运用的一种交换意见的技能，其最终目的就是要达成一项对双方都有利的协议。

美国《哈佛谈判学》丛书主编罗杰·费希尔和副主编威廉·尤瑞认为：谈判是你从别人那里取得你所需要的东西的基本手段，你或许与对方有共同利益，或许遭到对方的反对，谈判是为达成某种协议而进行的交往。

《世界知识辞典》将谈判解释为：“谈判是现代国际关系中解决争端时经常使用的方法之一。即在国家间发生争端时，由争端当事国通过相互接触来说明彼此的意图，并在交换意见后谋求双方所争执的问题而达成的协议。”

2. 国内的主要观点

谈判是双方或多方为了消除分歧、改变关系而交换意见，为了取得一致、谋取共同利益和契合利益而磋商协议的社会交往活动。

谈判是指人们为了各自的利益或责任，通过交换意见，谋求一致的交往活动。

谈判就是具有利害关系的双方或多方谋求一致而进行协商洽谈的沟通协调活动。

谈判是指各方当事人在一定的条件下，为改变和建立新的社会关系，并使各方达到某种利益目标所采取的协调行为的过程。

以上各种说法，虽然有的存在着明显的缺点和不足，但它们都从不同的侧面反映了谈判的某些特点。我们通过对各界说法的分析，认为谈判的含义至少包括以下几方面：

(1)谈判活动必须在两个或两个以上的参与者之间进行；谈判的各方之间必须有一定的利害关系；这种利害关系可以是现实的，也可以是潜在的。

(2)谈判是建立在人们需要的基础上的。人们的需要包括交换意见、改变关系和寻求同意。这些需要促使人们去谈判，并且人们的这些需要越强烈，谈判的动因就越明确。可以这样说，需要是谈判的基础、原动力和扭转局面的金钥匙。

(3)谈判的各方之间存在着某种观点、立场、利益等方面的分歧和冲突，他们试图通过谈判来缩小或消除分歧、缓和或解脱冲突、建立或改善关系，并就所争执的问题相互让步、达成协议。谈判是“施”与“受”兼而有之的一种互动过程。这就是说，单方面的施舍或单方面的承受(不论它是自愿的还是被动的)，都不能算作是一种谈判。因为谈判涉及的必须是“双方”，所寻求的是双方互惠互利的结果。互惠互利，不是那种“我赢你输”或“我输你赢”的单利性“零和博弈”结果，而是“我赢你也赢”、双双获利的“非零和博弈”的结果。

(4)谈判是各方当事人运用策略和技巧、相互磋商与协调，努力达成协议的过程或行为。

综上所述，我们可以界定谈判的概念：谈判是具有利害关系的各方为了满足各自的需要，就所关心的问题进行磋商，就所争执的问题相互协调与让步，努力达成协议的过程和行为。

(二)谈判的构成要素

一般来说，谈判由四个基本要素所构成，即谈判主体、谈判议题、谈判方式和谈判约束条件。

1. 谈判主体

谈判主体，是指参加谈判活动的双方人员。谈判活动归根到底是谈判人员以各自利益或需要为立足点而进行的一场语言心理战。古今中外，成功的谈判不胜枚举，失败的谈判也数不胜数。有的谈判在轻松的气氛中就达成了互惠互利的协议，有的谈判则在紧张压抑的状态中马拉松式地拖延着。所有这些，一方面固然与谈判议题有关，但另一方面，这与谈判人员的素质和修养也是息息相关的。现代社会生活中，为了实现成功圆满的谈判，谈判人员应当具备多方面的良好素质与修养，如充满自信、刚毅果断、有理有节、精明机智、豁达大度、深谙专业、知识广博、能言善辩等。

2. 谈判议题

谈判议题，是指在谈判中双方所要协商解决的问题。谈判总是需要围绕一两个或几个问题展开，这种问题，可以是立场观点方面的，也可以是基本利益方面的，还可以是行为方面的。没有需要解决的问题就没有谈判的必要和可能，议题是谈判必不可少的。议题的最大特点在于双方认识的一致性。即谈判议题包含谈判双方的利益。

一个问题要成为谈判议题，大致需要具备如下条件：

(1)议题对于双方的共同性，亦即这一问题是双方共同关心并希望得到解决的。如果不具备这一点，就构不成谈判议题。

(2)议题要具备可谈性，也就是说，谈判的时机要成熟。谈判与辩论不同，可辩性与可谈性正好相反。某个问题对于谈判主体来说要属于“可能商量”的范畴，谈判主体首先愿意去做，其次还要有可能那样去做。现实生活中，本该坐下来谈判的事，一直未能真正去做，这主要是因为谈判的条件尚未成熟。“两伊”战争期间，许多国家都呼吁双方不要诉诸武力而运用和平谈判的方式来解决争端，然而，交战双方的代表真正坐到谈判桌上来已经过去了10个春秋。谈判时机的成熟是谈判各方得以沟通的前提，同时，成熟的时机也是谈判人员经过努力逐步实现的。

(3)议题必然涉及双方或多方的利害关系,这一点可以从谈判的定义中引申出来,不予赘述。

3. 谈判方式

谈判方式,是指谈判人员之间对解决谈判议题所持的态度或方法。谈判的方式很多,依据不同的标准,可以做出不同的分类。

以心理倾向性为标准,谈判方式可划分为常规式(多用于固定客户之间的交易)、利导式(通常使用将计就计、投其所好的谋略)、迂回式(利用某些外在条件间接地作用于对手)和冲击式(使用强硬手段给对方施加压力)。

以谈判者所采取的策略、态度为依据,谈判方式可分为软弱型、强硬型和原则型三种。软弱的谈判者希望避免冲突,随时准备为达成协议而让步,谈判人员希望圆满达成协议。强硬的谈判者对己方提出的每一项条件都坚守不让,采取寸利必争的策略,以获得最大利益的满足。原则型谈判法是根据价值来取得协议,根据公平的标准来做决定,采取灵活变通的方法,以寻求谈判双方各得其利、均有所益的最佳方案。正因为如此,现代谈判学认为,原则型谈判法是一种理想的、广泛适用的策略。

4. 谈判约束条件

谈判活动作为一个有机整体,除了以上三个方面的要素之外,还需考虑其他一些对谈判具有重大影响的因素。有的学者把这些因素称为谈判约束条件。谈判约束条件归纳起来大体上有如下几个方面:是个人之间举行的谈判还是小组之间举行的谈判?谈判的参与者是两方还是多于两方?某一方的谈判组织内部意见是否一致?作为谈判的代表人物,他(她)拥有的权限究竟有多大?谈判的最终协议是否需要批准?是否还有与谈判议题相关联的问题?谈判有无时间上的限制?秘密谈判还是公开谈判?等等。以上几个方面,或多或少不同程度地影响、制约着谈判的进行,所以,我们也把它作为谈判活动的构成要素。

三、商务谈判的概念

(一)商务

商务,是指一切有形产品与无形资产的交换或买卖事宜。按照国际习惯的划分,商务行为可分为四种:

(1)直接的商品交易活动,如批发、零售商品业。

(2)直接为商品交易服务的活动,如运输、仓储、加工整理等。

(3)间接为商品交易服务的活动,如金融、保险、信托、租赁等。

(4)具有服务性质的活动,如饭店、商品信息、咨询、广告等服务。

根据上述关于商务的解释,商务就是指商业事务,即企业的经济事务,区别于政治事务和外交事务。

(二)商务谈判

商务谈判是谈判的一种,可以简单地理解为“就商业事务展开的谈判”。商务谈判是买卖双方为了促成交易而进行的活动，或是为了解决买卖双方的争端并取得各自的经济利益的一种方法和手段。商务谈判是在商品经济条件下产生和发展起来的，已经成为现代社会经济生活必不可少的组成部分。可以说，没有商务谈判，经济活动便无法进行，小到生活中的讨价还价，大到企业法人之间的合作、国家与国家之间的经济技术交流，都离不开商务谈判。商务谈判所涉及的知识领域极广，它融市场营销、国际贸易、金融、法律、科技、文学、艺术、地理、心理和演讲等多种学科知识于一体。

现代商务活动中包含了四个基本的“流”，即商流、物流、资金流和信息流。商流，简言之，即商品所有权的转移，是商务活动的核心。而商品物质实体的移动（物流）和与商流相适应的资金流动（资金流）以及商品交换过程中所进行的必要的信息（商品信息、价格信息、市场行情等）交换，则是商流实现的必要补充，不可或缺。“四流”相辅相成，构成了市场交换活动的主体内容。商务谈判作为买卖双方沟通信息的一种有效方式，有效解决了信息流转的问题。

四、商务谈判的特点

商务谈判除了具有一般谈判的共性外，还有其个性特点：

（一）商务谈判以获得经济利益为目的

不同的谈判者参加谈判的目的是不同的，外交谈判涉及的是国家利益，政治谈判关心的是政党、团体的根本利益，军事谈判则关系敌对双方的安全利益。虽然这些谈判都不可避免地涉及经济利益，但其重点不一定是经济利益。而商务谈判十分明确，谈判者以获取经济利益为基本目的，在满足经济利益的前提下才涉及其他非经济利益。在商务谈判中，谈判双方都比较注重谈判所涉及的成本、效率和效益，所以，人们通常以获取经济效益的好坏来评价一项商务谈判成功与否。不讲求经济效益的商务谈判就失去了价值和意义。

☞案例 1－2　中国一汽与美国克莱斯勒的失之交臂

1986 年我国第一汽车制造厂的谈判代表团就是在寻求自身经济利益得到合理分配的目的下把合作谈判的对象由美国的克莱斯勒公司变成了德国大众公司。当时，我国第一汽车制造厂的考察团在老厂长耿昭杰的带领下来到美国克莱斯勒公司考察发动机造型。在双方的几轮谈判之后，一汽引进了克莱斯勒轻轿结合的发动机，并随后准备引进克莱斯勒的车身。但在时任总经济师吕福源带代表团重返底特律时，克莱斯勒公司突然改变了与一汽合作发展的态度，他们提出了非常苛刻的条件，而且还把购进生产线的价格提到了一个难以想象的高价。原来克莱斯勒公司这样做是由于他们获得了我国批准一汽要上轿车的信息，所以认为无论自己提出的条件多么苛刻，一汽为了迅速实现轿车的生产，肯定会做出妥协。但是，权衡了一番得失之后，一汽觉得如果同意克莱斯勒公司提出的条件，那我方的利益就会受到极大的损失，因此耿昭杰毅然决定中断与克莱斯勒的谈判。虽然做出了中断谈判的决定，但一汽面临的问题依然没有得到解决。正当一汽苦于寻找出路之时，德国大众公司董事长哈恩博士到一汽进行礼节性拜访。他对一汽的条件十分满意，于是试探性地向耿绍杰提出了合作的意向。对于哈恩博士的意见,耿昭杰其实也考虑过,但他对双方的合作存在很多顾虑。因为一汽未来轿车的发动机是克莱斯勒公司的生产线,这个事实是无法改变的。若与大众合作,其车身和整装技术能否与克莱斯勒的发动机协调呢?当耿昭杰巧妙地将自己的顾虑向哈恩博士说明之后,哈恩博士很快就做出了明确的承诺。四周后,吕福源飞抵德国,此时大众公司已将克莱斯勒的发动机装进了加长后的车身,德国大众充分显示了自己与中国一汽进行合作的诚意和效率。克莱斯勒公司几乎在吕福源飞赴德国的同时就得到了这个重要信息,克莱斯勒公司总裁艾柯卡感到了这一信息的压力和内涵,立刻通知其谈判代表团向中国一汽做出大幅度的让步:"如果一汽与我们合作,将象征性地只收1美元技术转让费……"美国克莱斯勒公司这次确实充分考虑到了一汽的利益,但是经过反复论证和比较,一汽还是认为与德国大众的合作更有利于双方利益的合理分配,于是德国大众终于成为中国一汽的合作伙伴。

启示:商务谈判以获利为目的,但在"利"与"益"的博弈过程中,不能突破对方的利益底线,一旦突破,谈判必将破裂。

(二)商务谈判以价值谈判为核心

商务谈判涉及的因素很多,谈判者的需求和利益表现在众多方面,但价值则几乎是所有商务谈判的核心内容。这是因为在商务谈判中,价值的表现形式——价格——最直接地反映了谈判双方的利益。谈判双方在其他利益上的得与失,在很多情况下或多或少都可以折算为一定的价格,并通过价格升降得到体现。

☞案例1—3　联想并购IBM全球PC机业务的谈判

2004年12月8日上午9点30分,联想集团和IBM在北京联合宣布了一项重大协议——联想集团以12.5亿美元收购IBM个人电脑事业部的全部业务,包括全球台式电脑和笔记本的研发和采购,共同组建世界第三大PC厂商,从而将IBM的企业级PC技术带给高速增长的中国市场,同时赋予联想在中国和亚洲之外、全球市场范围的覆盖能力。联想集团总裁兼CEO杨元庆将接替柳传志成为董事长,IBM高级副总裁全球个人电脑事业部总经理史蒂芬沃德出任联想CEO,IBM原一万名员工整体整合进新的联想集团。"新的联想集团年收入将超过百亿美元,也将成为首个进入世界500强的中国民营企业。"

据联想推广专员刘怀力透露,此次并购经过了长达13个月的谈判,并获得了国家发展改革委员会和国务院的审批。新联想中,中方股东、联想控股将拥有联想集团45%的股份,IBM公司将拥有18.5%的股份。他表示,以双方2003年的销售业绩合并计算,此次并购意味着联想的PC年出货量将达到1 190万台,销售额将达到120亿美元,从而使得联想在目前PC业务规模的基础上增长4倍。"此次交易包含一个5年期的对全球知名的IBM商标的许可使用协议,并且拥有享誉全球的'Think'家族商标。完成收购后的联想将把IBM品牌和联想在中国领导地位整合在一起,形成遍及全球160个国家的庞大分销和销售网络以及广泛的全球认知度。此后,联想将拥有领先的商用笔记本产品、领先的研发和产品差异化能力,以及更强大的创新能力和更丰富的产品组合。"刘怀力第一时间内还向记者透露了此次并购的具体细节。他表示，联想和IBM的交易有3年的锁定期。在锁定期结束时，IBM将获得至少6.5亿美元的现金和价值至多6亿美元的联想集团普通股，从而IBM成为联想的第二大股东，但只有不到10%的股份有表决权。另外，还将有5亿美元的净负债转到联想名下。交易额中联想应支付的现金部分，将分别来自公司已有的现金和借款。股权发行价格为每股2.675港元，以2003年12月3日的收盘价格为依据。"此次交易预计不晚于2005年第二季度之前完成，并需要联想股东的批准和相关部门的审批。联想集团最大的控股股东联想控股有限公司同意对此次交易投赞成票。结束在美国之外的国家必要的法律和产业关系程序后，IBM和联想还将继续签署本地协议。"刘怀力还表示，根据协议联想和IBM将结成长期战略联盟，届时，IBM将成为联想的首选服务和客户融资提供商。联想将成为IBM的首选PC供应商，这样，IBM就可以为其大中小企业客户提供各种个人电脑解决方案。合作协议内容中，还包括IBM和联想双方建立广泛的、长期的战略性商业联盟的内容——IBM将通过其现有近3万人的企业销售专家队伍，以及ibm.com网站，为联想的产品销售提供营销支持，创造更多的需求。联想的产品也将通过IBM加盟到联想的PC专家进行销售。IBM的全球金融部和全球服务部将分别成为联想在租赁和金融服务、授权外包维护服务方面的首选供应商。记者还获悉，联想集团的全球业务总部将设立在纽约，在北京和美国北卡州的罗利设立主要运营中心，并在世界各地设立销售办事处。

另据联想集团高级副总裁乔松介绍，两大IT巨头的谈判过程实际上分成了3个阶段。2003年11月～2004年5月是IBM和联想互相了解的阶段。在这个阶段，联想对IBM分布在全球的PC业务情况进行了大量的摸底、考查和论证、分析利弊；2004年5月份后进入第2阶段，联想正式向IBM提出了并购方案。从2004年5～10月下旬，两家公司就收购案进行实质性的谈判。"因为谈判没有标准，双方几乎在所有的看法上都存有差距，不管是IBM还是联想都觉得自己的提议合理，这给两家公司带来了多如牛毛的谈判条款。"乔松如此形容双方在谈判中的分歧。"最后我们同意参照业界通常的做法，这才使得双方最后达成了这个协议。最终所有的合同加在一起长达数千页，堆起来有1米多高。"据了解，联想和IBM争议最大的问题表现为两大核心：一是收购价格，二是如何解决IBM的电脑专利问题。杨元庆证实了"一半的谈判时间都用来讨论收购价格"，而另一问题则"在谈判的最后时刻才达成一致"。

启示：在商务谈判中，我们一方面要以价格为中心，坚持自己的利益，另一方面又不能仅仅局限于价格，应该拓宽思路，设法从其他利益因素上争取应得的利益。因为，与其在价格上与对手争执不休，还不如在其他利益因素上使对方在不知不觉中让步。这是从事商务谈判的人需要注意的。

☞案例1—4　美国纽约报业的兴衰史

20世纪70年代初期，纽约报业印刷工人为了增加工资、反对报社采取排字自动化的节支措施，在以"讨价还价不让步"闻名全国的印刷工会领袖伯特仑·波厄斯的领导下，发起了两次使报业瘫痪的罢工。印刷工人坚持目标、毫不退让，在谈判桌上获得了全胜，赢得了一系列似乎是成果卓著的协议。但是,报社却在经济上受到了致命的打击。先是三家大报合并,继而倒闭了。于是,纽约只剩下一家晚报和两家晨报,数千名报业工人失业且无处谋生。

☞**案例 1—5　从讨价还价到寻求客观标准**

小陈为了建造住房与承包商签订了一份合同,价格已经商定,而且明确规定必须以钢筋水泥为基础,但是在合同中却没有写明该基础以多深为标准。承包商认为有1米就够了,而小陈认为此类住房一般需要2米左右。承包商说出了他的理由:"当初是你自己同意采用较浅的基础的,也同意在屋顶采用钢梁。"小陈认真思考后,说:"当时我想错了。1米的基础可能够,但是我需要更稳固一些,足以承受整栋房子的重量。本地其他住房采用的基础是多深呢?这里的地震风险如何?您认为我们应该怎样找出更确切的标准?"经过这样的交流,小陈将基于主观立场的讨价还价演变成了寻求客观标准的努力,最终也取得了积极的成果。

启示:上述两则小的案例说明"讨价还价"是商务谈判的重点,但并非唯一点。

(三)商务谈判注重合同条款的严密性与准确性

商务谈判的结果是由双方协商一致的协议或合同来体现的。合同条款实质上反映了各方的权利和义务,合同条款的严密性与准确性是保障谈判获得各种利益的重要前提。有些谈判者在商务谈判中花了很大气力,好不容易为自己获得了较有利的结果,对方为了尽快得到合同,也迫不得已作了许多让步。这时谈判者似乎已经获得了这场谈判的胜利,但如果在拟订合同条款时,掉以轻心,不注意合同条款的完整、严密、准确、合理、合法,谈判对手会在条款措辞或表述技巧上引你掉进陷阱,不仅到手的利益丧失殆尽,还要为此付出惨重的代价。这种例子在商务谈判中屡见不鲜。因此,在商务谈判中,谈判者不仅要重视口头上的承诺,更要重视合同条款的准确和严密。

首先,起草合同或协议应从实际出发,反映谈判所需,切忌照搬、照抄别人的合同或标准格式。

其次,明确法律适用条款。在一些涉外谈判所达成的协议内容中,一般都涉及不同国家的国内法、国际惯例、公约或国家间的条约。这些法律、惯例、公约、条约,对谈判协议的格式、内容、当事人的权利义务、国际支付等都有不同的规定。因此,在商务谈判签订合同时,应明确适用何国法律。按照国际谈判惯例,协议使用的文字应是谈判人国家的法定文字,通常应是谈判各方所在国的多种文字,并具有相同的效力。

最后,审查或修改谈判协议。谈判协议一旦形成,必须抓住最后的机会严格审查。如有问题,应立即要求修改。

谈判中的协议、文件是谈判各方就其权利与义务关系协商一致的范文,对谈判各方均具有约束力,任何一方违约,都要承担违约责任。因此,老练的谈判者总是要利用复查、修改协议的最后机会,进一步谋求己方的利益,杜绝漏洞,避免失误。

第二节　商务谈判的原则

商务谈判的基本原则是商务谈判应遵循的指导思想和行为准则。遵循必要的商务谈判原则是商务谈判取得成功的基本保证。

一、合法性原则

在进行商务谈判时，合法性是第一位的。合法性原则要求谈判的内容及其所签订的契约符合法律的要求，涉外谈判则必须符合国际法则及尊重双方国家的有关法规。

根据国际法则和国际商业惯例，凡是违反社会公共利益的协议，或是通过命令、欺诈、胁迫等手段所签订的合同和代理人超越代理权限签订的合同，都是无效合同。无效合同从订立时起，不仅得不到法律的承认和保护，而且还要承担由此引起的法律责任。因此，商务谈判的内容及其最终签订的协议只有遵循合法性原则才具有法律效力。为此，商务谈判当事人的发言和双方签订的书面文字一定要符合法律规范，即具有双方一致承认的明确的合法内涵，必要时还应对用语的法定含义做出具体、明确的解释，写入协议中。

商务谈判的合法性原则具体体现在如下三个方面：

(1)谈判主体合法。参与谈判的各方组织及其谈判人员必须具备合法资格。例如，在一些竞争性谈判中，有些供应商派法律顾问作为其代表参与谈判，有些供应商让总工程师去回答谈判小组提出的问题，还有更多的供应商由不具备法人代表资格的副董事长、副总经理出面参与采购。需要强调的是，除法人代表外，其他人若想获得谈判的有效资格，必须持有法定代表人或者法人的授权委托书，否则，无论身份在企业中有多么重要，都不具备谈判资格。

(2)谈判议题合法。谈判的内容、交易项目必须具有合法性。与法律、政策有抵触的，即使谈判双方自愿并且意见一致，也是不允许的。一个极端的例子是，关于毒品交易的谈判，即使双方合作良好、价格公道，也是没有任何实际意义的。

(3)谈判手段合法。应当通过公正、公平、公开的手段达到谈判的目的，而不能采取行贿、暴力、威胁等不正当手段。

二、诚信原则

诚信原则要求谈判双方都讲信用、重信誉、遵守和履行诺言或协议。这里的信用有三层含义：其一，在谈判中，讲真话，不说假话，这叫“言必信”；其二，遵守诺言，这叫“行必果”；其三，经济学含义，即商业信誉。

信用是诚信无欺的职业道德，也是谈判双方交往的感情基础。讲求信用、表里如一能给人以安全感，使人愿意同你洽谈生意，还有利于消除疑虑、促进成交，进而建立较长期的商务关系。如果谈判人员不讲信用、出尔反尔、言而无信，那么要取得对方的合作是不可能的。为此，在谈判中要注意不轻易许诺，一旦承诺或达成协议就必须严格履行。

☞案例1—6　李嘉诚的“诚”功之道

李嘉诚是香港的首富，他成功的秘诀只有一个字：诚。正如他所说：“我绝不同意为了成功而不择手段，如果这样，即使侥幸略有所得，也必不能长久。”李嘉诚驰骋商界，是从生产塑胶花开始的。当初，曾有一位外商希望大量订货。为确证李嘉诚有供货能力，外商提出必须有实力的厂家作担保。李嘉诚白手起家，没有背景。他跑了几天，磨破了嘴皮子，也没有人愿意为他作担保。无奈之下，李嘉诚只得对外商如实相告。李嘉诚的诚实感动了对方，外商对他说："从你坦白之言中可以看出，你是一位诚实君子。诚信乃做人之道，亦是经营之本，不必用其他厂商作担保了，现在我们就签合约吧。"没想到，李嘉诚却拒绝了对方的好意。他对外商说："先生，能受到您如此信任，我不胜荣幸，可是因为我资金有限，一时无法完成您这么多的订货。因此，我还是很遗憾，不能与您签约。"李嘉诚这番实话实说使外商内心大受震动，他没想到，在"无商不奸，无奸不商"的说法为人们广泛接受的今天，竟然还有这样一位"出淤泥而不染"的诚实商人。于是，外商决定，即使冒再大的风险，他也要与这位具有罕见诚实品德的人合作一回。李嘉诚值得他破一次例。他对李嘉诚说："你是一位令人尊敬的可信赖之人。为此，我预付货款，以便为你扩大生产提供资金。"外商的鼎力相助，使得李嘉诚既扩大了生产规模，又拓宽了销路。李嘉诚由此发展成为"塑胶花大王"。

启示：诚信原则，这是经商的第一信条，也是对商务谈判者的最基本要求。

拓展阅读 1-1　一道工夫茶

"一个有信用的人，比起一个没有信用、懒散、乱花钱、不求上进的人，自必有更多机会。"这是华人首富李嘉诚的座右铭。有人问李嘉诚是如何一步步迈向成功，让自己的事业一天天壮大的。李嘉诚笑答："无他，一字而已——诚。"这是李嘉诚的"诚"功之道。

李嘉诚白手起家，父亲早逝让他过早辍学并挑起家庭的重担。他的第一份工作是茶楼跑堂，后来在舅舅家的一间钟表店当店员，学会了钟表装配修理技术。他不甘久寄人下，跳槽到了一家五金厂当推销员。再后来，他凭借自己的聪明才智，升任塑料花厂的总经理。二十几岁，李嘉诚开始了自己的创业之路，创办了"长江塑胶厂"。由于应用了从意大利偷师学艺回来的生产技术，一时间塑胶厂的生意火爆，产品供不应求。为了应付订单，李嘉诚以次充好。纸里包不住火，没过多久，许多客户对低质量的产品要求退货，银行追债，客户追款，塑胶厂顿时陷入困境、濒临破产。李嘉诚第一次感觉到困难。一天，母亲庄碧琴叫李嘉诚："儿啊，给妈妈泡一道工夫茶。"李嘉诚用地道的凤凰茶给妈妈泡上一道潮州工夫茶。庄碧琴吩咐李嘉诚坐下来，品了几口茶后，问："你还记得老家开元寺法号叫元寂的那个住持么？"未等李嘉诚回答，庄碧琴继续说道："元寂年事已高，希望找个合适的接班人。候选人是他的两个徒弟，一个法号一寂，另一个法号二寂。"李嘉诚静静地听着母亲说，并不插话，只是给母亲满上一杯工夫茶。庄碧琴呷了一口工夫茶，又接着说："元寂把这两个徒弟都叫到跟前，说：'我给你俩每人一袋稻谷，第二年秋天以谷为答卷，谁收获的谷子多，谁就是我的接班人。'第二年秋天到了，一寂挑来满满一担谷子，二寂则两手空空。元寂却当众宣布二寂担当接班人。"元寂微微一笑，高声对众人说：'我给一寂和二寂的谷子，都是用沸水煮熟的。显然，二寂是诚实的，理应由他来当住持。'于是，众人悦服。"庄碧琴忽然话锋一转，"经商如同做人，诚信当头，则无危而不克了。"李嘉诚听罢母亲的话，深有感悟。不久，李嘉诚用诚信打动了银行、供货商和员工，形势因之好转，危机成就了商机。2011 年，这则"工夫茶"的故事入选国家孔子学院汉语外教文章，家喻户晓。

2013年1月10日，美国财经杂志《福布斯》公布，李嘉诚的财富大增至300亿美元，依然稳坐华人首富的宝座。李嘉诚富甲一方，有人说若掉1块钱在地上，他是不会去捡的，因为捡钱的时间，他会另赚100元。事实果真如此吗？坊间有这样的说法：一次，李嘉诚不小心掉了1元钱的硬币，不巧的是硬币滚落到路边的井盖里。于是，李嘉诚让秘书通知专人前来揭开井盖，寻找这枚硬币。硬币终于找到，李嘉诚奖励给找到硬币的人100元港币。身边的人不解，以为这是一枚具有特殊意义的硬币，可能是李嘉诚亡妻庄月明的遗物，但这枚硬币真的只是一枚普通的硬币而已。李嘉诚这样解释：一枚硬币也是财富，如果你忽视它，它"落井"了，你不去救它，慢慢地财神就会离你而去；而那100元港币则是员工服务的酬劳，那是员工付出劳动后应得的报酬。"小富凭天，大富靠俭"，这话是有道理的。而对李嘉诚而言，经商之道莫过于诚信，莫过于微隙在所必乘，微利在所必得。

附记：李嘉诚送给儿子们的十句话

第一句：克勤克俭，不求奢华。

第二句：培养独立的生活能力。

第三句：赚钱靠机遇，成功靠信誉。

第四句：耐心等待成功的到来。

第五句：有胆识也要有谋略。

第六句：别人如果放弃，你就要出手。

第七句：懂得用人是成功的前提。

第八句：不要对一项业务情有独钟。

第九句：要时刻考虑合作伙伴的利益。

第十句：肯用心思考未来。

——引自《驶于鹿港之杂七杂八》，付强著，黑龙江科技出版社，2013年1月。

三、平等原则

平等原则要求谈判双方坚持在地位平等、自愿合作的条件下建立谈判关系，并通过平等协商、公平交易来实现双方权利和义务的对等。

在现代市场经济条件下，作为买卖双方的经济实体，都是具有独立法人资格的商品生产者和经营者。因此，谈判双方的法律地位完全平等，不论国家大小、经济实力强弱，都要平等相待。同时，商品交换客观上要求自愿交易，不存在谁支配谁的问题，是否成交、怎样成交都要通过双方充分协商。不自愿，双方就洽谈不起来。在谈判中，以势压人、以大欺小、以强凌弱，把自己的意志强加给对方，是不允许的。在商务谈判过程中，双方在观点、利益或行为方式等方面的分歧是客观存在的，只能通过平等协商来解决，不应违背任何一方的意愿，将自己的意志强加给对方。

☞案例1—7　晏婴使楚，智辱灵王

晏婴出使楚国的那一年还仅仅是一个大夫，并未当上相国。楚灵王见来的使者是个小矮子,就哈哈大笑说:“哇,这齐国难道是没人了吗?”晏婴一听就知道楚灵王什么意思,于是就说:“齐国呵气成云,挥汗如雨,路上行人比肩继踵,怎么叫没人呢?”“有人干吗叫一个矮子来出使?”“大王不知,我国有个规矩,大人出使大国,小人出使小国。我是我国最小的,所以只能出使楚国。”楚王觉得很惭愧,很郁闷,很惊诧,很佩服,也很羡慕。待谈完正事,正好有人来献合欢橘(楚国的特产),灵王就顺手拿了一个赐给晏子吃。齐国地处北方,晏子没吃过橘子,所以不知道剥皮就去咬。灵王拍手大笑:“你们齐国人都没吃过橘子啊,怎么不剥皮就吃!”晏子恍然大悟,立刻就说:“受君所赐,瓜桃不削皮,橘柑不剥皮,以示敬意。君未叫我剥皮,我怎么敢不全吃呢?”灵王不觉心中起敬,并赐酒宴。正当饮酒正欢的时候,有几个武士推着一个囚犯从殿下经过。于是灵王就问囚犯是哪里人,武士回答说是齐国人。灵王又问犯了什么罪,武士说是偷盗罪。灵王故意回头问晏子说:“怎么齐国人都喜欢偷东西吗?”晏子知道这又是给自己设的局,于是就垂手顿足地说:“我听说江南有橘,移过江北就会变成枳。之所以会这样,是因为水土不同。齐国人在齐国就不会偷东西,到了楚国偷东西完全是因为楚国的土地啊,这跟齐国有什么关系。”灵王听完之后默然良久,对晏子说:“我本来是想污辱一下你的,没想到却被你给污辱了。”

启示:楚王本意在于取笑晏子,进而诋侮齐国,以大欺小,不想晏婴巧言善辩,机敏应对,结果楚王自取其辱。一个地位失衡的谈判是很难开局的,只有彼此尊重、开诚布公,谈判才有继续的可能。

☞案例1-8　坚持平等,切忌恃强凌弱

深圳蛇口工业区管委会主任袁庚一次出访某国,同国外某财团富商洽谈合资经营新型浮法玻璃厂的问题。对方恃其技术设备先进,态度倨傲,漫天要价,使谈判一度陷于僵局。这时袁庚说:“中国是个文明古国,我们的祖先早在一千多年前就将四大发明——指南针、造纸、印刷、火药的生产技术,无条件贡献给人类,而他们的子孙后代,从未埋怨他们不要专利权是愚蠢的;相反,却盛赞祖先为推动世界科学的进步做出了杰出的贡献。现在,中国在与各国的经济合作中,从不要求各国无条件让出专利权,只要价格合理,我们一个钱也不少给。”这番话以雄辩的事实宣扬了中国人民对促进世界科学文明进步的无私精神和在对外交往中平等互利的方针,赢得了对方的理解和赞赏,表示愿意降低专利费与我方携手合作,最后双方达成了协议。

启示:“平等”原则的核心是谈判双方在谈判“地位”上的平等,表现为彼此尊重,并且这种尊重与双方的实力无关。

四、互利原则

互利原则要求谈判双方在适应对方需要的情况下,互通有无,使双方都能得利。也就是说,在考虑己方利益的同时,也要照顾对方利益,使交易谈判结果实现等价交换、互利互惠。在谈判过程中,最重要的是明确双方不是对手、敌手,而是朋友、合作的对象。理想的谈判过程不能简单地看成是利益争夺的过程,而是一个双方互相沟通、交流、寻求共同发展的过程。“蓝色巨人”IBM公司在与客户交易时就本着这一原则，常常取得令人意想不到的结果。一次，IBM公司同一家大银行做一笔计算机生意，双方为价格争执不下，银行拿另一家公司来压IBM公司。关键时刻，IBM公司的业务经理向银行的负责人问道：“阁下，你是想和一个硬件商人做生意，还是想找个合作伙伴？”对方愣了一下，旋即明白了他的意思。立即说：我想找个合作伙伴。”“那么，和你的新伙伴握手吧。”随后两只大手握在一起，生意就此成交了。

商务谈判的实质是“双赢”或是“多赢”。在现代谈判中，传统的分配模式不但无助于协议的达成，反而可能有害。新的谈判观点认为，在谈判中每一方都有各自的利益，但每一方利益的焦点并不是完全对立的。一项产品出口贸易的谈判，卖方关心的可能是贷款的一次结算，而买方关心的是产品质量是否一流。因此，谈判的一个重要原则，就是协调双方的利益，提出互利性的选择。

☞案例1—9 《戴维营和平协议》的诞生

《戴维营和平协议》就是通过协调利益而使双方都满意的一个著名的成功谈判。1967年“六天战争”以来，以色列占据了埃及的西奈半岛。当1978年埃以坐下来商谈和平进程时，他们的立场是水火不相容的。以色列坚持要保留西奈半岛的一部分，而埃及则坚持全部收回西奈，人们最初反复在地图上划分西奈的埃以分界线，但无论怎样协商，埃以拒不接受。显然，仅把目标集中在领土划分上是不能解决问题的。那么，有没有其他利益分配办法呢？以色列的利益在于安全，他们不希望归还西奈半岛后，埃及的坦克随时都有可能从西奈边境开进以色列；而埃及的利益在于收回主权，从法老时代，西奈就是埃及领土的一部分，不想把领土让与一个外国入侵者。症结找到了，最后的协议是：西奈完全归还给埃及，但是，要求大部分地区非军事化，以保证以色列的安全——埃及的旗帜可以到处飘扬，但埃及的坦克却不能靠近以色列。谁都不能否认，埃以协议的达成是一个令双方都满意的方案，这就是协调利益的结果。

启示：谈判桌上，我们更看重利益而非立场。立场不同的谈判双方，依然能够找到利益的共同点。

在一定情况下，谈判能否达成协议取决于提出的互利性选择方案。为了更好地协调双方的利益，不要过于仓促地确定方案，而应当在双方充分协商、讨论的基础上，进一步明确双方各自的利益，找出共同利益和不同利益，从而确定哪些利益是可以调和的。当然，考虑对方的利益，并不意味着迁就对方、迎合对方，但若不考虑对方的利益，不表明自己对他们的理解和关心，你就无法使对方认真听取你的意见，讨论你的建议和选择，自然，你的利益也无法实现。当双方为各自的利益讨价还价、激烈争辩时，很可能会忽略了双方的共同利益，坚持某一点不动摇、不退让，在许多情况下，使谈判在枝节问题上就陷入僵局，甚至谈判破裂。事后冷静下来，权衡考虑达成协议对己方的利益，常常追悔莫及。

一个优秀的谈判者会千方百计地寻找既使自己满意也使对方满意的解决方案。如果顾客在购买商品时感到受骗，也就意味着店主的失败，他会失去顾客，同时也失去了名誉。一个使对方无所获的协议还不如不达成协议，因为对方会觉得你不是值得信任与合作的人，这种看法还会影响到其他人。因此我们应该建立一种新的评价谈判结果的标准，即我方的满意取决于对方对协议的满意程度。确定了互利的方案，并不等于达成最后的协议，还需要对方做出决定。为了使对方尽快、尽早做出决定，要尽量排除方案以外的不利于决定的一切因素。

一项商务谈判的结果有四种可能，即我赢你输、你赢我输、你输我输、你赢我赢。前两种结果，实际上是一方侵占了另一方的利益，即使在特定情况下出现，也往往是“一锤子买卖”；第三种结果是双方都不愿意看到的，因而应尽力避免；第四种结果达到了双赢——互利互惠，这是双方通力合作的成果。

当然，互利互惠不等于利益均分，谈判双方可能一方获得利益多一些，另一方获得利益少一些，这主要取决于双方各自的实力和谈判技巧等因素。

拓展阅读 1—2　对公平原则的理解

一个穷人和一个富人在海边钓鱼，不幸的是他们的鱼钩搅在了一起，两人只好合力将鱼钩拉了上来。意想不到的情况发生了：两个鱼钩上竟挂着一个沉甸甸的钱袋，钱袋里装了100 块黄灿灿的金币。两人喜出望外，都想独吞这笔钱。从互不相让到大动干戈，最后只得诉诸法院。

在这笔钱的分配问题上，四位法官做出了四种截然不同的裁决。

法官甲的裁决是以不同经济能力的人所具有的不同心理承受能力为依据，按 70∶30 的比例对这笔钱进行了分配，富人得 70 块，而穷人得 30 块。在他看来，30 块金币对穷人来说是一个大数目，穷人失去 30 块金币要比富人失去 70 块金币更加伤心。

法官乙以“补偿原则”作为裁决的标准，分配的比例不变，只是交换了受益的对象，富人得 30 块，穷人得 70 块。在他看来，法官的裁决好比乌龟和兔子赛跑，两者如果同时起步，那么兔子将会把乌龟越甩越远，真正的公正是让乌龟先跑一程再让兔子起步，通过对乌龟的“补偿”达到公平。

法官丙的裁决是尊重一种“绝对公平”的原则，就是按 50∶50 的比例平均分配。既然是两个人合力钓上来的，那么理所当然应该各得一半。

法官丁从税收的角度考虑，作了新的裁决。他以纳税的标准作为分配的原则，将两人的钱以完税的数目作基准，给予富人的税率比穷人高，富人纳税后所得比穷人少，故将 100 块金币按纳税比例进行分配。

四位法官的裁决各有各的道理，人们对裁决结果的评判也会因每个人标准的不同而不同。事实上，在复杂多变的世界中处理事情，公平原则也是多种多样的。

利益均分无疑是互利的，但并不能完全代表公平原则。企业是以营利为目的的组织，利益最大化是其追逐的目标，在此条件下，公平原则便有了另一种理解，即“合理性公平”。利益可以不均分，但要合理，为双方（或多方）所接受。

拓展阅读1—3　5个海盗分金币

5个海盗抢到了100枚金币，他们决定这么分：第一步，抽签决定自己的号码(1、2、3、4、5)；第二步，首先，由1号提出分配方案，然后5个人进行表决，当且仅当超过半数(含半数)的人同意时，按照他的提案进行分配，否则他将被扔入大海喂鲨鱼；第三步，1号死后，再由2号提出分配方案，然后4人进行表决，当且仅当超过半数(含半数)的人同意时，按照他的提案进行分配，否则他将被扔入大海喂鲨鱼；第四步，以此类推。

试想，这5个海盗将如何分配这100枚金币？

分配方法提示：

(1)利益分配的基本原则是利益的最大化。

(2)当利益最大化原则与利益所有者的生命相抵触时，利益最大化原则无效，因为“两害相权取其轻”。

(3)利益分配的过程，恰恰是“利”与“益”的博弈过程。

分配方法参见本章结尾处。

五、“人”、“事”有别原则

“人”、“事”有别原则要求谈判双方在谈判中把人和事分开，把对谈判对手的态度和对讨论问题的态度区分开来，对事不对人。谈判不同于谈恋爱，谈恋爱的关键是跟谁谈，而谈判的关键是谈什么。

谈判的主体是人，因此谈判的进行必然要受到谈判者个人的感情、要求、价值观、性格等方面的影响。一方面，谈判过程中可能会产生相互都满意的心理，随着时间的推移，双方建立起一种相互信赖、理解、尊重和友好的关系，使谈判进行得更顺利、更有效。因为在心情愉快、感觉良好的心理状态下，人们会更乐于助人，乐于关心他人利益，乐于做出让步。另一方面，在谈判中也可能出现相反的情况，即谈判双方意气用事，互相指责、抱怨，甚至尖酸刻薄，充满敌意。似乎谈判中双方争执的每个问题，都是谈判者个人的问题。他们习惯于从个人利益和成见出发来理解对方的提议，这样，就无法对解决问题的办法做出合理的探讨。造成这种情况的主要原因，就是谈判者不能很好地区分谈判中的人与谈判中的问题，把对谈判中问题的不满意发泄到谈判者个人的头上，对某些情况的气愤会转向与此相联系的人的身上。

谈判中“人”与“事”相混淆的主要原因是人们常常从没有根据的推论中得出结论，并把这些作为对人的看法和态度。例如，谈判中说“你们的开价太高了，我们不能接受”，虽然是对对方要求的不满，但往往会被认为是对对方代表个人的指责、抱怨，会导致对方个人感情上的变化，使对方为了保全个人面子，顽固坚持个人立场，从而影响谈判的进行。

另外，如果谈判中双方把彼此当作对手，也会造成“人”与“事”的混淆。在这样的情况下，谈判者说的每一句话，都容易被对方理解为冲个人而发，双方都注意防卫并做出反应，全然忽视了对方的合理利益和公正要求，使得容易解决的问题反而变得更加复杂，达成一个明智而公正的协议会因此变得渺茫无望。

在谈判中坚持把人与事(问题)分开的具体做法是:

(1)在谈判过程中,提出方案和建议时,要从对方的立场出发考虑提议的可能性,理解和谅解对方的观点、看法。当然理解并不等于同意,这样有利于缩小冲突范围、缓和谈判气氛。

(2)尽量多阐述客观情况,避免责备对方。谈判中经常出现的情况是,双方互相指责、抱怨,而不是互相谅解、合作。当谈判中对某些问题不满意时,就会归罪某一方或某个人,因而出现了把问题搁在一边,对对方或某人进行指责、攻击,甚至谩骂。比如,买方购进了一台机械设备,在安装试运行中发生故障。卖方维修了几次,效果不理想。这时买方可能会指责卖方:"你们卖给我们的设备有问题,技术不过关。"你们交付这种已经淘汰的陈旧设备,维修服务也不负责,我们要求退货和赔偿。"显然,这里含有明确指责对方、让对方承担责任的意思。责备别人是人们很容易采取的形式,特别是当你觉得对方确实应承担责任时更是如此。但是,我们的目的不是批评指责对方,而是怎样才能更好地解决问题。如果你仅仅是指责对方、发泄怨气和不满,对方在你的攻击下很可能会采取防卫行为,或者为自己的行为辩护,千方百计推卸责任;或者采取消极怠工的战术,干脆置之不理。

要避免这种情况的出现,就要注意区分人与问题。尽量多阐述客观情况,在对方没有首先推卸责任的情况下,不要先提责任在谁,既避免对方不承担责任,又调动了对方解决问题的积极性。对于上例,你可以这样讲:"我们从你们那儿购进的这台设备,已经出现了三次大的故障。看起来,设备还不能正式投入生产,一天要损失上千元,那么,我们是退掉这台设备,还是更换主要部件,还是采取其他补救措施?"尽管字里行间没有出现任何指责对方的语言,但这绝不等于开脱卖方的责任,相反,会使对方感到更加不安,有责任、有义务帮助买方挽回损失。

3. 使双方都参与提议与协商

谈判出现分歧,有时双方甚至争得面红耳赤、不可开交,在多数情况下是由于双方各自从自己的立场出发,拿出一个旨在让对方接受的提议或方案。这样,即使是对谈判有利的提议,对方也因为怀疑而拒不接纳。如果提出方一味坚持,另一方也很可能态度强硬,结果导致僵局。但如果改变方式,就可以避免出现上述情况。改变的方式很简单,这就是让双方都参与方案的起草、协商。一个能容纳双方主要内容、包含双方主要利益的建议会使双方都认为是自己的建议。如果他们切切实实感到他们是提议的主要参与者、制定者,那么达成协议就会变得比较容易。当各方对解决的办法逐步确认时,整个谈判过程就会变得更加有秩序、有效率。

4. 保全面子,不伤感情

谈判人员有时固执地坚持己见,并不是因为谈判桌上的建议无法接受,而只是因为他们在感情上过不去,即使是出于无奈而让步,也往往会耿耿于怀。因此,在谈判中顾及对方面子、不伤对方感情十分重要。伤害对方感情可能仅仅是几句话,但带来的后果是严重的。对方的感情被伤害,会激起他的愤怒,导致反击,也可能引起他的恐慌,导致自卫,甚至采取对抗、报复性行动,这只能破坏双方的关系,使谈判陷于僵局。

另一种情况是,我们在与对方谈判代表打交道时,由于过分重视对方是企业或公司的代言人，而忽略了对方个人的感情变化，忽略了对方对某些问题特别敏感的反应。当对方觉得你藐视他个人、损害了他的面子、自尊心受到伤害时，他就会变得像刺猬一样充满敌意，防卫自己，攻击别人。这种状况是很不利于双方沟通交流的。如果对方在谈判中感到有面子、有地位、有尊严时，会更加宽容大度、善解人意，也会很容易让步。可见，保全面子很重要。

第三节　商务谈判的分类

一、根据谈判的地区范围划分

（一）国内商务谈判

国内商务谈判是国内各种经济组织及个人之间所进行的商务谈判，包括国内的商品购销谈判、商品运输谈判、仓储保管谈判、联营谈判、经营承包谈判、借款谈判和财产保险谈判等。国内商务谈判的双方都处于相同的文化背景中，这就避免了由于文化背景的差异可能对谈判产生的影响。由于双方语言相同、观念一致，所以谈判的主要问题在于怎样调整双方的不同利益，寻找更多的共同点。这就需要商务谈判人员充分利用谈判的策略与技巧，发挥谈判人员的能力和作用。

从我国的实际情况来看，人们比较重视国际商务谈判，而对国内商务谈判缺乏应有的认识，比较突出的问题就是双方不太注意对合同条款的协商和履行。许多应该明确写入合同条款中的内容，双方却没有考虑到，或者认为理所当然就应该这么做。结果，当出现纠纷时，无以为据，自然难以追究违约一方的法律责任以及赔偿责任。还有许多企业签订合同之后，并不认真履行，甚至随意撕毁合同，单方中止合同。出现这种情况的原因：一是由于商务谈判人员的准备工作不充分、不细致，不清楚哪些问题应成为合同的条款，以及对方如不履约将给己方带来的损失。二是商务谈判人员法律观念淡薄，认为谈判只是把双方交易的内容明确一下，交易靠的是双方的关系、面子甚至交情，合同条款过于琐碎、细致，反倒伤了感情、失了面子。事实证明，这不仅不利于谈判双方关系的维系，使合同失去应有的效用，长此以往，会影响双方的合作。这是谈判人员应该坚决避免和克服的。

（二）国际商务谈判

国际商务谈判是指本国政府及各种经济组织与外国政府及各种经济组织之间所进行的商务谈判。国际商务谈判包括国际产品贸易谈判、易货贸易谈判、补偿贸易谈判、各种加工和装配贸易谈判、现汇贸易谈判、技术贸易谈判、合资经营谈判、租赁业务谈判和劳务合作谈判等。不论是从谈判形式，还是从谈判内容来讲，国际商务谈判远比国内商务谈判复杂得多。这是由于谈判人员来自不同的国家，其语言、信仰、生活习惯、价值观念、行为规范、道德标准乃至谈判的心理都有着极大的差别，而这些方面都是影响谈判进行的重要因素。

在国际商务谈判中，语言是影响谈判顺利进行的首要障碍。由于语言上的差异，一方不能准确理解另一方表达的含义或内容，造成误会，产生分歧，从而影响谈判的顺利进展。因此，在国际商务谈判中，双方要明确的第一个问题就是使用哪一种语言作为谈判工具。实际上，在国际谈判活动中，英语已成为一种通用语言，但也常使用东道主国家的语言。这种情形下，优秀的翻译人员是必不可少的。如果谈判人员本身精通外语，则是最有利的条件。

在谈判中，个人的偏见和成见是难以避免的，文化之间的差异所形成的观念对谈判的影响则更为深远。例如，西方人注重时间观念，他们把时间看作金钱，因此，在谈判中不喜欢无故拖延、中断谈判、迟到早退。而中东地区国家的人则不注意时间，即使是内容明确、双方没有太大分歧的谈判也会持续很长时间，有的甚至会中断谈判，接待其他来访者。再比如，美国人看重个人能力，在谈判中努力表现个人的作用，而日本人则注重集体的力量和智慧，谈判中尽量不表现自己，十分注意维护集体的利益。

价值观念不同，还使得谈判人员对谈判结果有着不同的评价。有的人以获得对方更多让步为满足，认为是维护了自己的利益，而有的人则对获得对方的尊重和重视表示满意。所以，在国际商务谈判中，不能单凭己方的想法、意愿去推测对方的意图打算。这种一厢情愿的做法常常是造成沟通失败的主要原因。进行这类谈判，其准备工作是十分重要的。要尽可能利用一切资料、一切机会了解对方的行为特点、生活方式、谈判风格，做到胸中有数、临阵不乱。同时，在谈判中，努力克服不同文化所造成的偏见和成见，避免用自己所习惯的价值观念去衡量对方，应充分体谅、理解和尊重对方的行为。注意与对方的沟通、交流，增加彼此间的了解。

在国际商务谈判中，由于交易的货物在两个以上国家之间进行，因此谈判的内容相当广泛，双方不仅要对交易货物的数量、价格、质量、包装运输等方面进行磋商，还要讨论并明确双边贸易中的有关问题，如所在国政府有关的贸易保护法案、禁运条款、进出口关税、许可证、输出国与输入国对产品技术性能的要求以及安装使用要求上的差别、国际贸易惯例等。

心理障碍也是国际商务谈判中的一个不可忽视的问题。不同文化背景必将导致人们的行为差异而形成心理反射。许多在国内商务谈判中潇洒自如、从容不迫、临危不乱的谈判人员，在国际商务谈判中表现出拘谨呆板、犹豫不决的反常行为。所以在国际商务谈判中，还要克服谈判人员的心理障碍，重视和加强对谈判人员的心理训练，锻炼其在各种压力下的心理承受能力。同时，注重实践锻炼，在谈判中有意识地控制自己，更好地发挥谈判人员的作用。

二、根据谈判内容划分

(一)商品贸易谈判

商品贸易谈判是指商品买卖双方就商品的买卖条件所进行的谈判，包括农副产品的购销谈判和工矿产品购销谈判。

农副产品的购销谈判是以农副产品为谈判客体的明确当事人权利和义务关系的协商。农副产品的范围很广，瓜果、蔬菜、粮食、棉花、家禽等都属于它的范围。这些商品不仅是人们生活的必需品，而且是某些工业生产不可缺少的原料。所以，这方面的谈判随处可见，在我国经济生活中占有重要地位。

工矿产品购销谈判是联系产、供、销各个环节，沟通全国各个部门，活跃经济的最基本形式。工矿产品购销谈判签订合同的基本要求有：

第一，坚持按需生产、质量第一、依托市场、适销对路的原则。按照国家的法律、法规和政策进行谈判，签订合同。

第二，签订的合同必须采用书面形式，并由当事人的法定代表人或代理人签字，加盖单位公章或合同专用章。

第三，关于产品的技术标准问题，凡有国家标准的，按国家标准执行；没有国家标准的，按专业（部）标准执行；没有专业（部）标准的，按企业标准执行；没有上述标准或需方有特殊要求的，按双方商定的标准执行。

（二）非商品贸易谈判

非商品贸易谈判是指除商品贸易之外的其他商务谈判，包括工程项目谈判、技术贸易谈判、资金谈判等。

工程项目谈判是指工程的使用单位与工程的承建单位之间的商务谈判。工程项目谈判十分复杂，不仅谈判的内容涉及广泛，而且谈判常常有两方以上的人员参加，即使用一方、设计一方、承建一方等。

技术贸易谈判是指对技术有偿转让所进行的商务谈判。技术贸易谈判一般分为两个部分：技术谈判和事务谈判。技术谈判是供需双方就有关技术和设备的名称、型号、规格、技术性能、质量保证、培训、试生产、验收等问题进行的商谈。事务谈判是供需双方就有关价格、支付方式、税收、仲裁、索赔等条款进行商谈。

资金谈判是资金供需双方就资金借贷或投资内容所进行的谈判。资金谈判的主要内容有货币、利率、贷款、保证条件、还款、宽限期、违约责任等。

三、根据谈判人员数量划分

（一）一对一谈判

项目小的商务谈判往往是“一对一”式的。出席谈判的各方虽然只有一个人，但并不意味着谈判者不要做准备。“一对一”谈判往往是一种最困难的谈判类型，因为双方谈判者只能各自为战，得不到助手的及时帮助。因此，在安排参加这类谈判的人员时，一定要选择有主见，决断力、判断力强，善于单兵作战的人参加，性格脆弱、优柔寡断的人是不能胜任的。谈判人员多、规模大的谈判，有时根据需要，也可在首席代表之间安排“一对一”谈判，磋商某些关键问题或微妙、敏感问题。

（二）小组谈判

小组谈判是一种常见的谈判类型。一般较大的谈判项目，情况比较复杂，各方有几个人同时参加谈判，各人之间有分工有协作，取长补短，各尽所能，可以大大缩短谈判时间，提高谈判效率。

（三）大型谈判

国家级、省（市）级或重大项目的谈判，都必须采用大型谈判这种类型。由于关系重大，有的会影响国家的国际声望，有的可能关系到国计民生，有的将直接影响到地方乃至国家的经济发展速度、外汇平衡等，所以在谈判全过程中，必须准备充分、计划周详，不允许存在丝毫破绽、半点含糊。此外，还必须为谈判班子配备阵营强大的、拥有各种高级专家的顾问团、咨询团、智囊团。这种类型的谈判程序严密、时间较长，通常分成若干层次和阶段进行。

四、根据谈判地域划分

(一)主座谈判

主座谈判又称主场谈判，是在自己所在地组织的谈判。主座包括自己所居住的国家、城市或办公所在地。总之，主座谈判是不远离自己熟悉的工作和生活环境，是在自己做主人的情况下所组织的商务谈判。

主座谈判给主方带来不少便利之处，从谈判时间表、各种谈判资料的准备和新问题的请示均比较方便，所以主座谈判人谈起来很自如，底气十足。作为东道主，必须懂得礼貌待客，包括邀请、迎送、接待、洽谈组织等。礼貌可换来信赖，它是主座谈判者的一张王牌，会促使谈判对手积极思考主座谈判者的各种要求。

(二)客座谈判

客座谈判又称客场谈判，是在谈判对手所在地组织的一种谈判。客座谈判需要克服不少困难，必须注意以下几点：

(1)要入境问俗、入国问禁。要了解各地、各国的不同风俗和国情、政情，以免做出会伤害对方感情但稍加注意即可防止的事情。

(2)要审时度势、争取主动。客场谈判受到各种条件的限制，如客居时间、上级授权的权限、信息沟通的困难等。面对顽强的对手可以施展的手段有限，除了市场的竞争条件外，就是让步或坚持到底。客场谈判人在这种处境中，要审时度势、灵活反应、争取主动，包括分析市场、主人的地位及心理变化等。有希望则坚持，无希望成功则速决，对方有诚意就考虑可能给予的优惠条件，若无诚意则不必随便降低自己的条件。

(3)如果是在国外举行的国际商务谈判，遇到的首先是语言问题。要配备好的翻译、代理人，不能随便接受对方推荐的人员，以防泄露机密。

(三)主客座轮流谈判

主客座轮流谈判是一种在商务交易中谈判地点互易的谈判。谈判可能开始在卖方，继续谈判在买方，结束在卖方也可能在买方。主客座轮流谈判的出现，说明交易是不寻常的，它可能是大宗商品买卖，也可能是成套项目的买卖，这些复杂的谈判拖的时间比较长，应注意以下两个方面的问题：

1. 确定阶段利益目标，争取不同阶段的最佳谈判效益

主客场轮流谈判说明交易的复杂性，每次更换谈判地必定有新的理由和目标。谈判人员在利用有利条件或寻找有利条件、创造有利条件时，应围绕阶段利益目标的实现可能性来考虑。尤如下棋，要看几步。在“让与争”中，在成功与失败中掌握分寸、时机。没有阶段利益目标的谈判者不能称为优秀谈判者。树立阶段利益目标的谈判意识，是以“循序渐进，磋商解决”的方式为基础的，是以“生意人的钱袋扎得紧”为座右铭的。要像日本人所做的那

样:“笑着打开您的钱袋子。”

2. 坚持主谈人的连贯性,换座不换帅

在谈判交易中,易人尤其是易主谈人是不利于谈判的,但在实际中这种情况仍经常发生。由于公司的调整、人员的变迁、时间安排等客观原因,或是出于谈判策略的考虑,如主谈人的上级认为其谈判结果不好或表现不够出色,为了下一阶段的利益目标而易帅。无论属于哪种情况,易帅都会在主客轮流谈判中带来不利影响,给对方带来损失和不快。而新的主谈人也不可能完全达到原定目标。因为谈判已经展开,原来的基础条件已定,过去的许多言论已有记载。对方不会因你易帅而改变立场。易帅是否可以争取到比以前更好的结果,也不尽然。避免主帅更迭的最好方法,是在主客场轮流谈判中配备好主帅和副帅,有两个主谈人就可以应付各种可能出现的情况,以确保谈判的连贯性。

五、根据谈判理论、评价标准划分

根据谈判理论、评价标准的不同,商务谈判可分为传统式谈判(输赢式谈判)和现代式谈判(双赢式谈判),可分别用图1—1和图1—2表示。

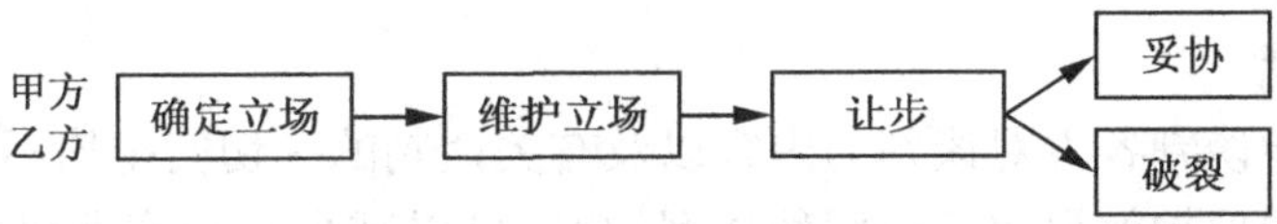

图1—1 传统式谈判模式

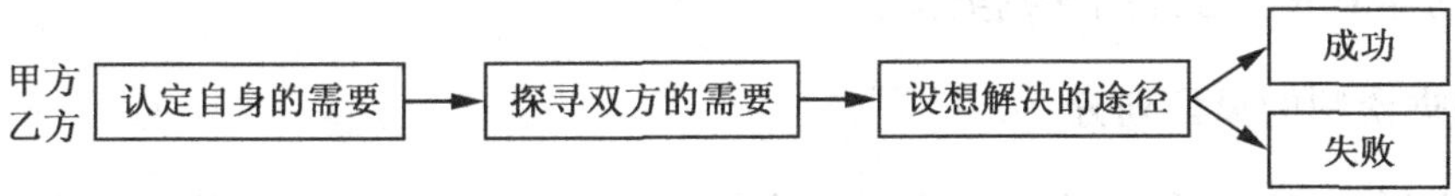

图1—2 现代式谈判模式

☞案例1—10 现代式谈判

西方某国曾向我国某一项目提供一笔数额较大的政府贷款。根据当时有关规定,贷款合同一经生效,该贷款额就应全部筹集好并存放于指定银行,不得挪作他用,借款根据需要来提用。为了催促借方按期完成项目的进度,对未提用的部分需支付承诺费。由于这笔贷款数额很大,而且计划用款时间相当长,前后经历6年,经计算,所需支付的承诺费的数额十分可观。后来,经我方研究,支付承诺费只是一种传统规定,并非原则问题,可以与外方谈判协商。我方便提出,把这笔贷款按年度分成六部分使用。根据工程用款计划,对方按年度将资金先后调拨到位。每一年的额度若没有用完,应按当年未用部分计算承诺费,而以后若干年的贷款额则不计算在内。经过谈判,双方认为这样做对彼此都有利。因为对中方来说,不仅可以避免支付一笔昂贵的承诺费,而且可以使贷款的实际使用额增加;而对外方来说,资金逐年到位将更经济，它也可以将其余资金投入其他方面取得效益，从而帮助贷款国降低成本。于是外方接受了我方的要求。这样我方就节约了几百万美元。由此可见，在谈判中对一些传统的规定是可以予以调整、实现双赢的。

六、根据谈判内容的透明度划分

（一）公开谈判

公开谈判是指有关谈判的全部内容和一切安排都不对外保密的谈判类型。在现代社会中，由于市场竞争不断加剧，商业机会相对地越来越少，所以，人们一般都不愿意过度地暴露自己的商业机密，公开谈判也很少被人们采用。不过，在有些情况下，公开谈判可以吸引多个谈判对手并使他们之间展开竞争，从而在交易中获取最佳利益。

（二）半公开谈判

半公开谈判是指有关谈判内容以及谈判安排在某一特定时间，部分地对外进行披露的谈判类型。在半公开谈判的条件下，谈判当事人一般根据自己的需要来选择对外公布的谈判信息及公布这些信息的时间。在有些情况下，部分地对外公布谈判信息有助于提高企业的形象。

（三）秘密谈判

秘密谈判是指谈判各方对谈判的内容以及有关谈判的一切安排均不对外披露的谈判类型。对谈判信息的保护效果比其他两种类型的好，可以减少企业商业机会的流失概率。不过，秘密谈判有时会影响公平竞争的原则，会受到法律的约束和限制。

从实际情况来看，公开谈判和秘密谈判在现代商务谈判中所占的比例较小。目前，大部分商务谈判都采取半公开的谈判类型。

七、根据谈判的桌型划分

一般来说，由两方参加的对等谈判称为长桌谈判，如一般情况下的两方商品买卖的谈判；由多方参加的对等谈判叫圆桌谈判，如多方会谈。

八、根据谈判的时间划分

马拉松式谈判是指谈判的时间很长，有时要经过很多次商谈，历时几年甚或几十年，比如我国的入世谈判；闪电式谈判是指谈判在很短时间内就达成一致。

第四节　商务谈判的基本程序与评价标准

一、商务谈判的基本程序

一个完整的商务谈判过程一般包含六个环节，即准备、询盘（询价）、发盘（报价）、还盘（还价）、接受和签约（见图1—3）。

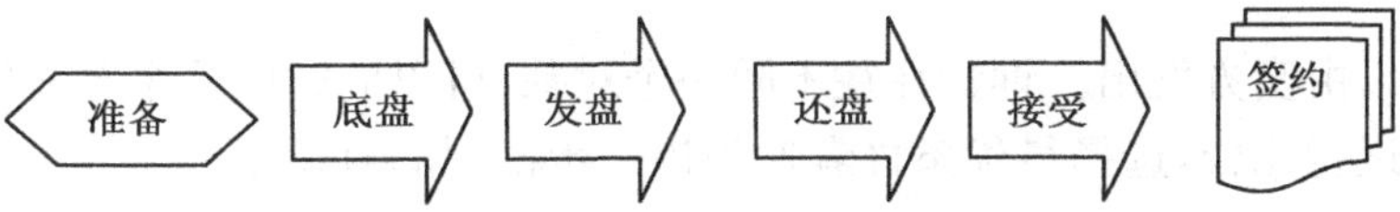

图 1—3　商务谈判的基本程序

尽管商务谈判程序中有其一般规律性，但是由于谈判内容的简单或复杂、时间的宽松或紧迫、口头谈判或是函电及书面式的磋商等不同，甚至国际法律规定的差异，会使谈判过程增多或逾越个别的环节。只要是客观情况的需要，不影响谈判的顺利进行，并不违背商务谈判程序上的客观规律性。从另一个角度讲，这样做还可以提高谈判的效率，加速交易的达成。这都说明商务谈判过程是灵活的，绝不是千篇一律、一成不变的，谈判的整个过程都处于变化之中。

(一)谈判准备

(1)选择合适的谈判人员，知人善任。

(2)收集与谈判相关的信息，例如谈判对手的资信情况、谈判人员的组成情况、谈判标的的市场行情等。

(3)掌握与谈判相关的国内国际法律法规、政策及国际经济组织的一般规定和惯例，保证合同的有效性和合法性。

(4)确定谈判目标、谈判计划、谈判策略，对谈判的具体过程进行可行性设计。

☞案例 1—11　市场调研对于谈判的重要意义

日本东京的某家公司早就听说埃及市场很诱人，将来的发展空间很大，特别希望自己公司的产品也能够打入这块风水宝地。经过多方努力，该公司终于在埃及选中一家公司进行合作。为了掌握该合作伙伴的情况，公司决定组团进行实地考察。到达埃及后，对方立即安排日方与公司的总经理会面，地点选在一家富丽堂皇的五星级酒店。交谈过程中，对方公司总经理的下属举止得体大方，总经理派头十足，谈起公司的经营情况和未来的发展趋势更是情绪高涨、充满激情。所有这些都深深打动了日方考察团，他们深信这家公司是一个财力雄厚、诚实可靠的合作伙伴。回国后，日方立即将价值 100 多万美元的货物发往埃及。然而，货款却迟迟未收回，日方赶紧派人前去调查，才发现掉进了一个精心布置的陷阱里，那家公司的总经理原来是当地的一个演员，陈设精良的会谈室也是临时租用的，而公司已经宣告破产了。

启示：上述案例中，日方公司正是因为忽略了对谈判对手的资信状况等的调研与分析，才导致了巨大的损失。由此可见，谈判前的市场调研非常重要。

(二)询盘

询盘是指交易的一方欲购买或出售商品时，向另一方发出探询该项买卖及有关交易条件的一种表示，通常多由买方发出。买方询盘后，没有必须购买的义务，只表示了交易的愿望。因此，卖方也没有必须回答的责任，不过在交易习惯上，卖方一般要尽量回答，或向买方正式发盘。

询盘也可以由卖方发出。询盘往往不限一个对象,可以同时向几个客户发出,等几个对象回答发盘后进行比较,选择最优条件者作为进一步谈判的对象。

(三)发盘

发盘是指买卖双方的一方(发盘人)向对方(收盘人)提出各项主要交易条件,并愿意按这些条件与对方达成交易、订立合同的一种肯定的表示。发盘人可以是买方,也可以是卖方。由于大多数商品处于买方市场的情况,因此,往往由卖方发盘。根据实践经验和国际贸易上的习惯,把发盘分为实盘和虚盘两种。

实盘是指对发盘人有约束力的发盘,在有效期内发盘人不得随意撤销或修改实盘的内容。虚盘是发盘人有保留地愿意按照一定条件达成交易的表示,对发盘人没有约束力。

(四)还盘

还盘是指受盘人收到发盘后,对发盘表示接受但对其内容不同意或不完全同意,向发盘人提出的修改或新的限制条件,又称"反要约"。

在谈判交易中,还盘是对原发盘的拒绝,形成一项新的发盘,原盘即行失效;还盘既可以是有约束力的实盘,又可能是无约束力的虚盘。

(五)接受

接受在法律上叫承诺,它是指受盘人在发盘(实盘)有效期内无条件地同意发盘的全部内容,愿意订立合同的一种表示。

(六)签约

签约就是签订合同,交易双方的当事人愿意按照谈判最后确定的条件达成某项交易的协议。其中不仅规定了交易的标的,同时根据双方谈判的结果,规定对方认可的权利和义务,对双方产生约束力。任何一方不能单方面的修改合同内容或不履行自己的义务,否则将承担违反合同的法律责任。

二、商务谈判的评价标准

在商务谈判中,追求谈判的成功是每个谈判者的心愿和目的。商务谈判的结果无外乎三种:双赢、有胜有负、谈判不欢而散,最后一种结果自然称不上是成功的谈判。那么,对于谈判双方来讲,哪种谈判结果才能称为成功的谈判呢?有谈判专家指出,一场成功的谈判应该有如下三个评判标准。

(一)目标实现标准

所谓目标实现标准,即谈判的最终结果有没有达到预期目标,或是在多大程度上实现了预期目标,这是人们评价一场商务谈判是否成功的首要标准。现实生活中,人们通常是以行为有没有达到预期的目标,来看待行为的有效性的。

确定正确的谈判目标是保证谈判成功的基础。所谓谈判目标是指谈判要达到的具体目标,它指明了谈判的方向和要达到的目的、企业对本次谈判的期望水平。商务谈判的目标主要是以满意的条件达成一笔交易。

谈判目标按层次可分为三种：

1. 最优期望目标

这是谈判结果的理想状态。最优期望目标的特征如下：

(1)是对谈判者最有利的理想目标；

(2)是单方面可望而不可即的；

(3)是谈判进程开始的话题；

(4)会带来有利的谈判结果。

2. 可接受目标

可接受目标即可交易目标，是经过综合权衡、满足谈判方部分需求的目标，对谈判双方都有较强的驱动力。在谈判实战中，经过努力可以实现。但要注意的是不要过早暴露，被对方否定。这个目标具有一定的弹性。

可接受目标的特征如下：

(1)是谈判人员根据各种主客观因素，经过科学论证、预测和核算之后所确定的谈判目标；

(2)是己方可努力争取或做出让步的范围；

(3)该目标实现意味着谈判成功。

3. 最低限度目标

最低限度目标即通常所说的底线，它是谈判方的最低要求，也是必须要达到的目标。如果达不到，一般谈判会放弃。最低限度目标是谈判方的机密，通常需要严格防护。最低限度目标的特征如下：

(1)是谈判者必须达到的目标；

(2)是谈判的底线；

(3)受最高期望目标的保护。

谈判目标的确定是一个非常关键的工作，应遵循如下原则：

首先，不能盲目乐观地将全部精力放在争取最高期望目标上，而对谈判过程中会出现的种种困难很少考虑，造成束手无策的被动局面。谈判目标要有一点弹性，定出上、中、下限目标，根据谈判实际情况随机应变、调整目标。

其次，所谓最高期望目标不仅有一个，可能同时有几个目标，在这种情况下就要将各个目标进行排队，抓住最重要的目标努力实现，而其他次要目标可让步，降低要求。

最后，己方最低限度目标要严格保密，除参加谈判的己方人员之外，绝对不可透露给谈判对手，这是商业机密。如果一旦疏忽大意透露出己方最低限度目标，就会使对方主动出击，使己方陷于被动。

(二)成本优化标准

商务谈判作为一种商业行为，必将涉及投入和产出的比例问题，谈判方期望的是最小成本最大收益。谈判的成本大致可分为三类：

一是为达成协议所作出的让步，也就是预期谈判收益与实际谈判收益的差距，这是谈判的基本成本。

二是为完成谈判所耗费的各种资源，如谈判方投入的人、财、物力和时间资源等，这是谈判的直接成本。

三是因参加该项谈判而占用了资源，失去了其他获利机会，损失了可望获得的其他价值，即谈判的机会成本。

在上述三种成本中，由于人们常常特别注重谈判桌上的得失，所以较多地注重第一种成本，而忽视第二种成本，对第三种成本考虑得则更少，这是需要予以注意的。在一场旷日持久的谈判过程中，谈判方投入了大量的人、财、物力，最终圆满地实现了预定的目标，在庆祝谈判胜利的时候，有必要从经济视角重新审视谈判的结果、关注谈判的诸多成本，才会在谈判中表现出更大的主动性和能动性。

(三)人际关系标准

谈判是人际间的一种交流活动，所以，对于商务谈判而言，谈判的结果不只是体现在最终成交的价格高低、利润分配的多少，以及风险与收益的关系上，还应体现在人际关系上，即还要看谈判是促进和加强了双方的友好合作关系，还是因此而削弱了双方的友好关系。一个谈判者应该具有战略眼光，不计较也不过分看重某一场谈判的得失以及成本高低，而是着眼于长远、着眼于未来。虽然在某一次的谈判中少得了一些，但如果保持良好的合作关系，长期的收益将足以补偿目前的损失。因此在谈判中除了争取实现自己的预定目标，降低谈判成本之外，还应重视建立和维护双方的友好合作关系，“买卖不成仁义在”应该是商场上一条普遍适用的基本原则。正如香港富商李嘉诚所言，赚了钱的买卖不一定是成功的买卖，只有双方都满意的买卖才是好买卖。

【本章小结】

谈判是人类行为的一个组成部分，在人们的社会交往活动中发挥着重要的作用。商务谈判作为谈判的一种，在商业交易活动中是信息流的载体和企业营销战略思想的具体实践。商务谈判以需要为基础，以获利为目的，以价格为中心，以契约为准绳，本质是协调，实质则为双赢。要客观地评价商务谈判的结果，以目标为纲，以成本为限，更重要的是建立和维护买卖双方良好的合作关系。

【课后思考】

1. 谈判和商务谈判的区别与联系。
2. 商务谈判的特点。
3. 商务谈判的首要原则及其现实意义。
4. 诚信原则对于“双赢”谈判有何意义？
5. 如何理解商务谈判的利益互惠与谈判结果的“非均等”？
6. 商务谈判的基本程序是怎样的？
7. 如何评价商务谈判的结果？

【案例分析】

东京审判法官排座次

1945 年 8 月 15 日，日本法西斯战败投降，中国法官有了首次参与军事法庭审判侵略者的机会。在盟军总部主持下，由 11 国代表组成的远东国际军事法庭在日本东京成立，日本战犯最终被押上了“东京审判”被告席。中国国民政府在 1945 年 12 月底，一接到驻日盟军统帅总部参加审判的通知，便指示外交部和司法部遴选派往东京的外交、司法人员。

两部官员立刻从全国范围内挑选精英。最终选定参加远东国际军事法庭的中国代表团成员有：法官梅汝璈，检察官向哲浚，顾问吴学义，担任助理的法律专家、历史学家裘劭恒、方福枢、杨寿林、刘子健等。当时，梅汝璈是国民政府立法院委员兼外交委员会主席，向哲浚是上海特区法院首席检察官。

从某种意义上讲，梅汝璈是因代表中国参与对东京战犯的国际审判而闻名于世的。但一位国际法学家在接受记者采访时道出了根本原因：“事实上，梅汝璈受当时的国民政府指派，作为中国的唯一法官代表参与对日本战犯的审判，与他不屈的民族气节、深厚的学术功底不无关系。”

中国虽然是日本侵略战争的最大受害国，也是抗日战争的主要战胜国，但由于国力弱小，审判开始时并未受到他国的重视。最后，经过梅汝璈等人的努力抗争，才在这一场审判中为中国争得了一份尊严。在此过程中，“法官座席之争”尤其显得苍凉悲壮。

1946 年 4 月，11 国法官齐集东京，正式开庭审判的日子就要到了。但是，各位法官在法庭上的座位将按什么样的顺序来排列？梅汝璈对助手说：“任何国际场合，争座次在所难免，这并非个人名利，而是关系国家、民族地位和荣誉的大事，故应有的位置必须当仁不让，力争得到之。”

远东国际军事法庭宪章没有明文规定法官席位的次序，但法官座位的排列次序却极其敏感。卫勃庭长提议法官席次应该按照联合国安全理事会惯例来安排，即以美、英、苏、中、法为序。但是，有的法官当即指出，按照联合国宪章，安全理事会的 5 个常任理事国是以中、法、苏、英、美（按照国名字母先后）为序的。这样一来，中国和法国法官将坐卫勃的两旁，而卫勃所倚重的英国和美国法官便不能居于中央席次。于是卫勃庭长又提议：我们不是联合国的组织，不必按五强居中的惯例来安排，可以适用按国名字母先后为序的办法。但是，这样就更乱了，因为居中央的将是中、加两国的法官，而他所希望接近的英、美法官反而离他更远了。大家争来争去，莫衷一是。

微笑倾听良久的梅汝璈终于开口：“个人的座次，我本人并不介意，只因与各位同仁一样，是代表了各自的国家来的，所以我还须请示本国政府。”这一军“将”得厉害。

梅汝璈有意以调侃的口吻缓和一下空气：“如果庭长和大家不赞成这个办法，那我们就以体重为标准吧，各自过磅，看看各人的体重是多少，重者在前，轻者居后。这样，我们便可以有一个最公平、最客观的标准。”

话音刚落，法官们哄堂大笑。卫勃庭长对梅汝璈笑道：“梅先生真会讲话，是法官，更是个幽默大师。你的办法很好,但是它只适用于拳击比赛。我们是国际法庭而不是拳击比赛场。"

开庭预演仪式推迟了约半个小时,审判大厅里的人们等得有点不耐烦了。此时此刻,没有人能承担得起推迟明天正式开庭的严重后果,因为这个日期已经向全世界宣布了。

曾经由于苏联法官的姗姗来迟,法庭等了很长时间才正常运转,而且总部和庭长一再宣称"非候全体法官到齐不拟开庭"。现在虽然苏联法官到了,但如果中国法官拒绝出席,那么按期开庭仍将成为不可能的事情。如果真的发生了不能按期开庭的情况,必定会引来日本乃至全世界的惊疑和非难,这个责任无论是庭长还是最高统帅都不愿意承担,也承担不了。基于有这样的把握,梅汝璈认为现在是向庭长摊牌的最好时机,因此,他的态度就更加强硬了。

那是令人窒息的10分钟。当卫勃第三次来到中国法官办公室的时候,他盯着梅汝璈一字一句地说:"兄弟们同意你的意见,预演就按受降签字国次序进行。今晚我把情况报告最高统帅,看他是否同意。"说完便悻悻而去。梅汝璈于是又脱去大衣,换上法袍,走出自己的办公室。他一回到法官们中间,预演仪式立即开始。这时已经是17:00了。

第二天早晨9:30,卫勃庭长在开庭前几分钟来到会议室,对等待在那里的10名法官宣布:"最高统帅已经同意,我们今后的行列和座席顺序就按照预演时的顺序。"在参与审判工作的11国法官中,只有1人比42岁的中国法官年轻。司法界一贯比较注重年资和外表,梅汝璈因此而留起了上唇胡须,并因此被各国记者称作"小胡子法官"。通过座次争议这件事,大家对梅汝璈另眼相待。

目睹中国法官席位之争的各盟国记者,在远东国际军事法庭开庭仪式预演场内,窃窃耳语。在场的上海《申报》记者以自豪的神色告诉外国同行:"中国抗战长达8年,战胜日本功劳最大,应当占有这光荣的一席。"

可见,当时外界对法官座次之争是非常关注的,但法官之间因国旗位置而发生的争执却少有人知。梅汝璈在日记中记下了这个故事:当11位对日参战国的法官穿着崭新的法袍庄严地坐在审判席上等待预演开始时,大家都看到在审判席后面插着的参战国国旗,美国国旗插在第一位,中国国旗插在第二位。中国的法律顾问吴学义一看中国国旗插在第二位,立刻向梅法官打手势,伸出了右手食指,意思是中国国旗应插在第一位。梅汝璈看见吴学义的手势后,马上心领神会,立即向庭长卫勃提出:"中国国旗应插在第一位。"

美国法官克莱墨十分傲慢地说:"为什么?"梅法官当即用流利的英语慷慨激昂地阐述了中国军民自1931年"九·一八事变",直到1945年8月15日打败日本军国主义的侵略所付出的巨大牺牲和代价。随即,中美双方展开激烈的争论。美方理屈词穷,最终做出让步,中国国旗插在了第一位,美国国旗则移至第二位。这是自1840年鸦片战争之后,中国代表团有史以来出席国际会议国旗插在首位的第一次!所以,当中国国旗刚刚插在第一位,国内新闻媒介就立即刊发了这一重大新闻,有的报纸还及时刊出"号外"。

审判期间,梅汝璈法官不喝酒,不打高尔夫,却每天坚持练"国粹"——太极拳。有一次,法官们出席某个宴会,女主人轮流给11位法官敬酒,转到梅汝璈面前却被他婉言谢绝了。

女主人笑着向大家说:“我发现,东京的国际法庭总算有一个始终保持清醒的法官,他,就是中国的梅法官。”

(梅朝荣:《把东条英机送上绞刑架的中国人》,武汉大学出版社 2006 年版)

上述案例,对我们从事商务谈判有何启示?

【实训项目】

◎ 实训目的

1. 掌握谈判的基本程序;

2. 体验谈判的基本原则。

◎ 实训组织

1. 将学生分成两组,分别代表谈判双方,角色视具体问题而定;

2. 双方各自推举谈判代表组成谈判小组,每小组 2~5 人为宜;

3. 双方就优秀学生或优秀学生干部的评价标准、食堂菜价的合理化、早操的时间安排等问题展开谈判。

◎ 实训评价

1. 是否遵循谈判的基本程序;

2. 是否经过精心的准备;

3. 是否制定谈判计划;

4. 谈判代表在谈判桌上的表现;

5. 是否遵循谈判的基本原则。

附:5 个海盗如何分配 100 枚金币

基本思路:从后向前推理,如果 1~3 号强盗都喂了鲨鱼,只剩下 4 号和 5 号强盗的情况下,5 号海盗一定投反对票让 4 号海盗喂鲨鱼,以独吞全部金币。所以,4 号海盗唯有支持 3 号海盗才能保命。3 号海盗获悉这一点,就会提出(100,0,0)的分配方案,对 4 号、5 号海盗一毛不拔而将全部金币归为已有,因为他知道 4 号海盗一无所获但还是会投赞成票,再加上自己一票,他的方案即可获得通过。但是,2 号海盗推知 3 号海盗的分配方案,就会提出(98,0,1,1)的分配方案,即放弃 3 号,而给予 4 号和 5 号海盗各一枚金币。由于该方案对于 4 号和 5 号海盗来说比 3 号的分配方案更为有利,他们将支持 2 号海盗的分配方案。这样,2 号海盗将拿走 98 枚金币。不过,2 号海盗的分配方案会被 1 号海盗所洞悉,1 号海盗将提出(97,0,1,2,0)或(97,0,1,0,2)的分配方案,即放弃 2 号,而给 3 号海盗一枚金币,同时给 4 号或 5 号海盗 2 枚金币。由于 1 号海盗的这一分配方案对于 3 号和 4 号(或 5 号)海盗来说,相比 2 号提出的分配方案更优,他们将投 1 号海盗的赞成票,再加上 1 号自己的票,1 号海盗的分配方案可获通过,97 枚金币可轻松落入囊中。这无疑是 1 号海盗能够获取最大收益的分配方案。

第二章

商务谈判的心理与思维

【知识目标】

◎ 了解马斯洛需要层次理论的基本内容；
◎ 了解商务谈判中的心理禁忌；
◎ 掌握商务谈判思维的四个基本要素。

【技能目标】

◎ 掌握商务谈判中的心理挫折及成功谈判者的心理素质要求；
◎ 运用新的思维方式解决商务谈判中的问题。

【导入案例】

刘先生在出国定居前准备将私房出售，他终于同外地到本地经商的小张达成意向：20 万元成交，一次付清。后来小张看到刘先生一不小心从皮包里落出来的护照等文件，突然改变了态度，一会说房子的结构不理想，一会说他的计划还没有最后确定。总之，他不想买房子了，除非刘先生愿意在价格上做出大的让步。刘先生看穿了对方的心思，不肯就范。双方相持不下。

当时刘先生的行程日期日益接近，另寻买主已不可能，刘先生不动声色。当对方再一次上门时，刘先生说："现在没有心思跟你讨价不价，过半年再说吧，如果那时你还想要我的房子，你再来找我。"说着还拿出自己的飞机票让对方看。张某沉不住气了，当场拿出他准备好的 20 万元现金。其实刘先生也是最后一搏了，他做了最坏的准备，以 15 万元成交。

启示：刘先生最后为什么能以 20 万元成交？这实际上是双方心理博弈的结果。刘先生之所以能在这场谈判中取胜，是因为他采取了欲擒故纵、声东击西的心理战术，既很好地掩饰了自己急于卖房的心理，又迫使对方不得不做出成交的决定。

第一节 商务谈判的心理

商务谈判是在特定条件下人与人之间的交流行为。在整个谈判过程的始末，从谈判对象的确定、谈判计划的制定、谈判策略和技巧的选择到谈判结果的认定，都伴随着谈判各方当事人各种各样的心理现象和心态反应。商务谈判者的心理直接影响着商务谈判行为，对商务谈判的成功与否起着举足轻重的作用。有效地掌握谈判者的心理状况、准确地引导谈判、控制谈判节奏、把谈判者的心理活动控制在最佳状态，可以使谈判者在心理上处于优势地位，从而争取良好的谈判结果，实现预定的谈判目标。

一、商务谈判心理的概念及特点

(一)心理的含义

人的心理看不见、摸不着，给人一种深邃的感觉。当一个人面对祖国壮丽的河山、秀美的景色时，会产生喜爱、愉悦的心理；而当看到被污染的环境、恶劣的天气，又会出现厌恶、逃避的心理。这些就是人的心理活动、心理现象。心理学认为，心理是人脑对客观现实的主观能动反映。它既包括人们的各种心理活动，如认知、情感、意志等，也包括人们的心理特征，如动机、需要、气质、性格、能力等。人的心理是复杂多样的，人们在不同的专业活动中，会产生各种与不同活动相联系的心理。

☞案例 2—1　苏东坡效应

古代有则笑话：一位解差押解一位和尚去府城，住店时和尚将解差灌醉，并剃光他的头发后逃走。解差醒时发现少了一人，大吃一惊，继而一摸光头转惊为喜："幸而和尚还在。"可随之又困惑不解："我在哪里呢？"

启示：这则笑话一定程度上印证了诗人苏东坡的两句诗："不识庐山真面目，只缘身在此山中。"即人们对"自我"往往难以正确认识；从某种意义讲，认识"自我"比认识客观现实更为困难。因此，"人贵有自知之明"。社会心理学家将人们难以正确认识"自我"的心理现象称为"苏东坡效应"。

(二)商务谈判心理的含义

商务谈判心理是指在商务谈判活动中谈判者的各种心理活动，它是商务谈判者在谈判活动中对各种情况、条件等客观现实的主观能动反映。譬如，当谈判者在商务谈判中第一次与谈判对手会晤时，对方彬彬有礼、态度诚恳，就会对对方有好印象，对谈判取得成功也会抱有信心和希望；反之，如果谈判对手态度狂妄、盛气凌人，势必留下不好的印象，从而对商务谈判的顺利开展存有忧虑。

对谈判者心理的研究，一方面，有利于谈判者了解己方谈判成员的心理活动和心理弱点，以便采取相应措施进行调整和控制，保证己方谈判者能以一个良好的心理状态投入到谈判中去；另一方面，有利于摸清谈判对手的心理活动和心理特征，以便针对不同的谈判对手选择不同的战略和战术。

(三)商务谈判心理的特点

与其他的心理活动一样,商务谈判心理也有其心理活动的特点和规律性。一般来说,商务谈判心理的具体特点包括:

1. 内隐性

商务谈判心理是商务谈判者的内心活动,藏之于脑、存之于心,别人是无法直接观察到的。尽管如此,但人的心理和行为之间有密切的联系,人的心理会影响人的行为,人的行为是人的心理的外显表现,比如,高兴时手舞足蹈、悔恨时捶胸顿足、沉痛时低头不语等。因此,人的心理可以从其外显行为上加以推测,例如,在商务谈判中,对方作为购买方对所购买的商品在价格、质量、运输等方面的谈判协议条件感到很满意,那么,在双方接触过程中,谈判对方会表现出温和、友好、礼貌、赞赏等态度和行为举止;相反,如果很不满意,则会表现出冷漠、粗暴、不友好、怀疑甚至挑衅的态度和行为举止。由此可知,掌握这其中的一定规律,就能较为充分地了解对方的心理状态,更好地洞悉对方的所思所想,从而在商务谈判中占据主动。

2. 个体差异性

因谈判者个体的主客观情况不同,谈判者个体之间的心理状态存在着一定的差异。商务谈判心理的个体差异性,要求人们在研究商务谈判心理时,既要注重探索商务谈判心理的共同特点和规律,又要注意把握个体心理的独特之处,以便有效地为商务谈判的开展服务。

3. 相对稳定性

个体的某种商务谈判心理,产生后往往具有一定的稳定性,在一段时间或一定时期内,不会发生大的变化。但这种稳定性不是绝对的,只能说是相对的,例如,商务谈判者的谈判能力会随着谈判者经验的增多而有所提高。正是由于商务谈判心理具有相对稳定性,我们才可以通过对谈判对手过去种种表现的观察,去了解谈判对手,进一步去认识谈判对手。此外,我们也可以运用一定的心理方法和手段去改变或影响我们的谈判心理,使其有利于商务谈判的开展。

二、商务谈判的需要

(一)需要的含义

需要是人对客观事物的某种欲望,是人的行为活动的内在驱动力。人的活动总是为某种需要所驱使,而行动的目的又总是反映某种需要。所以,我们认为,谈判活动也是建立在人们需要的基础之上。产品贸易洽商,卖方想要出售自己的产品,买方想要购买所需的产品,这样促使交易双方坐下来,磋商具体条款。需要是谈判活动的动力基础,谈判是满足各方需要的过程。无论任何个人、组织、团体、企业甚至国家,采取什么样的洽商形式,都是建立在产生需要并满足需要的基础上的。

要研究需要对人行为的支配作用,有必要了解需要的一般特点:

(1)需要具有对象性。需要总是包含具体的内容,如想要购买一批价格适宜、性能良好的笔记本计算机，以市场价出售一批配件等。

(2)需要具有选择性。人们形成的需要是多种多样的，已经获得满足需要的经验，使人们能够对需要的内容进行选择。如要购买上述设备，既可以通过函电洽商，也可以通过采购人员面谈洽商；既可以把销售者请到企业来，也可以上门购买。当然要购买哪一家的产品，可供选择的对象就更多了。

(3)需要具有连续性。这是指人的需要不断地出现，满足，再出现，再满足，周而复始，不断上升。如交易双方出于合作的需要，坐到谈判桌边，准备洽商合作的事宜，反复磋商后达成了双方都满意的协议；当合同顺利执行后，双方可能产生再次合作的愿望，也许交易的规模更大了。

(4)需要具有相对满足性。这是指人的需要在某一具体情况下所达到的满足标准。人的行为活动要达到一定的目的，但目标的满足只是相对的。比如，一个产品滞销的企业在一次交易中能签约售出数百件，可能是值得庆贺的事，但对于一个产品畅销的企业来讲，很可能是微不足道的。

(5)需要具有发展性。人的需要从出现到满足、再出现，不是简单的重复，而是不断发展、不断上升的过程。这一方面表现为标准的不断提高，另一方面表现为需要的内容不断变化。

(二)马斯洛的需要层次理论

人的需要的产生是有层次的，研究需要的层次性，可以从根本上揭示需要对人行为的支配作用。对人的需要，人们有过许多研究和大量论述。在众多的需要理论研究中，得到最广泛认可与应用的是美国著名社会心理学家、人格理论和比较心理学家马斯洛的需要层次理论。亚伯拉罕·H. 马斯洛(Abraham H. Maslow，1908～1970)在 1954 年发表的代表作《动机与人格》中提出了人类的需要层次理论，指出人的需要是有层次的，全部发展的一个最简单的原则就是满足各层次的需要。他把人类的需要分为 7 个层次，认为人类动机的发展和需要的满足有着密切的关系，需求的层次有高低的不同，并由低级向高级发展，低层次需求的满足或基本满足有助于高层次动机的出现(见图 2—1)。

1. 生理需要

人的需要首先是生理需要。人要维持生存，就会对食物、空气、活动、睡眠产生需要，而且必须得到满足。现代各种类型的交易洽商活动，无论怎样紧张、激烈，参加谈判的人员都要保证这种生理上需要的满足，以恢复体力。事实证明，在洽商活动中，像就餐、住宿休息、娱乐等事宜安排得越好、越周到，谈判活动的效率也就越高，成效也越显著。相反，当人的这方面需要不能得到很好满足时，会直接影响谈判效果。

2. 安全需要

在生理需要满足以后，就会产生安全需要。和挨饿的人一样，一个寻求安全保障的人对生活的全部看法因缺乏安全感而受到影响。在他看来，任何事物都不如求得安全那么合乎需要。在战争年代，家破人亡不能阻止人们求生的本能。

3. 归属和爱的需要

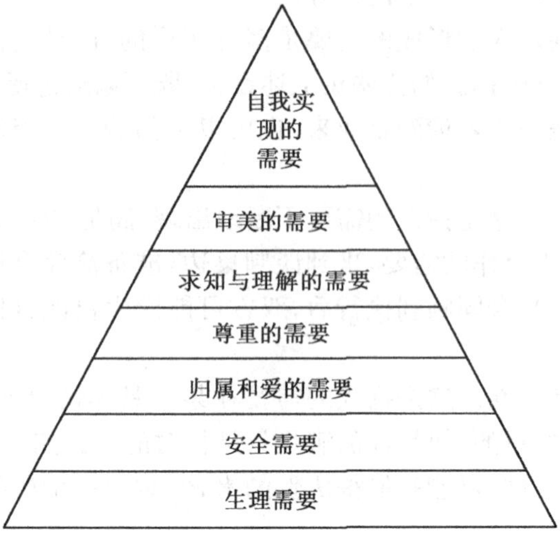

图 2—1 马斯洛的需要层次理论

在生理与安全的需要得到合理满足以后，追求爱与友情的需要就占据了主导地位。这种对朋友、爱人和家庭的渴望，可以完全支配一个孤独的人。在忍饥挨饿、凶险临头的时候，他只想获得食物、获得保护。一旦这些需要得到满足，他对爱的向往便超乎人世间一切事物之上了。他渴望同人们建立起一种充满友情的关系，渴望成为某个群体中的一员，渴望交流感情，渴望关怀与爱护。总的来说，人是群体动物，离群索居无异于自取灭亡。

4. 尊重的需要

这是人类希望实现自己的潜在能力、取得成就、对社会有较大贡献、能够得到别人尊重的欲求。实际上，这是一个多种需要的集合，包括自尊、自重、威信和成功，具体表现为希望自己有能力、有成就、能胜任工作，渴望得到别人的赏识和高度评价、得到名誉和荣耀。这种心理需要在谈判活动中最典型的表现就是有人喜欢显示自己的身份、地位、权威，有人特别要面子，有人喜欢听别人的恭维话，也有人喜欢排场、阔气与豪华。人们在谈判时可能会为了维护面子与尊严愤而退出谈判，放弃他原打算进行的交易，也可能为了取得令人钦佩的谈判业绩，废寝忘食、夜以继日地工作。

5. 求知与理解的需要

这是人类希望不断增添学识与智能、充分探究未知世界的欲求。在一个正常人身上，存在着一种寻求、探索和理解有关自己周围环境知识的基本动力。一种活跃的好奇心策动着每个人，激励着人们去尝试，使人们为神秘与未知所吸引，探索和解释未知的需要是人类行为的一个基本要素。求知与理解的需要必须以自由和安全为先决条件，只有在自由和安全的条件下，这种好奇心才可能得到发挥。

6. 审美的需要

这是人类追求美好事物、寻求美的感受的欲求。处在丑的环境里，有些人甚至卧床不起;换一个美的环境,他又重新站起来了。这种对美的渴求在艺术家中最为激烈。对于丑的东西,有些艺术家是无法容忍的。马斯洛把一个人"情不自禁地要把墙上的画挂正"的行为也归结为对美的需求。

7. 自我实现的需要

这是人类最高层次的需要,即每个人都处在最适合于他的工作岗位,充分发挥每个人的能力,实现自我价值。所以人们也称这一层次的需求为创造性的需求。以谈判活动为例,有项目负责人、专业人员、辅助人员,每个人所具备的能力与应发挥的作用是不一样的。领导者不但要能够把谈判小组中每个成员协调在一起,充分发挥着集体的智慧,还要使谈判小组的成员明确各自承担的具体工作,使其各司其职,使谈判活动取得理想的效果。

总之,人的一生就是一场为满足需要而拼搏的持久斗争,行为动机是人类为减轻需要的压力而做出的反应。马斯洛的需要层次理论为我们进行论证和辩护提供了广泛的选择余地,使我们能从谈判双方需要的不同侧面、不同角度进行解释和评论。了解了每一种需要的相应动力和作用,我们就能对症下药、选择最佳方法。在每一个场合下,采用的方法所针对的需要越是基本,就越可能获得成功。我们的目的就是要运用这些关于人类需要的基本知识去进行成功的合作谈判。

拓展阅读 2—1 归属与爱的需要

社交的需要也叫归属与爱的需要,是指个人渴望得到家庭、团体、朋友、同事的关怀、爱护、理解,是对友情、信任、温暖、爱情的需要。社交的需要比生理和安全需要更细微、更难捉摸。它与个人性格、经历、生活区域、民族、生活习惯、宗教信仰等息息相关,这种需要是难以察觉、无法度量的。总之,因为害怕孤独,我们不能离群索居。

哈佛大学有这样一则经典的 MBA 案例。一段"人"字形铁轨,一侧正在使用,一侧已经停用(铁轨完好,只是暂时弃之不用)。在两侧铁轨交叉的位置,有一个控制按钮,可以控制火车行进的方向。一天,9 个孩子在正在使用的铁轨上玩,1 个孩子在已经停用的铁轨上玩。此时,一列火车驶来,如果你是控制员,会不会为了救那 9 个孩子而按下按钮改变火车行进的方向,从而牺牲那 1 个孩子?

为了减少不必要的麻烦,我对上述案例做如下进一步的补充和说明:

(1)所有的孩子都知道在铁轨上玩会有潜在危险,只是他们年纪还小,没有深入思考。

(2)所有的孩子均与你(控制员)无任何血缘关系,素不相识。

(3)火车已经来不及刹车。

(4)火车即使驶入已经不用的铁轨,也不会造成倾覆。

正读此文的你,会不会第一时间按下按钮呢?

那些第一时间没按下按钮的人,理由很简单,因为那 1 个孩子没错,所以没必要牺牲。这不是一道简单的数学问题,如果他真的为了那 9 个犯了错的孩子牺牲了,有失公平。

如果你没有按下按钮:当有 99 个孩子在正在使用的铁轨上玩,你是控制员,会不会为了救那 99 个孩子而按下按钮改变火车行进的方向,从而牺牲那 1 个孩子?

如果你还没有按下按钮：当有999个孩子在正在使用的铁轨上玩，你是控制员，会不会为了救那999个孩子而按下按钮改变火车行进的方向，从而牺牲那1个孩子？

……

如果你不是铁石心肠，我想你终究会毫不犹豫地按下按钮。所以，不要过分执着于所谓的是非对错，因为时移事异，错是对，对是错。历史早已无数次地向我们证明，就像秦始皇统一六国，在当时看来，与侵略无异，而在今天看来，却奠定了中国统一的基础。如果非要弄出个是非对错，我认为那一个孩子错得离谱，错就错在他没和大家一起玩，因而付出了生命的代价。

生活中，为了不孤独，我们总期望把自己划入属于自己的人际圈，如果有一天，我们发现自己孑身一人，或许我们应该警惕是否有列火车正突然驶来。

——引自《驶于鹿港之杂七杂八》，付强著，黑龙江科技出版社，2013年1月。

(三)需要层次理论在商务谈判中的应用

谈判活动是建立在人们需要的基础上的，正是因为有了需要，才使谈判的各方坐下来进行磋商。我们研究需要与谈判，是要研究是哪一层次的需要支配着人的活动，是显现的需要还是潜在的需要，在什么条件下人的需要会发生转化，从而更好地探究人的行为变化的内因。

潜在需要是人们的一种下意识的欲望，它没有被明确地表示出来，但在某种情况下，更能影响谈判者的思维活动。交易谈判双方能够坐下来洽商，彼此都清楚有合作的要求，经过初步的洽商，卖方的具体条件、买方的要求也都摊牌了。但是谈判的结果却可能是多样的：可能谈判非常成功，各方都十分满意；也可能谈判只有一方满意；也可能是双方都不满意；还有可能是谈判破裂，没有达成协议。之所以会出现多种谈判结果，一个最重要的原因就是需要的满足。

我们知道，人的需要是可以变动的，是受许多因素影响的，满足需要的方式也是多种多样的。尽管我们所研究的谈判活动的需要是集体的需要，是理性的需要，但是，它是由代表企业的人来实现的。它的满足与否是由人来评价的。这就难免会带有个人感情的因素，受个人需要的影响。常见这样的场面，在谈判中，由于一方语言或行为的不慎，使另一方感到受到了不公正的待遇和丢了面子，即使他的目的达到了，也会感到不满意，甚至还可能出现为维护面子愤而反击、中止谈判的行为。也有这样的情况，双方在最初洽商时，都感到各方的要求差异很大，很难协调。但随着谈判的进展、关系的融洽、感情的加深，居然达成了双方都十分满意的协议。原因很简单，就是谈判双方都感到他们的要求被满足了。

应该指出的是，这里需要的满足，不一定就是达到企业原有的既定目标，而是谈判者认为的需要的满足。谈判所签订的协议条款很可能与企业原计划相差较大，这可能是由于在双方的洽商中，制订计划的一方认为原有的标准过高、不符合实际情况，或者情况发生了变化，因此谈判的结果是合理的、签订这个协议是值得的。这就是需要对谈判的影响。如果我们细心观察现实生活中的各种谈判，情形大抵如此。一个企业员工感到他在企业的贡献与劳动报酬不相等，他会向经理要求增加工资或奖金。但是他与经理谈话之后，却改变了这种想法，企业处于艰难时期，他是企业核心岗位的员工，理应为企业振兴做出贡献，而不是先考虑个人的得失。那么，我们认为，谈判之后，他增加劳动报酬的需要（生理需要）没有得到满足，而他的自尊需要却得到了满足。可见，满足不同层次的需要是取得理想谈判结果的关键因素，也是解开或缓和谈判僵局的症结所在。它有利于谈判人员采取灵活变通的办法，取得双方满意的结果。

☞案例 2—2　满足尊重需要的谈判

美国著名谈判专家荷伯·科恩在他所著的《人生与谈判》一书中，讲述了他亲身经历的事例。一次，他代表一家大公司去东俄亥俄购买一座煤矿，矿主开价 2 600 万美元，而科恩则还价 1 500 万美元，显然，两方的报价差别较大，必须给予调和，才能达成协议。但矿主态度十分强硬，拒不让价。最后当科恩开价上升到 2 150 万美元时，矿主仍不妥协。这使科恩感到奇怪，按理说，这个开价比较客观合理，那么，为什么卖主不接受这个显然是客观、合理的还价呢？为了找出原因，他邀请矿主共进晚餐，矿主的几句话道出了他不让价的原委。原来他兄弟的煤矿卖了 2 550 万美元，还有一些附加利益。这一下，科恩明白了，矿主除了想卖矿山以外，还有其他的需要，这是最根本的问题，而他们却完全忽略了，这就是尊重的需要。随后，科恩开始调查矿主的兄弟从卖矿上得到多少附加利益，协商的结果，是达成了一个双方都满意的协议，买方所付出的价格没超出公司的预算，而卖方则觉得他的出卖条件要比他兄弟好得多。

☞案例 2—3　好奇心驱使的谈判

百佳商场采购员每天要见许多供货商，如果供货商销售员在 3 分钟内讲的东西不能引起他的兴趣，这笔生意基本就没戏了，所以他在门口贴个告示规定每个销售员只谈 3 分钟。一天，一个想让商品进入商场的供货商销售员一进门就说"王先生，今天如果您让我从这门很快走出去的话，您就会损失一个赚 432 万元的机会。"采购员听了很纳闷，心想"很多人都会说我会失去赚大钱的机会，而他却说 432 万元，他是怎么算出这个数的呢？是不是真有机会啊？"怀着好奇心，采购员说"没关系，你尽管说吧，不用考虑时间。"销售员详细地和采购员谈了起来，最终达成了供货协议。此次谈判成功的关键在于供货商充分把握住了采购员的好奇心理，也就是利用了他求知的需要。

通常，我们还见到这样的情况，一些谈判协议的签订，对某一方来讲并不合算，但他们却感到很值得。那么目的是什么呢？显然，是为了建立关系和联系，为了交朋友，为以后的长期交易打基础，这是出于归属和需要。至于从满足谈判各方的生理需要来实现理想的谈判结果就更为常见了。比如，在就餐、娱乐、休息方面精心安排，热情款待，希望以此达到自己生意上的目的。但如果这样做达不到目的，很可能情况会颠倒过来，给来客造成种种生活上的不便，形成一定的心理压力，迫使对方妥协。

☞案例 2—4　聪明的推销员

著名谈判专家科恩一次在墨西哥旅行，被一个当地的土著人缠住了，向他推销一件毛毯披肩。他根本不想买这东西,所以开始没太理会,继续赶路。小贩的开价由开始的1 200比索一直向下降,当降到200比索时,科思开始动心了。对方说:“好吧,你胜利了,只对你,200比索。”科恩接过披肩,边看边想:“我喜欢吗?我需要吗?都不是,但是我改变了不想买的主意。是我把他的要价由最初的1 200比索降到现在的200比索。”于是,科恩开始与小贩讨价还价。小贩告诉他,在墨西哥的历史上,以最低价格买到这样一件披肩的人是一个来自加拿大的温尼培格的人,他花了175比索。最后科恩花了170比索买下了披肩,他创造了墨西哥历史上买披肩毛毯的新纪录。所以,直到他回到旅馆见妻子之前,还一直陶醉在他的成功喜悦之中。回到旅馆,他迫不及待地向妻子报告他的胜利:“一个土著谈判家要1 200比索,而一个国际谈判家花170个比索就买下来了!”当妻子告诉他,她花了150比索买到了同样的披肩时,他兴奋的喜悦顿时烟消云散。他仔细回想后不禁感叹道,这个土著谈判家最巧妙地利用了他的自我实现或自尊的心理。因为最能打动他的是:“你是墨西哥历史上以最低价格购买毛毯披肩的人。”

商务谈判过程中,要了解对方在想什么、在谋求什么,就必须运用各种方法和技巧,去发现谈判对手的需要。精明老练的谈判专家,总是十分注意捕捉对方思想过程的蛛丝马迹,以追踪揭示对方动机的线索。仔细倾听对方的发言,注意观察对方的举止、神情、重复语句,以及说话语气等,这些都是反映其思想、愿望和潜在需要的线索。

三、商务谈判中的心理挫折

(一)心理挫折

人们的行为活动很少有一帆风顺的,都会遇到这样或那样的困难,碰到各种各样的障碍。当实际活动受阻时,会影响到人的心理,从而形成各种挫折感。心理挫折是指人在实现目标的过程中遇到自感无法克服的阻碍、干扰,而产生的焦虑、紧张、愤懑、沮丧或失意的情绪性心理状态。

心理挫折是人的一种主观感受,有别于实际上的行动挫折。在人的行为活动遇到挫折时,人们的主观心态由于各种原因会产生不同的反应,如对行为挫折的情境的主观判断、遭受挫折目标的重要性、抱负水平及对挫折的忍受力都会影响人们遭受挫折后的心态。例如,在商务谈判中,当双方就某一问题各不相让、僵持不下时,形成了行动挫折,对此,有的人感到遇到了困难,却激起他更大的决心,要全力以赴把这一问题处理好;而有的人则感到沮丧、失望乃至丧失信心。

(二)心理挫折对行为的影响

1. 心理挫折的行为反应

(1)攻击。人在受挫时,生气、愤怒是最常见的心理状态,这在行动上可能表现为攻击。诸如,语言过火、激烈,情绪冲动、容易发脾气,并伴有挑衅、煽动的动作。理智型的人善于作自我调节,比感情易冲动的人更能控制自己;文化程度低的人,受挫后产生攻击行为的可能性比较大;经验丰富、见多识广的人受挫后会有多种排解方法,攻击的可能性就比较小。此外,受挫目标的期望程度、动机范围等因素都可能影响人的攻击性。

(2)倒退。人遭受挫折后，可能发生幼稚的、儿童化的行为，如像孩子一样哭闹、暴怒、任性等，目的是为了威胁对方或唤起别人的同情。

(3)畏缩。人受挫后可能发生失去自信、消极悲观、孤僻离群、盲目顺从、易受暗示等行为表现。这时其敏感性、判断力都相应降低。

(4)固执。有些人受挫后会顽固地坚持某种不合理的意见或态度，盲目地重复某种无效的动作，不能像正常情况下那样正确合理地做出判断，表现为心胸狭窄、意志薄弱、性格不开朗。这都会直接影响人们对具体事物的判断分析，导致行动失误。

此外，不安、冷漠等都是心理挫折的表现。

2. 摆脱挫折困扰的心理防卫机制

在出现心理挫折时的情绪状态是人的应激状态，无论对谁，都是一种不适的困扰，甚至是苦恼的折磨。消除心理挫折的常见方法有：

(1)理喻作用，指寻找理由和事实来解释或减轻焦虑困扰的方式。如谈判所签订的协议没有达到原定的价格标准，会不自觉地拿“今年价格上涨”的理由来安慰自己。理喻的作用有积极与消极之分，如果是不合逻辑的“自我理喻”，则被称为文饰，即寻找不符合客观实际的理由推卸个人的责任。

(2)替代作用，即以替代目标取代遭受挫折的目标。主要有升华、补偿、抵消等形式。例如，在上笔交易中吃了亏，在下笔交易中赚回来的心理就是如此。消极意义的替代，是将自己的不当、失误转嫁到旁人身上，以减轻自己的不安。如自己憎恨某人，却大谈某人憎恨自己，以小人之心度君子之腹。

(3)转移作用，指将注意的中心转移到受挫事件之外的事情中，以减轻和消除心理困扰。消极的转移称为逃避，常见有的人现在失意，却大谈自己过去的辉煌。

(4)压抑作用，指人有意控制自己的挫折感，不在行动上表露出来。通常所讲的临危不乱、受挫不惊、具有大将风度，就是压抑作用的结果。这也是一个优秀谈判者所应具备的。

(三)商务谈判与心理挫折

谈判活动是一种协调行为，即协议交易各方的利益与冲突。因此，在商务谈判活动中，谈判人员会遇到这样或那样的矛盾。碰到各种挫折，难免会产生心理波动，并直接影响其行为活动。商务谈判活动所产生的心理挫折主要表现在以下几方面：

1. 成就需要与成功可能性的冲突

成就感在人的需要层次中表现为自尊和自我实现，是一种高层次的追求。正是这种追求促使人认真努力、不懈地追求，希望有所造就，希望获得良好的工作业绩。但是谈判活动的不确定性，又造成了谈判结果的不确定性，由此构成了成就需要与成功可能性的矛盾。

2. 创造性与习惯性认识的冲突

谈判是一种创造性较强的社交活动，没有哪两个谈判项目是完全一致的。适用于上次谈判的方式方法，可能完全不适用于这一次。虽然每进行一定规模的交易活动，各方都要进行详细、周密、认真的准备，但很大程度上要取决于谈判人员的临场发挥。所以，谈判人员的应变能力、创造性、灵活性都是十分重要的。但是，人们的认知总存在着一种思维惯性。这在心理学上被称为“习惯定向”，即人们在思考认识问题过程中，习惯于沿着某一思路进行，这样考虑问题的次数越多，采用新思路的可能性就越小，这种习惯思维对人的束缚性就越大。这就导致人们习惯于用某种方法解决问题后，对出现的新问题不寻求更好的方法，还是机械地套用老方法处理。所以，习惯定向是影响谈判人员创造性解决问题的主要障碍。如何摆脱定势思维对人认识活动的影响，怎样既重视经验，又不依赖于经验，怎样创造性地解决洽商活动的问题，可能是每一个参与谈判活动的人都面临的问题。最重要的是培养谈判人员良好的心理素质、正确的工作态度和坚强的意志品质。

拓展阅读 2—2　习惯定向让登山队员全军覆灭

登山队员临行前对登山物品例行检查，发现整个登山队只准备了一根绣花针（高山上，队员用来取暖、生火的煤气灶的气管会在低温时被冰块堵住，绣花针就是用来扎破冰块、疏通气管用的）。检查人员建议多带几根，因为绣花针在扎冰块的时候容易折断。准备绣花针的队员告诉他们，自己很有经验，每次都可以用一根针把管道的冰块搞定，大家也见证过他扎冰的本事，最后，他们就只带一根绣花针参加了登山。当山的海拔越来越高，气温越来越低时，登山队员准备安营扎寨。他们准备生火取暖，把生火炉放在地上，很有经验的那位“扎冰手”手拿钢针向炉子的通气管道扎去，大家期待着，期待着温暖……可惜，高手也有失手的那一刻，“扎冰手”在扎冰过程中把唯一的绣花针折断了，管道口的冰块无法被去掉，他们没有期待到鲜红的火焰，最终全部冻死在……

启示：习惯定向是一把“双刃剑”，用好了事半功倍，用不好害人害己。

3. 角色多样化和角色期待的冲突

在实际生活中，每个人在不同的情况下可能会充当不同的角色，如一个人在家里是父亲，在单位可能是领导，而从事谈判活动又是临时组织的负责人或专业人员。不同的角色，所处的社会地位不同，社会规范的行为方式也不相同。由于在不同的情况下担任不同的角色，彼此之间必然会有矛盾冲突，作为具体的个人，要承担如此众多的角色，而且都要符合角色的要求，难免会出现挫折，形成心理冲突。特别是当原有角色与谈判活动中所扮演角色相冲突时，会直接影响谈判者的心理活动，影响其作用的发挥。例如，一个人在单位是一名技术人员，但在谈判活动中却是主谈人，还承担着决策重任，那么，他很可能不适应这种角色的转化。而一个人在单位是主要负责人，但在谈判活动中，却只扮演了一个从属的角色，他会感到不受重用，也会影响其作用的发挥。可见，这种原有角色与实际角色的心理冲突是值得我们认真研究并加以注意的。

四、成功谈判者的心理素质

一个成功的谈判者应该具备的心理素质是多方面的，但最主要的心理素质包括如下几个方面：

（一）诚意

谈判是两方以上的合作，合作能否顺利进行，能否取得最后的成功，首先取决于双方合作的诚意。受诚意支配的谈判心理是实现谈判目标的必要条件。诚意是谈判的心理准备，只有双方全心全意考虑合作的可能性和必要性，才会合乎情理地提出自己的要求和认真考虑对方的要求。诚意也是谈判的动力。希望通过洽商来实现双方合作的谈判人员会进行大量、细致、周密的准备工作，拟订具体的谈判计划，搜集大量的信息情报，全面分析谈判对手的个性特点，认真考虑谈判中可能出现的各种突发情况。诚意不仅能够保证谈判人员有良好的心理准备，而且也使谈判人员心理活动始终处于最佳状态，双方求大同、存小异、相互理解、相互让步以求达到最佳的合作。

案例 2—5　坦诚相待促成良好开局

北京某区一位党委书记在同外商谈判时，发现对方对自己的身份持有强烈的戒备心理，这种状态妨碍了谈判的正常进行。于是，这位党委书记当机立断，站起来对对方说道："我是党委书记，但也懂经济、搞经济，并且拥有决策权。我们摊子小，并且实力不强，但人实在，愿意真诚与贵方合作。咱们谈得成也好，谈不成也好，至少你这个外来的'洋'先生可以交一个我这样的'土'朋友！"寥寥几句肺腑之言，打消了对方的疑惑，使谈判顺利地向纵深发展。

(二)信心

信心是指对行为必定成功的信念。只有具备必胜的信念，才能使谈判者的能力得到充分发挥，使其成为谈判活动的主宰。信念是人的精神支柱，持有什么样的信念，往往决定了人的行为活动方式。我们坚持谈判者必须具备必胜的信念，不仅仅指求胜心理，还包含着更广泛的内涵和更深的层次。信念决定了谈判者在谈判活动中所坚持的谈判原则、方针，运用的谈判策略与方法。例如，谈判的一方为达到目的不择手段，甚至采取欺诈、威胁的伎俩迫使对方就范，为获得自己利益，不惜损害对方利益。某种情况下，这些做法也是受求胜心理支配。但是我们不能提倡这种必胜信念，这是不道德的。实践也证明，这样做的后果是十分消极的。不择手段的做法使你获得了合同，也获得了利益，但它使你失去了信誉，失去了朋友，失去了比生意更加宝贵的东西。所以，我们认为必胜的信念应是符合职业道德的、具有高度理性的自信心。这是每一个谈判人员要想取胜的心理基础。只有满怀取胜信心，才能有勇有谋，百折不挠，达到既定目标；才能虚怀若谷、大智若愚，赢得对方信任，取得合作的成功。

拓展阅读 2—3　小泽征尔的自信

小泽征尔是进入世界著名指挥家行列的第一位东方人，也是迄今为止活跃在所有美国管弦乐团的音乐总监中任期最长的一位指挥家。有一次他到欧洲参加指挥家大赛，在进行前三名决赛时，被安排在最后一个上场。评委交给他一张乐谱，正演奏中，小泽征尔突然发现乐曲中出现不和谐的地方。开始他以为是演奏家们演奏错了，就指挥乐队停下来重奏一次，仍觉得不自然。这时，在场的权威人士都郑重声明乐谱没问题，而是他的错觉。面对几百名国际音乐权威，他不免对自己的判断产生动摇。但是他考虑再三，坚信自己的判断是正确的，于是他斩钉截铁地大声说："不！一定是乐谱错了！"他的声音刚落，评委席上的那些评委们立即站立起来,向他报以热烈的掌声,祝贺他大赛夺魁!原来这是评委们精心设计的一个圈套,以试探指挥家们在发现错误而权威人士又不承认的情况下,是否能坚持自己正确的判断,因为只有具备这种素质的人,才真正称得上是世界一流的音乐家。

启示:小泽征尔的成功证明了自信源于实力。只有自信,人才能志气昂扬、精神抖擞地去学习、去工作、去奋斗、去拼搏。自信不是高傲自大和自以为是的自恃,而是在正确的理论指导和实践经验基础上的对自我判断的信念。自信是抵制错误导向和坚守正确决断的必备素质。只有自己不动摇,才能帮助动摇者。只有相信自己,才能赢得相信。研究表明,一个人处于自信时,思维能力非常活跃,精神也一直保持乐观、积极向上的状态;而处于自卑时,就显得思维反应迟钝,看上去精神萎靡,像冬天遭霜打的茄子一样,整天都是蔫的。有人说:有自信,不一定能成功;但没有自信,就一定不能成功。

(三)耐心

谈判进行到最后阶段,往往是耐心的较量。在谈判中,耐心表现为不急于取得谈判结果,能够很好地控制自己的情绪,掌握谈判的主动权。耐心可以使我们更多地倾听对方,了解掌握更多的信息;耐心也使我们更好地克服自身的弱点,增强自控能力,更有效地控制谈判局面。有关统计资料表明:人们说话的速度是每分钟120～180个字,而大脑思维的速度却是它的4～5倍。这就是为什么常常对方还没讲完,我们却早已理解了。但这种情况表现在谈判中却会直接影响谈判者倾听,会使思想溜号的一方错过极有价值的信息,甚至失去谈判的主动权。所以保持耐心是十分重要的。

耐心还可以作为谈判中的一种战术与谋略。耐心使谈判者认真倾听对方讲话,冷静、客观地谈判,分析谈判形势,恰当地运用谈判策略与方法;耐心使谈判者避免意气用事,融洽谈判气氛,缓和谈判僵局;耐心使谈判者正确区分人与问题,学会采取对人软、对事硬的态度;耐心也是对付脾气急躁、性格鲁莽、咄咄逼人的谈判对手的有效方法,是以软制硬、以柔克刚的最为理想的策略方法。耐心也是谈判者心理成熟的标志,有助于谈判人员对客观事物和现象做出全面分析和理性思考,有助于谈判者做出科学决策。需要指出的是,耐心不同于拖延。在谈判中,人们常常运用拖延战术打乱对方的战术运用,或借以实施己方策略。耐心主要是指人的心理素质,从心理上战胜对方。心理学研究表明,人是否具有耐心,与人的气质有直接的联系。黏液质气质类型的人,天生性格稳重、平和,而胆汁质气质类型的人则脾气暴躁、缺乏耐性。因此,黏液质气质类型的谈判者运用耐心得心应手,而对于胆汁质的谈判者来讲,则需要克服较大的心理障碍。

在谈判活动中,谈判者要自始至终保持耐心,其动力来源于人对利益目标的追求,但人们的意志、对谈判的信心,以及对追求目标的勇气都是影响耐心的重要因素。谈判专家荷伯·科恩曾以戴维营和平谈判为例,说明了耐心的力量。

☞案例2—6　耐心的力量

埃及和以色列两国争端由来已久,积怨颇深,谁也不想妥协。美国前总统卡特邀请他们坐下来进行谈判,精心考虑之后,地点确定在戴维营。尽管那里设施齐备、安全可靠,但却没有游玩之处，散步成了人们主要的消遣方式，此外，还有两台供锻炼身体用的自行车和3部电影。所以，两国谈判代表团在住了几天之后，都感到十分厌烦。但是，每天8点钟，萨达特和贝京都会听到敲门声，接着就是那句熟悉的话语："你好，我是卡特，再把那个乏味的题目讨论上一天吧。"结果等到第13天，谁都忍耐不住了，再也不想为谈判中的一些问题争论不休了，这就有了著名的戴维营和平协议。它的成功，有一半归功于卡特总统的耐心与持久。

(四)自制力

自制力是谈判者在环境发生巨大变化时克服心理障碍的能力。由于商务谈判会涉及双方的经济利益，谈判双方在心理上处于对立，故而僵持、紧张、激烈的局面不可避免，这会引致谈判者情绪的波动。如果是明显的情绪波动，如发怒、沮丧，可能会造成疏漏，从而给对方制造击败己方的机会。所以，谈判者应善于在激烈变化的局势中控制自身的情绪和行为。具体来说，谈判顺利时，不要沾沾自喜，冲昏头脑；遇到挫折时，也不要心灰意懒，萎靡不振；遇到气恼的事，要能够克制自己。

拓展阅读2—4　软糖实验

1960年，美国斯坦福大学心理学家瓦特·米伽尔把一些4岁左右的孩子带到一间陈设简陋的房子，然后给他们每人一颗非常好吃的软糖，同时告诉他们，如果马上吃软糖只能吃1颗；如果20分钟后再吃，将奖励1颗软糖，也就是说，总共可以吃到两颗软糖。有些孩子急不可待，马上把软糖吃掉。有些孩子则能耐心等待，暂时不吃软糖。他们为了使自己耐住性子，或闭上眼睛不看软糖，或头枕双臂自言自语……结果，这些孩子终于吃到两颗软糖。实验之后，研究者进行了长达14年的追踪。继续跟踪研究参加这个实验的孩子们，一直到他们高中毕业。跟踪研究的结果显示：那些能等待并最后吃到两颗软糖的孩子，在青少年时期，仍能等待机遇而不急于求成，他们具有一种为了更大更远的目标而暂时牺牲眼前利益的能力，即自控能力。而那些急不可待只吃1颗软糖的孩子，在青少年时期，则表现得比较固执、虚荣或优柔寡断，当欲望产生的时候，无法控制自己，一定要马上满足欲望，否则就无法静下心来继续做后面的事情。换句话说，能等待的那些孩子的成功率，远远高于那些不能等待的孩子。

(五)应变力

商务谈判既是一种涉及人员与领域比较多的复杂活动，又是一种局势变幻莫测的商务活动。因此，在谈判过程中，要求谈判人员察言观色，及时掌握对方动向，摸清对方"底牌"，随机应变，及时调整谈判部署、策略。

☞案例2—7　史上最长、最短的谈判

朝鲜战争激烈进行的同时，朝鲜人民军和中国人民志愿军为一方与打着"联合国军"旗号的美国军队在板门店举行了一场史上罕见的停战谈判，历时两年零十几天，两易谈判地点，五次中断，共召开58次双方代表团大会、733次各种小会。

一天，谈判中出现了罕见的僵局，双方都在等待对方开口，却又谁也不开口。沉默，沉默……空气仿佛凝固了一般，整整沉默了132分钟，这大概是谈判史上无言相对最长的时间纪录了。

我方代表团秘书长柴成文悄悄起身走出会场，来到谈判大厅旁边的一座帐篷里，那里坐着一个留着小胡子、戴着眼镜的中年人，他就是谈判代表团党委书记李克农将军。这时，他正坐在桌前沉思，一支接一支抽烟，茶杯里的水已喝干。柴成文来到李克农身后，扶住椅背，在他耳边急促吐出三个字："怎么办？"

李克农一言不发，从笔记本上撕下一张小纸条，写下三个字："坐下去。"柴成文悄悄回到座位上，将攥在手心里的小纸条偷偷地一个个代表传了下去。短短几分钟，中朝谈判成员脸上的表情变了，由焦躁不安变为沉稳而又笃定，一个个沉下心来，挺直腰板，稳稳地坐在那里，化为一尊尊石像。

美方再也无法忍耐这难堪、沉闷、压抑的沉默了，马拉松式的耐心竞赛终于见了分晓，美方代表首先宣布：休会，退席。

美方代表一回到住所，把公文包一扔，就叫出声来："哎呀，上帝！我以为我麻木的双腿再也不会复活了，这该死的谈判像是一个世纪那样漫长。"

第二天轮到中朝代表主持会谈，中国人也有以快制胜的绝招。朝鲜首席代表宣布会议开始，双方代表刚刚落座，随即宣布休会。只用了25秒。弄得美国人频频耸肩晃脑，一副惊讶莫名之状。

启示：在商务谈判中拖是技巧，快也是一种技巧。面对危机时刻(超常规的时刻)，商务谈判人员应变能力的高低直接决定了问题的解决程度。

五、商务谈判心理的禁忌

(一)必须避免的心理状态

1. 信心不足

在谈判中，八仙过海，各显神通，明比质量与价格，暗斗意志与智慧。谈判各方为了实现自己的目标，都试图调整自己的心理状态，从气势上压倒对手，以充分运用各种谈判策略与技巧。如若信心不足则无力支撑谈判的全过程，在对方的攻击下，中途就将败下阵来。即使谈成了交易，也必将付出巨大的代价。

2. 热情过度

过分热情，会暴露出自身的缺点和愿望，给人以有求于他的感觉。这样就削弱了自身的谈判力，提高了对手的地位，本来比较容易解决的问题可能就要付更大的代价。对于一般人来说，对于自己喜欢而又无法得到的东西，会有一种强烈取得的意念。但作为谈判者，却要考虑到对手的反应，要用自己的一言一行来牵制对方，力图让谈判的局面向有利于自己的方向发展。当我方实力强于对方时，要让对方表现出热情很高，强烈要求与我方成交，从而维护自身的优势地位。当我方实力弱于对方时，要表现出热情但不过度，感兴趣却不强求，不卑不亢，处之泰然。这样反而使对方对自身产生怀疑，从而增加我方的谈判力量。当谈判出现分歧或僵局时，冷处理比热处理更有效。比如提出一个竞争对手，对方的态度和条件马上就会发生变化。

3. 不知所措

当出现某些比较令人棘手的问题，如果没有心理准备，不知所措，就会签订对自己利益损害较大的协议，或者处理不当，不利于谈判的顺利进行。在谈判中，谈判对手性情不同，各种情形复杂多变，难以预料。如有为一些细枝末节纠缠不清的，有思路不同而令人难以解释的，有故意寻衅找事的。当这些事情发生时，应保持清醒的头脑，分析其原因所在，找出问题的症结。如果是对方蛮不讲理，肆意制造事端，就毫不客气，以牙还牙，不让对方得逞，以免被对方的气势所压倒，使对方从中谋利。如果我方也有责任，则应以礼相待，消除隔阂，加强沟通。当己方处于不利情形时，也不能不知所措。事前就应该对各种可能出现的最坏局面有所准备，尽量避免不利情况的发生。不知所措，只会乱了自己，帮了对手。谈判人员一定要学会遇险不惊、遇乱不烦。

(二)不同类型谈判对手的应对

根据人们自我追求和行为习惯的不同，可以把谈判对手分为三类，即权力型、进取型和关系型。不同类型的谈判者会有不同的心理状态，会采取不同的行为，所以我们要研究不同类型谈判对手的心理，避免触犯某些禁忌。

表 2—1　　不同类型谈判对手的行为特点与心理禁忌

谈判对手的类型	行为特点	心理禁忌
权力型	(1)以对别人和对谈判局势施加影响为满足 (2)能够与对方建立友好关系 (3)能有力控制谈判过程	(1)试图去支配他、控制他 (2)压迫他做出过多的让步，提出相当苛刻的条件
进取型	(1)以取得成功为满足 (2)对权力与成功的期望都很高 (3)对关系的期望则很低	(1)不让他插手谈判程序的安排 (2)不听取他的建议 (3)让他轻易得手 (4)屈服于他的压力
关系型	(1)以与别人保持良好的关系为满足 (2)对权力的期望很低	(1)不主动进攻 (2)对他让步过多 (3)对他的热情态度掉以轻心

第二节　商务谈判的思维

谈判被现代人誉为“软脑力体操”，是一项充满着科学性和艺术性的复杂活动。商务谈判作为经济活动的重要手段，是现代生活中最普遍、最重要的谈判类型。人的思维活动贯穿其中，是整个谈判的灵魂。谈判思维的正确与否关系着商务谈判的成败，因此谈判者必须能够理解、掌握并灵活运用一些基本的思维知识和技巧。

一、什么是谈判思维

谈判思维是谈判者在谈判过程中理性地认识客观事物的行为与过程，是谈判者对谈判活动中的谈判标的、谈判环境、谈判对手及其行为间接的、概括的反映。谈判思维是谈判者的一种有意识的行为。

商务谈判活动，无论其复杂程度如何，都是一个曲折的、具有风险的较量与选择过程。一个成功的谈判者除了要具备敏锐、细腻、合作等基本素质外，还必须能够正确认识谈判双方在谈判中所处的地位、相互作用的形式、性质、条件及其发展趋势，能够站在一定高度上把握谈判的局部变化，并根据这些变化采取相应的策略。所有这些都将在一个正确的、合理的思维模式指导下进行；否则，谈判就会显得缺乏必要的理性，谈判策略的运用也会因失去方向性而变得盲目。

在谈判思维中，逻辑是谈判思维的基本构成单元，但不是唯一的，各种非逻辑的要素也会介入谈判思维过程，从而形成谈判思维的不同类型。在复杂而瞬息万变的谈判交锋中，谈判者对各种思维方式灵活、有效地选择和组合运用，便产生了谈判中的思维艺术。

二、商务谈判思维的逻辑范畴

人的思维过程，就是运用概念进行判断、推理、论证的过程。在这个过程中，概念是思维的出发点，并由它组成判断，由判断组成推理，再由推理组成论证。这四个逻辑范畴既是谈判思维过程的四个环节，也是谈判思维的四个基本要素。商务谈判思维是商务谈判前的准备阶段的思维活动与谈判过程中的临场思维活动的总称。成功的商务谈判对双方来说，也是正确的、合理的思维结果。

（一）概念

概念是反映事物的本质和内部联系的思维形式。在谈判中，概念是抓住论题本质及其内部联系的基础。如果概念混淆则抓不住对方的实际弱点，还会使谈判失去方向。若在任一论题展开之前，先从概念入手，那么谈判双方则可在同一事物上寻找解决办法或方案。

（二）判断

判断是对客观事物的矛盾本性有所断定的思维形式，其主要作用在于它的认识功能。这种动态断定的思维有四个对立统一的方面：同一与差异、肯定与否定、个别与一般、现象与本质。在商务谈判中，这四个对立统一的思维判断无处不在。

（三）推理

推理是在分析客观事物矛盾运动的基础上，从已有的知识中推出新知识的思维方式。推理的形式有类比、归纳和演绎。

类比最典型的运用，是谈判准备工作中比价材料的准备。出口商要研究国际市场同类商品的价位，进口商也要研究同类商品的市场价位，目的在于通过类比做出自己的判断。

归纳是谈判者在做某个议题或某个阶段的小结时最常用的手法。可以用它把谈判双方零散的观点廓清，以对双方立场予以判断，也可以用它把自己的论述予以理清，断定一下自己的结论。

演绎可以说是谈判思维中的解析式思维方式，即由普遍性的前提推出特殊性的结论。例如，如果对方在谈判条件上明显处于劣势，那么对方必将采取软弱的谈判方法，而我方可以用强硬的谈判方法加以应对。

(四)论证

论证是根据事物的内部联系,应用辩证的矛盾分析方法,以一些已被证实为真的判断来确定某个判断的真实性或虚假性的思维过程,是认识矛盾、解决矛盾的过程。在商务谈判中,每一场论战即为一场论证。优秀的谈判者在众多人参加时,通过论证,应显示出是一位出色的鼓动家;在人少时,会像朋友在谈心。要达到这种效果,必须谙熟论证之道。

三、商务谈判中的思维类型

思维是人类的精神活动,是社会实践和文化濡染的产物。谈判实践中,思维的表现形式是异彩纷呈的,下面重点介绍几种。

(一)散射思维

散射思维是从多个角度对谈判议题进行全方位的理性确认的思维方式。它的具体方法是对有关信息进行筛选、过滤、加工、整理和鉴别,筛除与谈判内容无关的信息,留下与谈判密切相关的可靠信息。散射思维贵在多角度出击,消除思维死角,使论题各部位暴露在谈判桌上,以便各个击破,促进谈判的进行并大幅度提高谈判成功的概率。例如,与某人谈判钢材销售问题。一上谈判桌,对方单枪匹马对你好几个人,而且之前让你方门外等候多时。你该采取什么对策呢?从散射思维角度看,可能得考虑该人在公司中的地位、权力的大小,该公司是否还有其他谈判,谈判态度是否认真,议程是否完整,是否表达全部核心观点等问题。这种散射思维的目的在于从表面现象尽快掌握商务谈判可能的趋势,以便采取相应的对策使谈判有尽可能大的进展。

优秀的谈判者在运用散射思维方式时应善于转移思路,犹如快捷变频的雷达,随心所欲地更换频率使路路畅通。若做不到流畅地转移,思路就会呆滞,谈判桌上就会出现暂时的思维死角,从而让对手有喘息的机会,进而影响谈判效果。

拓展阅读 2—5　比尔·盖茨的发散性思维与个人计算机革命

1975 年,比尔·盖茨还是哈佛大学法律系 2 年级学生,一天他从《大众电子学》封面上看到 MITS 公司研制的第一台个人计算机照片。它使用了 Intel 8080CPU 芯片(8 位机),他马上意识到,这种个人机体积小、价格低,可以进入家庭,甚至人手一台,有可能引起一场深刻的革命——不仅是计算机领域的革命,而且是整个人类社会生活方式、工作方式的革命。他意识到这是千载难逢的机遇,故下定决心要紧紧把握住这个机遇。比尔·盖茨的这个想法在当时是异乎寻常的,当时统治计算机王国的 IBM 公司,认为微型的个人电脑不过是小玩意,只能玩玩游戏,简单应用,不能登大雅之堂,领导计算机发展只能靠大型机、巨型机。比尔·盖茨对自己说必须抓住这个一生中最宝贵的机遇,他这样说了,也确实这样做了——他主动写信给 MITS 公司老板,要为他的个人电脑配 BASIC 解释程序,他在好友艾伦的帮助下花了 5 个星期时间完成了这一任务,为个人电脑的普及做出了重大贡献。接着他从哈佛中途退学并和艾伦创办了自己的公司"Microsoft",这就是现在名闻遐迩的"微软"。比尔·盖茨奇特运用发散式思维的多向辐射推导,产生由此及彼的多种联想的思维方式和敢于向传统、权威挑战的精神导致他巨大的成功,成就了今天的世界首富。

(二)超常思维

超常思维是超越常规、打破思维定式,用不同于一般思维的方式进行思考的思维形式。在谈判实践中,人们常常有这样的感觉,困难不是来自于对方实力的威胁,而是自己谈判思路的枯竭或是感觉到谈判对手咄咄逼人的思维攻势。在对手快捷的思维攻击下,你如果顺其思路应答就会发现自己十分被动,处处受制于人。而此时,超常思维便是进攻和防卫的最有效的谈判武器。运用超常思维,可以超出对手的想象力,有效地控制谈判局势,甚至能使对方立刻接受你的方案。

超常思维具有不同于一般性或逻辑性思维的特点,它的主要特征是机智、灵活、富于创造性。与超常思维相对的思维方式是常规思维,可以通过一个例子来体会它们之间的区别。譬如两个人过河,眼前有一条河,常规思维认为自然要有桥,无桥则无路,思考如何建桥;而超常思维一看建桥有难度,便考虑其他的办法,如乘船等。故常规思维可能会使思维如水过鸭背,点滴不进,从而使谈判陷入僵局;而超常思维则会使思维相互摩擦而产生火花,结出谈判的累累硕果。

☞案例 2—8　柯伦泰的超常思维

世界上第一位女大使柯伦泰,曾任苏联驻挪威全权贸易代表。当时,苏联急需食品,委托她与挪威商人谈判购买鲜鱼事宜。挪威商人想趁机大捞一把,谈判时开价很高,柯伦泰则竭力与对方讨价还价,谈判出现僵局。后来,柯伦泰主动让步,慷慨地说:"好吧!我同意你们提出的价格。如果我的政府不批准这个价格,我愿意用自己的工资来支付差额。但是,我的收入有限,自然要分期支付,可能要支付一辈子了。如果你们同意的话,就这么决定吧!"挪威商人听了她的话,个个面面相觑,他们无论如何也想不到柯伦泰会说出这样的话,他们被她的一片爱国之心感动了。最后,一致同意将鲜鱼的价格降到最低。

(三)跳跃思维

跳跃思维指在谈判中把事物发展过程的某些内容跳跃过去,而迅速抓住自己想要说明的问题的思维方式。这种思维方式由于能在复杂的事物或大量的信息面前迅速抓住问题的本质,因而被谈判者普遍采用。

跳跃思维的心理基础是找到要害,一举成功,无论在说明问题还是反击对方时,运用这种思维方式均能取得有利的效果。

(四)逆向思维

逆向思维也叫求异思维,它是对司空见惯的似乎已成定论的事物或观点反过来思考的一种思维方式。人们习惯于沿着事物发展的正方向去思考问题并寻求解决办法。其实,对于某些问题,尤其是一些特殊问题,从结论往回推,倒过来思考,从求解回到已知条件,反过去想或许会使问题简单化。

在商务谈判中,逆向思维指从与对手立场及议题结果对立的角度思考、判断、推理的思维方式。逆向思维是一种违反常规思维的思维方式，是一种强迫性的思维方式，主要手段是反问、否定与反证，既可用于进攻，又可用于防守。在商务谈判中运用逆向思维方式容易发现一些在正常思维条件下不易发现的问题，利用这些问题可以作为与对方讨价还价的条件或筹码。

拓展阅读 2—6　电磁感应定律的产生

1820 年，丹麦哥本哈根大学物理教授奥斯特，通过多次实验证明存在电流的磁效应。这一发现传到欧洲大陆后，吸引了许多人参加电磁学的研究。英国物理学家法拉第怀着极大的兴趣重复了奥斯特的实验。果然，只要导线通上电流，导线附近的磁针立即会发生偏转，他深深地被这种奇异现象所吸引。当时，德国古典哲学中的辩证思想已传入英国，法拉第受其影响，认为电和磁之间必然存在联系并且能相互转化。他想既然电能产生磁场，那么磁场也能产生电。为了使这种设想能够实现，他从 1821 年开始做磁产生电的实验。若干次实验都失败了，但他坚信，从反向思考问题的方法是正确的，并继续坚持这一思维方式。十年后，法拉第设计了一种新的实验，他把一块条形磁铁插入一只缠着导线的空心圆筒里，结果导线两端连接的电流计上的指针发生了微弱的转动！电流产生了！随后，他又设计了各种各样的实验，如两个线圈相对运动，磁作用力的变化同样也能产生电流。法拉第十年不懈的努力并没有白费，1831 年他提出了著名的电磁感应定律，并根据这一定律发明了世界上第一台发电装置。如今，他的定律正深刻地改变着我们的生活。法拉第成功地发现电磁感应定律，是运用逆向思维方法的一次重大胜利。

（五）快速思维

快速思维指思维的速度快、结论快、反应快。商务谈判中的快速思维，主要指针对论题快速地应答或反击。其对象或为某一枝节，或为某一主体，其效力不在于说服对手，而在于动摇谈判对手的意志。与散射思维不同的是，快速思维可能体现在全方位，也可能仅在于某一点或某一线。快速思维的特点是无论捕捉什么论题，均使思维的羽翼快速启动，迅速有效地攻击对手的某一论点，绝不等铺天盖地的信息都收到后再还击。

【本章小结】

心理影响行为，行为决定结果。熟悉商务谈判心理，有助于培养谈判人员的心理素质，揣摩谈判对手心理，实施心理诱导，表达或掩饰谈判者自身的心理和营造谈判氛围。需要是谈判的基础、原动力，也是扭转局面的金钥匙，应根据谈判对手的需要，制定相应的谈判策略。一个优秀的谈判人员要努力培养自己的意志力、自制力、应变力及感受力等心理素质，克服商务谈判中的各项心理禁忌，学会运用各种创新思维方法解决谈判中的实际问题。

【课后思考】

1. 什么是商务谈判心理？
2. 简述马斯洛需要层次理论的基本内容。
3. 心理挫折对谈判者有何消极影响？

4. 一个成功的谈判者应该具备哪些心理素质?

5. 商务谈判思维包含哪几个基本的要素?

【案例分析】

让对方完全认同自己

2009年6月5日,新华都集团与英博集团做了交割,从英博手中接过了青岛啤酒7.01%的股权。这是新华都集团总裁唐骏经历过时间最短的一次谈判,整个实质性谈判过程不到一天。

当英博准备出售其持有的青岛啤酒股权时,其实他们有很多选择。新华都面临的问题主要有两个:一是如何说服英博选择新华都作为出售对象,二是价格。

中国人谈判一般先谈价格。因为中国人的逻辑是:没有买不到的东西,只有谈不成的价格。但美国人很多时候不是这样,他们更重视选择交易对象,而价格往往是最后才考虑的因素。得知英博准备出售青岛啤酒股份后,新华都表达了收购意向。很快,双方约定见面商谈。在与英博谈判代表见面的前两个小时里,关于价格,新华都没有提一句话。唐骏知道自己要做的第一件事是让英博谈判代表认同新华都。那两个小时里,唐骏花了很多时间来介绍新华都,介绍新华都集团董事长陈发树的投资理念,介绍自己在日本留学、美国创业、在微软和盛大打工的背景……目的无非是要告诉对方:我们这家公司是有国际眼光的,是具有长期战略投资计划的,不像很多公司只是想买个便宜货再倒手卖出去。英博方面也问了诸如"为什么会对青岛啤酒感兴趣"这样的问题。唐骏回答,新华都觉得青岛啤酒的核心市场竞争力、品牌、百年历史都是极具价值的,尤其是管理团队。一说到管理团队,英博就非常有共鸣,因为在英博持股的这些年里,青啤的团队和他们一起工作过,受过他们的很多影响,英博在帮助青岛啤酒提升质量、管理制度等方面做了很多工作。所以,唐骏夸青岛啤酒的管理团队,就等于间接地夸英博。就这样,花了两个多小时,唐骏让对方完全认同了新华都和陈发树这个交易对手,接下来就要谈价格了。

按照国际惯例,一般收购价是前一天股票收盘价加上10%的溢价。在开始谈判的前一天,青岛啤酒在H股市场的价格是21.5港元。最开始,唐骏和董事长陈发树商量,21.5港元是可以接受的。没想到,一开始谈价格,英博的谈判官就亮出了他的底线:20港元。这个价格相当优惠。但既然是谈判,新华都就要根据自己的标准提条件。经过计算,唐骏提出了19.71港元的价格。这个价格压得很低,当时唐骏自己心里也没底。因为对方已经表明了底线,按照美国人的规矩,谈判官已经没有权再降价了。好在由于对方认可了新华都,首席谈判官在几次电话请示上级未果后,越权给了新华都19.83港元的价格。后来他跟唐骏说:"其实我不应该一开始就告诉你们底价,没有一个谈判者会把自己的底价告诉对方。我很笨,我把底价都告诉你了。为什么?因为我认同你们,我不跟你们争了。"在他看来,虽然要退出青岛啤酒,但英博仍希望能把青岛啤酒的股权卖给一个能让青岛啤酒满意、能给青岛啤酒带来价值提升的买家。"英博和青岛啤酒都是有着百年历史的企业,我们做事考虑的是长远价值,不希望因为这件事影响双方之间的信任。"而站在英博的角度来看,把青岛啤酒的股权卖给新华都，不但有利于青岛啤酒的未来发展，而且也有利于英博在中国保持一个相对完美的形象。其实唐骏和董事长陈发树私下已经商量过，如果对方真不让步，咬住20港元的底线，新华都最后还是会接受的。

之后，唐骏再次见到英博的谈判官时，他对唐骏说："骏，你是一个非常会谈判的人。"唐骏问，为什么？他说："你太清楚我们想听的东西了，你太了解美国人的思维方式了。你一上来就能抓住重点，从管理的角度看到青啤的价值，说明你的眼光很独到。因为好的管理团队是一个基业长青的公司必须具备的，而你正好把它放在最重要的位置。这是一个真正的国际型投资专家的素质。"他还开玩笑说："我是把刀架在脖子上跟你签这个协议的。你倒好，签完就不管了，都不问一问刀子有没有割下来。你这个人，看上去好像很讲义气，其实很不够朋友啊。"唐骏也笑着说："凭你这样的高手，难道还说服不了总部？"英博的谈判官认真地告诉唐骏，在回到英博后，他是这样说服上司的：如果当时不让步，这个单子很可能就丢掉了。当然，丢了这个单子并不意味着那些股份卖不掉，肯定能卖掉，而且还能卖得更贵。但是，你再也不能为青岛啤酒找到比新华都、陈发树、唐骏更好的合作伙伴了。我们英博难道真的在乎那几百万美元吗？为什么不给青啤留下个好印象？为青啤的未来留下更好的发展可能？而且，英博在中国还有其他的工厂和合资公司，为青岛啤酒考虑也是为英博未来的形象考虑。就是这几句话，得到了英博总部的认同。在大多数时候，美国人的确把企业形象看得比钱更重要。

"打工皇帝"唐骏在美国生活、工作多年，对于美国人的"需要"了如指掌，这恰恰是此次谈判取得成功的关键。

上述案例，对我们从事商务谈判有何启示？一个优秀的谈判者应具备哪些素质和能力？

【实训项目】

◎ 实训目的

1. 掌握创造性思维的基本规律。
2. 利用创造性思维解决现实问题。

◎ 实训组织

根据不同游戏的基本要求适时调整。可供参考的图书有：

1. 梁良良：《创新思维训练》，新世界出版社2009年版。
2. 张晓芒：《创新思维训练》，企业管理出版社2006年版。
3. 余华东：《创新思维训练教程》，人民邮电出版社2004年版。

◎ 实训评价

1. 学生注意力的灵活转移；
2. 学生能否突破思维定式；
3. 学生在训练游戏中的表现。

第三章

商务谈判的准备

【知识目标】

- 了解谈判班子的规模；
- 了解谈判人员应具备的素质；
- 了解谈判的基本环境。

【技能目标】

- 能够配备谈判的班子成员并进行合理分工；
- 掌握市场信息收集、整理的一般方法；
- 能够拟订谈判方案。

【导入案例】

美国有位谈判专家想在家中建一个游泳池，建筑设计的要求非常简单：长 30 英尺，宽 15 英尺，有水过滤设备，并且在 6 月 1 日前做好。谈判专家对游泳池的造价及建筑质量方面是个外行，但这难不倒他。在极短的时间内，他不仅使自己从外行变成了内行，而且还找到了质量好、价格便宜的建造者。

谈判专家先在报纸上登了个想要建造游泳池的广告，具体写明了建造要求，结果有 A、B、C 三位承包商来投标，他们都交给他承包的标单，里面有各项工程的费用及总费用。谈判专家仔细地看了这 3 张标单，发现所提供的温水设备、过滤网、抽水设备、设计和付钱条件都不一样，总费用也有差距。接下来的事情是约这三位承包商来他家里商谈，第一个约好早晨 9:00，第二个约好早晨 9:15，第三个约好早晨 9:30。第二天，3 位承包商如约而来，他们都没有得到主人的马上接见，只得坐在客厅里彼此交谈着等候。10:00 的时候，主人出来请第一个承包商 A 先生到书房去商谈。A 先生一进门就宣称他造的游泳池一向是最好的，好的游泳池的设计标准和建造要求他都符合，顺便还告诉主人 B 先生通常使用陈旧的过滤网，而 C 先生曾丢下许多未完的工程，而且他现在正处于破产的边缘。接着主人同 B 先生进行谈话，从他那里了解到其他人提供的水管都是塑胶管，他所提供的才是真正的铜管。C 先生告诉主人的是，其他人使用的过滤网都是品质低劣的，并且不能彻底做完，拿到钱以后就不管了，而他则绝对保质保量。谈判专家通过静静地倾听和旁敲侧击地提问，基本弄清了游泳池的建筑设计要求及 3 位承包商的基本情况，发现 C 先生的价格最低，而 B 先生的建筑设计质量最好，最后他选中了 B 先生建游泳池，而只给 C 先生提供的价钱。经过一番讨价还价之后，谈判终于达成了一致。

《孙子·谋攻篇》中说："知己知彼，百战不殆；不知彼而知己，一胜一负；不知彼，不知己，每战必殆。"这段话精辟地论述了一个真理：凡事预则立，不预则废。谈判亦是如此。要进行一次成功的谈判，其关键在于，既要了解自己，又要了解对手。谈判的事项一经确立，即要着手进行一些有关谈判的筹划、酝酿工作。我们把这种搜集信息、进行可行性分析以及拟订谈判方案的过程，称为谈判的准备阶段。作为一名优秀的谈判家，能否在谈判中达到自己的目的，实现自己的目标，往往取决于准备阶段的工作是否充分而翔实。

第一节　谈判人员准备

谈判的主体是人，因此筹备谈判的第一项工作内容就是确定谈判人员，也就是说组建谈判班子。谈判班子的素质及其内部分工协作对于谈判的成功是非常重要的。

一、谈判班子的规模

组建谈判班子首先碰到的就是规模问题，即谈判班子的规模多大才是最为合适的。

根据谈判的规模，谈判可分为一对一的个体谈判和多人参加的集体谈判。个体谈判即参加谈判的双方各派出一名谈判人员完成谈判的过程。美国人常常采取此种方式进行谈判，他们喜欢单独或在谈判桌上只有极少数人的情况下谈判，并风趣地称为"孤独的守林人"。个体谈判的好处在于：在授权范围内，谈判者可以随时根据谈判桌上的风云变幻做出自己的判断，不失时机地做出决策以捕获转瞬即逝的机遇；而不必像集体谈判时那样，对某一问题的处理首先要在内部取得一致意见，然后再做出反应而常常延误战机；也不必担心对方向自己一方谈判成员中较弱的一人发动攻势以求个别突破；或利用计谋在己方谈判人员间制造意见分歧，从中渔利。一个人参加谈判独担责任，无所依赖和推诿，全力以赴，因此会产生较高的谈判效率。谈判班子由一个人组成，也有其缺点，它只能适用于谈判内容比较简单的情况。在现代社会里，商务谈判往往是比较复杂的，涉及面很广，包括商业、贸易、金融、运输、保险、海关、法律等多方面的知识。谈判中所要搜集的资料也是非常之多，这些绝非个人的精力、知识、能力所能胜任的，何况还有“智者千虑，必有一失”之说。

通常情况下，谈判班子的人数在 1 人以上，一般情况下 3～5 人为宜。由多个人组成谈判班子，可以满足谈判多学科、多专业的知识需要，取得知识结构上的互补，发挥综合的整体优势。其次，谈判人员分工合作、集思广益、群策群力，可能形成集体进取与抵抗的力量。因此，成功的谈判有赖于谈判人员集体智慧的发挥。研究日本问题的专家指出，日本人就像一群小鱼在鱼王的率领下在大海中游行。如果遇到危险的信号，不是四处逃散，而是随鱼王迅速调转方向集体脱险，这可以说是日本民族精神的形象描绘，从中也可悟到日本为什么会成为东方民族经商的代表。

谈判班子人数的多少没有统一的标准，应视谈判的具体内容、性质、规模以及谈判人员的知识、经验、能力而定。实践表明，直接上谈判桌的人不宜过多。如果谈判涉及的内容较广泛、较复杂，需要由各方面的专家参加，则可以把谈判人员分为两部分：一部分主要从事背景材料的准备，人数可适当多一些；另一部分直接上谈判桌，这部分人数与对方相当为宜。在谈判中应注意避免对方出场人数很少，而我方人数很多的情况。

二、谈判班子的构成原则

商务谈判中，由于每一交易性质不同，标的、时间、地点、贸易形式各异，因此投入的谈判人员、组成的谈判班子会有所不同。但是，在谈判班子的组成过程之中，总有一定的原则。

（一）实力原则

不论交易性质如何、规模大小、敏感与否，组建谈判班子时，必须遵循实力原则，即组建的谈判班子必须能胜任谈判任务，具有与对方的阵容抗衡的能力。实力需体现在业务水平、社会地位和工作效率上。

（二）进度原则

任何谈判都有时限，可以是双方、单方或第三方所限，也可以是交易本身就有特定时限，它给谈判班子提出了完成任务即结束谈判的期限。要达到时限的要求，组建谈判班子时就必须考虑完成工作量的保证——人力，以及快捷解决可能出现的问题的能力——决策能力。

三、谈判人员应具备的素质

人是谈判的行为主体，谈判人员的素质是筹备和策划谈判谋略的决定性因素，它直接影响整个谈判过程的发展，影响谈判的成功与失败，最终影响谈判双方的利益分割。

生物心理学把“素质”解释为人的先天生理解剖特点，主要是感觉器官和神经系统方面的品性和特点。社会科学的“素质”是指个体完成一定活动所具备的基本条件和基本特点，是行为的基础与根本因素。商务谈判人员的素质是一个优秀谈判者为了完成谈判任务所必须具备的生理、心理以及个人修养、交际能力等方面的特点。不是所有的人生来就是谈判专家，但是加以科学的培养和训练，绝大多数人可以成为一名优秀的谈判代表。一个优秀的谈判人员应具备怎样的素质呢？弗雷斯·查尔斯·艾克尔在《国家如何进行谈判》一书中曾提出：“根据 17、18 世纪的外交规范，一个完美无缺的谈判家应该心智机敏，而且有无限的耐心。能巧言掩饰，但不欺诈行骗；能取信于人，而不轻信于人；能谦恭节制，但又刚毅果敢；能施展魅力，而不为他人所惑；能拥有巨富、藏娇妻，而不为钱财和女色所动。”当然，对于谈判人员的素质，从来都是仁者见仁，智者见智，但是一些基本的要求却是共同的。

（一）知识素质

基础知识是一个人智慧和才能的基石，专业知识决定一个人知识的深度和从事本职工作的能力。基础知识和专业知识越广博深厚，适应能力、工作能力就越强。通常，除了国际贸易、国际金融、国际市场营销这些必备的专业知识以外，谈判人员同时还要掌握心理学、经济学、管理学、经济法、政治学、财务会计、历史学等方面的知识。此外，掌握宏观经济学的知识也非常有助于培养与提高谈判人员对经济形势的观察力和判断力，从而使谈判者更好地把具体的商务洽谈放在整个经济发展的格局中去考虑；放眼宜远，量物宜长，由此而争取短期利益与长期利益的同步增长。同时，各个国家有自己的国情，各国都是依据本国的利益制订各种相应的经济政策的。从另一个国家的角度去看待这些政策往往会感到难以理解，然而，对于这些国家来说，出于对国家利益的考虑，非这样做不可。因此，在国际经济合作中必须重视对对方国家特殊政策的了解与研究。在知识结构上，商务谈判者还要了解有关国家和地区的社会历史、风俗习惯以及宗教等状况，否则就会闹笑话。比如，有的谈判者向来自热带地区国家的商人大谈要用“滚雪球”的方式积累资金，使对方百思不得其解。此外，还要了解对方谈判人员在其特有的文化背景下所形成的谈判作风与谈判方式。比如，对有些商务谈判人员由于长期生活习惯所形成的迟到、散漫等现象要能给以宽容。更多地了解对方的情况，可以避免在与其交往过程中的失礼。更重要的是，可以避免在谈判中判断失误、沟通中断，以至于不能有效地做出必要的反应。如果我们对对方的情况比较了解，对其文化背景比较熟悉，表达方式符合对方的习惯，那么我们的想法和观点也就比较容易被人接受。

不言而喻，熟练掌握一门外语在国际谈判中具有十分积极的意义。在国际谈判中，商务合同可能是用外文写成的。作为国际商务谈判者懂得外语，不仅便于沟通，而且更能准确地在合同中表述出双方所达成的一致意见。当然，这并不是排斥国际商务活动中翻译人员的作用，谈判人员懂得外语与充分发挥翻译的作用不仅不矛盾，而且相辅相成。在商谈过程中，翻译人员的翻译过程可以为谈判者赢得一个更长的思考时间。不少国际商务谈判者往往很善于利用这种技巧来获得对问题的深思熟虑的时机，这一点是值得我们学习和借鉴的。全面的知识结构不仅构筑了一个谈判者的自信与成功的背景，而且在谈判实践中，当他碰到某些复杂的专业问题时，这种背景也能帮助他很快地找到通往成功之路的钥匙，至少他会知道该向谁请教什么问题。谈判人员应该谦虚好学，善于从各方面专家那里吸取所需要的知识。一个人不可能事事精通，但只要充分认识到“三人行，必有吾师”的道理，就能克服盲目自信的障碍，从而避免给工作造成不必要的损失，博采众长，最终比较出色地完成任务。可以说，谦虚好学是任何一个商务谈判者成长的必要途径。

（二）身体素质

谈判是既消耗体力又消耗脑力的人类活动，很多谈判都是时间紧、任务急，没有健康的身体是很难胜任谈判工作的。根据上述要求，选择谈判人员应考虑适当的年龄跨度，一般在

35～55 岁，正是思路敏捷、精力旺盛阶段，他们已经积累了一定经验，而且事业心、责任心和进取心也较强。当然，由于谈判内容、要求不同，年龄结构也可灵活掌握。

（三）心理素质

如第二章所述，在谈判过程中会遇到各种阻力和对抗，也会发生许多突变，谈判人员只有具备良好的心理素质，才能承受住各种压力和挑战，取得最后的胜利。耐心、毅力是一个谈判人员应该具备的基本素质。有时谈判是一项马拉松式的工作，在长时间的谈判中始终如一地保持镇静、信心与机敏不是一件容易的事情。周恩来总理是一位举世公认的谈判高手。他虽然经常夜以继日地工作，但只要一到谈判场合，总是精神抖擞。在谈判中，人们有时发现女服务员会不时地递上一块热毛巾，这时，他身边的同志就会明白总理一定是连续几夜不眠了，他宁愿以热毛巾擦脸醒脑，也不愿中断谈判休息片刻，这种精神实在叫人钦佩。

在商务谈判中，有些对手也会以拖延时间来消磨我方的意志，以求获取更好的谈判条件，对付这种伎俩没有坚忍的毅力是不行的。这种意志力、忍耐力还表现在一个谈判人员无论在谈判的高潮阶段还是低潮阶段，都能心平如镜。特别是当胜利在望或陷入僵局时，更要善于控制自己的情感，喜形于色或愤愤不平不仅有失风度，而且也会让对手抓住弱点与疏忽，造成可乘之机。

顽强的意志品质也是与一个谈判人员对工作一丝不苟、认真负责的态度和坚持原则的精神联系在一起的。谈判人员经常会面临四面受压的局面，压力既有来自谈判对手一方的，也有来自自己一方的。当谈判陷入争执不下、久拖未果的境地时，这种压力还会呈现几何级数地增长。来自内部的压力往往是由于某些领导者不了解实际情况，急于求成，以主观臆断代替客观分析，以行政命令干预谈判具体工作所造成的。然而领导者的决策正确与否，与具体工作人员的工作水平、工作作风关系密切。在具体的项目谈判中，谈判人员一定要坚持实事求是的原则，不管谁说了什么，不管周围的压力有多大，都应该据实测算分析，如实反映报告，这样才能帮助领导做到心中有数，保证决策的正确性，为项目合作争取有利的条件。谈判的压力也常常来自于谈判对手的“沙文主义”立场。有些厂商总是以自己的优势地位来强迫对方接受他们提出的不平等条件。例如，在有些发达国家提供政府贷款的项目谈判中，某些厂商总是希望从他们国家提供的具有捐助成分的款项中尽可能多地把钱挖回去，联手报价，并不断地施加压力。对此，我们要明确告诉外商“政府贷款是两国之间友好关系的象征，它同具体厂商无关”。我们要坚持使用客观标准来进行商务谈判，坚持平等、互利、公平、合理的合作准则，坚持把达成协议的基础建立在相互合作的原则上，而不是屈服于压力。能否在谈判中顶住来自内部和外部的压力，不但是对谈判人员耐心与毅力的考验，也是对谈判人员能否坚持原则的考验。谈判者应该从工作实际出发，严格按商务谈判的客观规律办事，善于顶住来自各方面的压力，有效维护国家利益，争取项目的最大效益。

（四）思想意识

谈判人员要有维护国家、民族和本企业利益以及为此而努力奋斗的强烈信念。特别是对于涉外的谈判人员，更要强调忠于祖国，坚决维护国家的主权和利益，坚决维护民族尊严。要有严格的纪律性、原则性和高度的责任感。在谈判活动中，要自觉遵守组织纪律，坚持原则，具有强烈的事业心，尽最大努力争取商贸谈判的成功。要有廉洁奉公、不谋私利的高尚品格。在商务谈判中，谈判一方施以小利，甚至采取行贿手段拉拢谈判人员，以牟取自身利益的事是经常发生的。在物质利诱面前廉洁奉公，是商务谈判者应遵循的一个重要的道德原则。

(五)气质性格

谈判人员应具备适应谈判需要的良好的气质和性格。良好的气质性格可以赢得对方的尊重，获得谈判成功的有利因素。有些性格特征是不利于谈判的，如内向、孤僻多疑、不善表达、冷漠刻薄、急躁粗暴、唯我独尊、嫉妒心强、心胸狭窄等。良好的气质性格应具备以下特征：大方而不轻佻、爽快而不急躁、坚强而不固执、果断而不轻率、自重而不自傲、谦虚而不虚伪、活泼而不轻浮、严肃而不呆板、谨慎而不拘谨、老练而不世故、幽默而不庸俗、热情但不多情。

(六)谈判能力

谈判能力是指谈判人员所具备的更好完成谈判工作的能力，主要体现在如下几个方面：

1. 敏锐的洞察力

谈判人员在谈判过程中应该注意观察对方的行为，发现对方的想法。通过谈判对手的手势、眼神、面部表情判断他的内心活动，有针对性地展开谈判策略。依据交易双方的经济实力灵活应变，根据谈判的内外环境和主客观条件正确判断谈判的发展趋势。谈判实际上是双方心智的较量过程。一个人的心理活动可以通过表情、身体姿势等方面表现出来，观察对手的相关情况，大到遣词造句、态度立场，小到肢体语言，可洞察对手的心理世界，进而随机应变，对取得谈判优势至关重要。

2. 语言、文字的表达能力

谈判实质上是人与人之间思想观念、意愿、情感的交流过程，是重要的社交活动。谈判人员应该善于与不同的人打交道，也要善于应对各种社交场合。这就要求谈判人员应该有较强的语言、文字表达能力。简洁、准确的表达能力是谈判人员的基本功。谈判高手往往说话准确、技巧性与说服力强、表达方式富有艺术感染力，并且熟悉专业用语和外语。谈判高手与素不相识且目的迥异的对手坐在一起，可以通过恰如其分的表达打破沉默、扭转僵局；情理交融的说理常常可以起到力挽狂澜、转危为安的奇效；巧妙的拒绝，就像航船避开暗礁，可以避免出现难堪的窘境；理直气壮地反驳可以由被动转为主动，由劣势转为优势。谈判人员还要具备较强的文字表达能力，要精通与谈判相关的各种公文、协议合同、报告书的写作，包括对书面文件的理解能力，以及独立起草协议、合同的能力。一般来说，谈判中，起草出来的协议、合同草案总是对起草的一方有利。文字功夫的奥妙之处就在于使协议、合同表明上看来公平合理，可是一旦出现问题，解释起来就全然不是那么回事了。

3. 较强的逻辑思维和判断能力

谈判人员要思路开阔、反应敏捷、判断力强，决策果断。谈判对手往往会用许多细枝末节的问题来纠缠你，而把主要的或重要的问题掩盖起来；或故意混淆事物之间的前后、因果关系。作为谈判人员应该具备抓住事物的主要矛盾和主要方面的能力；同时要思路开阔，不要为某一事物或某一方面所局限，而要从多方面去考虑问题。判断准确、决策及时，这些能力对于谈判人员来说格外重要。提高这方面的能力就要善于倾听对方的意见并把握对方的意图。谈判是双方相互交换意见的过程。但有些人思维敏捷、容易冲动，往往对方的话刚说一半，就自以为领会了对方的意思，迫不及待地发表自己的意见，这是不可取的。有些时候甚至给对方提供了一些可乘之机。在风云变幻的谈判场上，不能忽视蛛丝马迹，要学会充分掌握谈判对手的动向，抓住稍纵即逝的机会，勇敢果断地决策，以免贻误时机。

四、谈判人员的配备

谈判者个体不但要有良好的政治、心理、业务等方面的素质，而且要恰如其分地发挥各自的优势，互相配合，以整体的力量征服谈判对手。谈判人员的配备直接关系着谈判的成功，是谈判谋略中技术性很强的学问。科学的人才配备可以形成合力，达到“1＋1＞2”的效果。

根据商务谈判对知识方面的要求，谈判班子应配备的相应人员如表3－1所示：

表3－1　谈判人员的配备

谈判所需的知识	人员配备
相关专业技术知识	技术精湛的专业人员
价格、交货、支付条件等商务知识	业务熟练的商务人员
法律政策知识	精通经济法的法律人员
语言及其应用	熟悉业务的翻译人员

从实际出发，谈判班子还应配备一名有身份、有地位的负责人组织协调整个谈判班子的工作，一般由单位领导兼任，称首席代表，另外还应配备一名记录人员。谈判班子内部每位成员都有自己明确的分工和职责。

1. 首席代表

首席代表是对谈判负领导责任的高层次谈判人员，他们在谈判中的主要任务是领导谈判组织的工作，这就决定了他们除具备一般谈判人员必要的素养外，还应阅历丰富、目光远大，具有审时度势、随机应变、当机立断的能力，具有善于控制与协调谈判小组成员的能力。因此，无论从什么角度来认识他们，都应该是富有经验的谈判高手。其主要职责是：

(1)监督谈判程序；

(2)掌握谈判进程；

(3)听取专业人员的建议、说明；

(4)协调谈判班子成员的意见；

(5)决定谈判过程中的重要事项；

(6)代表单位签约；

(7)汇报谈判工作。

2. 专业人员

专业人员是谈判组织的主要成员之一，其基本职责是：

(1)阐明己方参加谈判的愿望、条件；

(2)弄清对方的意图、条件；

(3)找出双方的分歧或差距；

(4)同对方进行专业细节方面的磋商；

(5)修改草拟谈判文书的有关条款；

(6)向首席代表提出解决专业问题的建议；

(7)为最后决策提供专业方面的论证。

3. 经济人员

经济人员又称商务人员，是谈判组织中的重要成员，其具体职责是：

(1)掌握该项谈判总的财务情况；

(2)了解谈判对手在项目利益方面预期期望的指标；

(3)分析、计算修改中的谈判方案所带来的收益变动；

(4)为首席代表提供财务方面的意见、建议；

(5)在正式签约前提供合同或协议的财务分析表。

4. 法律人员

法律人员是重要谈判项目的必然成员，如果谈判小组中有一位精通法律的专家，将会非常有利于谈判所涉及的法律问题的顺利解决。其主要职责是：

(1)确认谈判对方经济组织的法人地位；

(2)监督谈判在法律许可范围内进行；

(3)检查法律文件内容的准确性和完整性。

5. 翻译人员

翻译人员在谈判中占有特殊的地位，常常是谈判双方进行沟通的桥梁。翻译的职责在于准确地传递谈判双方的意见、立场和态度。一个出色的翻译人员，不仅能起到语言沟通的作用，而且必须能够洞察对方的心理和发言的实质，既能改变谈判气氛，又能挽救谈判失误，增进谈判双方的了解、合作和友谊，因此对翻译人员有很高的素质要求。

6. 记录人员

记录人员在谈判中也是必不可少的，一份完整的谈判记录既是一份重要的资料，也是进一步谈判的依据。为了出色地完成谈判的记录工作，要求记录人员有熟练的文字记录能力，并具有一定的专业基础知识。其具体职责是准确、完整、及时地记录谈判内容。

☞案例 3-1　主谈人与辅谈人之间的配合之一

买卖双方就交货问题展开谈判。卖方的主谈人说：“两个月内交货实在是有困难，因为两个月内的订单都满了。”这时，辅谈人接着说：“别说是两个月交货了，三个月都难以保证，我手上还有一把订单呢。”

启示:辅谈人的话明显强化和支持了己方主谈人发言的力量。例如,在口头上附和"正确"、"没错"、"正是这样"等。

☞ **案例 3—2　主谈人与辅谈人之间的配合之二**

买卖双方就买卖机床的价格问题进行谈判。买方的主谈人说:"好吧,如果你们执意要这个价格,我们只好不买了。"这时辅谈人立即以提醒的口吻说:"不行啊,厂里还急等着用呢!"

启示:很显然,辅谈人这样的说法大大削弱了主谈人讲话的分量。

第二节　商务谈判的可行性分析

可行性分析是在谈判开始之前,对可能影响谈判的主客观因素进行研究,预测成功得失,以确定其是否可行。可行性研究一般包括以下几个部分。

一、谈判环境分析

英国谈判专家戴维·马什在《合同谈判手册》中把谈判环境因素概括为以下几类:政治环境、宗教信仰、法律制度、商业惯例、社会习俗、财政金融状况、基础设施与后勤供应系统、气候条件。他同时指出环境对谈判结果的形成"有莫大的影响力"。如同人类生存先需要适应环境一样,谈判前对环境的了解也是谈判可行性分析的第一步。谈判的环境因素主要包括以下两点。

(一)政治与法律环境

任何国家的经济活动都离不开政府的调节控制。社会经济活动都是在国家的宏观计划调节下进行的,政府的各项方针、政策为经济发展指明了方向,创造了宽松的市场环境,从而保证了经济活动的顺利进行。企业的各种经济活动也是在这些方针指导下进行的。这就要求谈判人员必须了解党和政府的有关方针、政策,以及与此相适应的各种措施、规定,以保证交易的内容、方式符合政府的有关规定,保证合同协议的有效性、合法性。

进入 21 世纪,中国已经加入了世界贸易组织,对外交往不断扩大,使得中国的改革开放进程进一步加快。21 世纪被称为中国经济腾飞的世纪,中国经济的高速发展为中国对外交往的扩大、贸易的发展创造了极为有利的条件。新经济条件下,政府的各项方针、政策也会有较大的变化,甚至是重大变化,这些都需要企业及时了解、掌握。

谈判人员还要了解、掌握有关国际贸易的各种法规条例,了解对方国家政府的关税政策、贸易法规、进出口管理制度,对我国是否实行禁运或限制进出口的种类范围,以利于我方制订正确的谈判方针、计划,避免谈判中出现不必要的分歧、误会,促使谈判顺利进行。例如,各国都有贸易出口管制措施,但各国间出口管制的内容及商品品种却有很大差别。某种商品在某国可能是国内紧缺物资,限量出口,但在另一国可能是剩余商品,大量出口。了解这些信息,有利于我们选择谈判对手,制订正确的谈判目标,确定在谈判中的基本策略。

(二)社会文化环境

在国际贸易谈判中，了解不同文化背景下的消费习俗、消费心理和购买行为也是十分必要的。这是因为所交易的产品从设计、命名、商标、包装、运输以至交货日期都可能在不同程度上与消费习俗、购买心理有一定的联系，影响买方的经营与销售。不同的社会文化背景就会形成不同的价值观念与行为取向，正所谓"一方水土养一方人"。

1. 宗教信仰

据了解，有宗教信仰者占全球人口总数的近15%，这是一个需要商务工作者引起重视的数字。所有的宗教信仰者都有着一定的工作、生活及社交规范，只有了解了这些规范，你才有可能为对方所接纳，才谈得上能一起"坐下来，好商量"。否则，很可能会因为冒犯对方而被视为"敌人"。

传统的宗教信仰包括佛教、道教、伊斯兰教以及基督教等，不同宗教及教派都有着不同行为礼仪及价值取向，也只有了解并遵守这些教规才能保证商务活动的正常进行。

拓展阅读3-1　斋月斋戒的常识

"斋戒"的阿拉伯语音译是"穗雅姆"，本意是自我克制和自我约束。斋戒的人被称为萨伊姆。每年斋月全世界的穆斯林，白天不吃不喝不抽烟，到日落以后，才能开始饮食。

1. 斋月

阿拉伯语叫"拉马丹"。斋月是伟大、喜庆、吉祥和尊贵的月份，所以真主选回历九月作为穆斯林守斋戒的月份。

2. 守斋戒

在斋月里，每天日出至日落期间，除了患病者、旅行者、乳婴、孕妇、哺乳妇、产妇、正在行经的妇女以及作战的士兵外，成年的穆斯林必须严格把斋，不吃不喝、不抽烟不饮酒、不行房事等。此外，禁止咀嚼或吞咽任何外物，或是由口或鼻服用药物。使用香水、润肤膏、油剂、外用药物，刷牙或洗口部，吞口水，洗身或无意地(即忘记了自己正在守斋)吃喝或把东西放进口中，都不会坏斋戒。但如果故意吃喝、抽烟或做其他任何事以致坏斋戒而无充分理由的话，便要受重罚：供给60个穷人一餐的食物，或把相等的金钱分赠给60个穷人，或是守斋戒60天以补偿所坏的一天。至于另一方面，一个人在斋月期间，无论为了什么原因，如果欠守了一天斋戒，日后要照数还补，欠守一天补回一天。

3. 斋戒的意义

斋戒有很多益处，最基本的益处在于内心的净化、精神的修养，能学到自制、节制欲念和增强适应能力，是修身养性的重要方式，是对穆斯林信仰与良心的检验，也是对穆斯林个人意志和刻苦能力的锻炼。不过，必须强调，这些益处并不是斋戒的目的，守斋戒的根本原因是虔诚地服从主命。

4. 开斋餐

通常的习惯，都是在日落的时候，进一点小吃来开斋的(依据穆圣的习惯，常常都是吃两三颗枣子)。又根据圣行，在进食前念祈祷文，跟着就是昏礼，然后随各人方便可以来一顿丰盛的晚餐。

5. 封斋餐

通常习惯上,在天破晓前再吃另一餐,并在天将破晓前至少20分钟封斋。封斋饭吃任何东西都是适宜的。

6. 开斋节捐献

这是穆斯林民的宗教义务,所有能负担得起的人,在开斋节前任何时间或是开斋节会礼之前,都应该捐赠一些给贫穷的人,中国人称为麦米钱。

7. 开斋节

开斋节既是对圆满完成斋月的庆祝,又是穆斯林家庭合家团贺、聚会相见的良宵美辰。在这天,穆斯林男女要淋浴、燃香、更新衣,前往清真寺参加会礼,听阿訇讲“瓦尔孜”。做完礼拜后,家家都要煎炸油香、馓子、麻花,有的还要杀鸡、宰羊,烹制本民族本地区独具风味的菜肴。

8. 斋月里阿拉伯国家的商业活动及特点

斋月里,阿拉伯国家一般都调整上下班时间,巴林规定早上9:00上班,政府机关的工作效率较低,商人的活动也相应减少。阿拉伯国家的商务活动通常在晚上进行,商家店铺一般是晚上六七点钟开始营业至深夜两三点钟才打烊。有的餐厅、饭馆到凌晨4:00才关门。斋月期间的食品销量特别大。食品、服装及家电成为需求量最大、最畅销的商品。特别在开斋节前一个星期左右,市场上各种过节商品销量大增,是销售旺季。

9. 斋月里对非穆斯林的特别提示

在斋月里前往阿拉伯和伊斯兰国家进行访问及商务活动的人们务必注意:在日出后至日落前的时段里即在穆斯林履行斋戒时不能在大街上或公共场所抽烟、喝水、吃东西;否则,将被穆斯林视为不尊重其宗教习俗,在沙特和海湾国家甚至被处罚或被拘禁。在沙特和阿布扎比,斋月期间,白天一般餐馆是不准营业的。在迪拜的星级饭店的餐厅里,人们可以进食和抽烟,但不准饮酒。鉴于斋月期间海湾阿拉伯国家白天的工作效率较低,经常找不到人。因此,进行商务考察和业务谈判的人,应尽量避免在斋月访问。

2. 社会习俗

相比南方人的清丽、典雅,北方居民则更显得纯朴、豪爽,这点从歌声中也能听得出来,越剧、沪剧的吴侬细语和黄土高坡的信天游、东北二人转形成了鲜明的对比。与此相对应,我国各地的民俗风情也明显不同。社会习俗的具体内容繁多,概括起来主要有以下几方面:

(1)符合当地礼仪规范的衣着、饮食与称呼礼仪;

(2)工作与娱乐、休息的关系;

(3)赠礼的礼仪及回赠的礼仪;

(4)对荣誉、名声、面子的不同理解;

(5)朋友的标准;

(6)基本价值观;

(7)时间的价值与效率；

(8)友情与金钱的取舍等。

☞案例 3—3　社会文化环境对商务谈判的影响

20 世纪 80 年代末，我国某公司曾向德国出口一批核桃。在谈判中双方商定，交货日期在 11 月中旬，提前交货和延后交货都有奖罚条款。但我方由于某种客观原因，推迟了交货日期，这批货于次年 1 月中旬才到达德国，而德方进口核桃是供应圣诞节的。结果核桃大量积压，对方要求赔偿包括核桃储藏费在内的所有损失，其赔偿费远远超过了核桃的成本。如果我方了解到德国人有在圣诞节消费核桃的习俗，恐怕就会对核桃的交货期限格外重视；如实在不能按期发货，至少可以采取一些亡羊补牢的措施。

二、市场行情分析

随着现代社会生活节奏的不断加快，企业间的竞争也更加激烈，市场行情瞬息万变，这一切促使人们十分重视信息的搜集与利用。在谈判中，必须及时、准确地了解与标的对象有关的市场行情，预测分析其变化动态，以掌握谈判的主动权。这里所讲的市场行情是广义的，不仅仅局限于对价格变化的了解，还应包括市场同类商品的供求状况，相关产品与替代产品的供求状况，产品技术发展趋势，主要竞争厂家的生产能力、经营状况、市场占有率，市场价格变动趋势，有关产品零配件的供应情况，以及影响供求变化的显在与潜在的各种因素。

掌握市场行情并不是要把所有市场信息都搜集起来，不分轻重、主次、真假，一概加以考虑研究。为保证信息、情报的准确、可靠，必须对所搜集的市场信息进行反复筛选、过滤、加工、整理，使原始的情报信息变成对谈判交易活动有用的市场情报。鉴别和筛选情报、信息主要应从客观性、及时性、全面性、典型性、适应性几方面加以考虑。

(一)供求状况

一般而言，在买方市场条件下，卖方居劣势；反之亦同理。但不同地区、不同时间的市场供求也会发生某种变化。简单地说，甲地的滞销商品在乙地并非肯定滞销，特别是时尚品，它与消费地域密切相关，不可一概而论。

(二)供求动态

即市场供求变化的提前量，有些新产品、新时尚在市场投入期往往不被人们所看好，但一旦被消费者知晓，就会形成消费热潮，对此商务人员要做好充分论证。

☞案例 3—4　两个推销员

英美两个鞋业公司的推销员一起来到南太平洋的一个岛国上，发现那里的人们没有穿鞋的习惯，都光着脚。于是英国的推销员发电报给公司："这里的人没有穿鞋的习惯，我明天就回来。"美国的推销员也发电报给公司："这里的人都没有穿鞋，而且我发现，他们的脚因为没穿鞋都有不同程度的伤害，这是一个没有被开发的市场，我发现了金矿。"很难说两个推销员谁对谁错，这是对市场供求动态的分析观点不同所导致的。

(三)相关产品(或服务)分析

相关产品包括替代品、补充品及前续产品与后续产品等。

(1)替代品:包括功能相近的不同品牌的产品、功能上升级换代的产品等多种类型。往往替代品的快速发展会导致主项产品的价格下降,甚至被挤出市场。

(2)补充品:人们在消费主项产品时,必须附带消费的产品,如汽车与汽油、闲暇时间与娱乐、电脑与网络。补充品的快速发展(或低价位)可以为主项产品本身的发展创造条件。

(3)前续产品:即生产主项产品必需的原材料或初级加工产品(服务)。如汽车与钢材价格及进口关税、酒类与粮食供应价格,前续产品的充裕有助于主项产品(服务)的供应量增加和成本下降。

(4)后续产品:因主项产品(服务)而派生的为主项产品提供直接服务的产品或行业。如汽车与维修、美容,与前续产品同样,它也能促进主项产品的社会需求。

☞案例3—5　有效利用市场行情

20世纪60年代中期,中国发现了大庆油田,当时对外是严格封锁消息的。1966年7月,《中国画报》封面上刊登了大庆石油工人艰苦创业的照片,画面上,工人们身穿大棉袄,正冒着鹅毛大雪奋战在钻井平台上。据此,日本人得出结论,大庆油田可能在东三省北部的某地,因为中国其他地区很难下这么大的雪。接着,日本人又注意到《人民日报》报道,王进喜到了马家窑,豪迈地说:好大的油海啊,我们要把中国石油落后的帽子扔到太平洋去。于是,日本人找来伪满时期的旧地图,发现马家窑位于黑龙江省海伦县东南的一个村子。以后日本人又根据日文版的《人民中国》的介绍,中国工人阶级发扬"一不怕苦,二不怕死"的精神,肩扛人抬将设备运到现场,推断石油钻井离马家窑很近,又根据当年王进喜出席第三届人民代表大会,推断大庆油田出油了。最后,日本人又根据大庆油田钻塔的照片推算出油井的直径,由当时的全国石油产量减去原有产量算出大庆油田的石油总产量。在此基础上,日本人设计了适合大庆油田操作的石油设备,当我国突然向外界宣布在国际上征求石油设备设计方案时,日本人一举中标。在这次有关油田设备的谈判中,日本人因有效利用了市场行情而取得了"完胜"。

三、竞争对手分析

古语曰:"知己知彼,百战不殆。"只有了解和掌握谈判对手情况,才能有针对性地制定我方的谈判策略。搜集谈判对手的情况,可以从已搜集的市场信息中加以筛选;但这类情报具有较强的目的性、特殊性,还要采用其他的信息搜集方法,以掌握更多的信息。

(一)案头调查法

当双方成为谈判对手、准备进行贸易洽商时,为了便于对方了解本企业或产品的情况,常常相互间提供一些资料,如商品目录、报价单、企业情况简介、产品说明书等。有些企业为了招揽客户,还专门把印有企业生产经营所有产品的一览表、小册子赠送给可能成为交易对象的客户。所以,谈判人员应首先把这些资料收集、整理起来,进行分析研究。这种调研方法投资少、见效快,简便易行。

(二)直接调查法

这是由谈判人员通过直接、间接的接触获取有关情况和资料的方法。例如,谈判人员可以向本企业那些曾和对方有过交往的人员进行了解,也可以通过函电方式直接与对方联系,而对较重要的谈判,双方则可能安排非正式的初步洽商。这种预备性接触好处很多,不仅可以使我们有机会正面观察对方的意图以及立场、态度,而且也可以使对方对我们的诚意、观点有所了解,以此促进双方在平等互利、互谅互让的基础上通力合作。

(三)购买法

当交易规模、数量较大时,有时采取先小批量购买的方式直接了解对方的产品情况。在搜集、掌握对方资料的基础上,要对谈判对方进行认真的分析与研究,以便进一步明确谈判对手的意图、目的,从而推测出双方在哪些方面能够取得一致意见,在哪些方面可能出现问题、分歧,会谈可能有怎样的成果,据此制订调整我方的谈判方针、策略,使目标制订得更加切合实际。

分析的内容还可以拓展到对方的公司或企业是属于保守型还是开放型?是处于不断扩大生产经营规模的成长中的企业,还是已占有足够市场份额的大型企业?它们与其他客户是怎样交易的?有着什么样的声誉?我方与对手的实力对比如何?双方的优劣势各是什么?只有在认真分析研究的基础上,才能把众多杂乱的信息归纳为切实可用的情报,使之发挥出奇制胜的作用。

最后,了解对手还包括了解对方参加谈判人员的个人情况,尽可能了解和掌握谈判对手的性格、爱好、兴趣、专长,了解他们的职业、经历以及处理问题的风格、方式等。特别是在一对一的谈判中,掌握对手的兴趣、爱好,投其所好,会使你取得意想不到的成功。

第三节　商务谈判目标的确立

商务谈判是一种复杂的综合性活动。任何一种商务谈判都是以目标实现为导向的,这就决定了在确定商务谈判的可行性以后,必须率先确立商务谈判的目标。

一、商务谈判目标的含义与定位

(一)商务谈判目标的含义

商务谈判目标是指谈判要达到的最终结果,它指明了谈判的方向和要达到的目的以及企业对本次谈判的期望水平。商务谈判目标是商务谈判人员根据企业经营目标,通过可行性分析和估量,结合诸方面的影响因素而确定的谈判应达到的结果或标准。它是对谈判所要达到结果的设定,是指导谈判的核心。

(二)商务谈判目标的定位

商务谈判目标定位是谈判人在谈判目标上把数量和情感追求相结合的定位,是以物质目标为基础与谈判人荣誉相结合的定位。它是谈判人接受任务及明确任务目标的延伸。谈判目标定位存在于谈判的全过程并直接影响谈判人在谈判过程中的态度和精神状态，影响到谈判效果。

谈判目标的定位是一种思想，反映着谈判人的追求。其基本定位有三种：赢输、赢赢和输输。以此为基础，还可以派生出谈判中存在的其他定位。

1. 赢输定位

赢输定位是指谈判人在谈判组织中视实现其谈判目标为赢，反之为输，并决心实现其赢的谈判组织定位。

2. 双赢定位

双赢定位是指谈判人在谈判组织中努力探寻使谈判双方都愿意接受的交易条件的谈判组织定位。

3. 双输定位

双输定位是指谈判人在谈判过程中对交易结果立足于破裂的谈判定位，即谈判人以谈判可能破裂、交易可能无结果作为谈判组织定位。

二、企业经营目标与商务谈判目标的关系

企业经营目标是企业经营管理活动的发展方向和奋斗目标。它是按照企业经营思想在分析外部环境和条件的基础上确定的。企业不同，其经营目标也不同。由于企业经营目标是企业整体的、长远的目标，因此，任何一项商务谈判目标都不能背离企业经营目标，而企业经营目标也要通过一次次谈判达成的谈判目标来实现。

三、商务谈判目标的确立

目标是人们行动预期达到的成果或结果，也是考核或检查人们行动效率的标准。谈判目标就是检验谈判效率、成果的依据和标准，也是谈判思想、方针、策略的具体化和数量化。目标制定得正确与否，以及能否达到目标，意味着谈判活动的成败与效率的高低，因而正确地制定与实现谈判目标，对于整个谈判具有决定性的意义。

由于谈判是一个持续发展的过程，从战略角度来讲，谈判目标的制订要经过以下三个步骤：确立企业总目标、确立谈判目标、确立谈判某一阶段的具体目标。

（一）确立企业总目标

任何企业的生产经营活动都离不开目标体系，如企业发展的长期目标、中短期目标、企业总体目标、部门目标等。谈判内容是企业生产经营活动的一部分，必须要服从和维护企业的总体目标，这就要求在制订谈判目标时以企业的总目标为标准。如为了保证企业在2012年开工率达100%，要确保得到总数为500万元的订单，这里，得到总数为500万元的订单并不是一次谈判所要达到的目标，但是，每次谈判都要考虑到这一总体目标，总体目标的实现依赖于每个部分目标的完成。500万元的订单，如果需要五次交易实现的话，那么每次谈判至少要实现100万元的分目标，所以总目标是制订分目标的依据和标准。总目标确定后，谈判人员就可以明确在每次谈判中的目标和责任，明确自己所处的地位及谈判成功的意义，

从而采取相应的谈判策略与技巧，以保证实现企业的总目标。

(二)确立谈判目标

这是指每次谈判所要达到的目标。它是谈判活动的总目标，对企业生产经营活动来讲，它又是分目标、具体目标。分目标的实现对完成总目标有极其重要的意义，也是谈判成功的标志。

谈判目标即分目标的制订，既要考虑企业的总体目标，也要考虑企业的实际状况、谈判对手的实力、双方力量对比，以及市场供求变化等因素。例如，企业2012年的总目标是确保得到500万元的订单，在市场供需稳定的情况下，谈判对方又是老客户，关系较好，而企业目前又迫切需要得到订单，以保证生产的连续性。这样，在第一季度中，就可以把谈判的总目标定为150万元。必要时，可以在其他方面给对方一定的让步或优惠，如提前交货等，以确保目标的实现。

谈判目标的制订极为重要，它关系到企业总体目标的实现，又决定了在谈判中每一阶段具体目标的制订，以及在谈判中所采取的策略。因此，在制订谈判目标时需要十分慎重，要在综合多方信息、资料的基础上，反复研究确定。确定谈判目标一般包括以下几个要素：交易额、价格、支付方式、交货条件、运输、产品规格、质量、服务标准等。

但是，仅仅列出单一的谈判目标还是很不够的，它只是具体的指标，还要从总体上综合考虑谈判可能出现的结果，并制订相应的目标，这就是谈判的最优期望目标、可接受目标和最低限度目标。因为在实际谈判中，谈判的双方都会遇到这样的问题：我方应该首先报价吗？如果首先报价，开价多少？如果是对方首先报价，我方应还价多少？倘若双方就价格争执不下，那么，在什么条件下我方可接受对方的条件？在什么情况下，我方必须坚守最后防线？要更好地解决这些问题，就必须认真研究、制定谈判的最优期望目标、可接受目标和最低限度目标。

1. 最优期望目标

它是指在谈判桌上，对谈判者最有利的一种理想目标，它在满足某方实际需求利益之外，还有一个“额外的增加值”。谈判实践中，这一目标往往很难实现，因此真正较为老练的谈判者在必要时可以放弃这一目标。但这并不是说这种最优期望目标在谈判桌上没有积极意义，它往往是谈判进程开始时的话题。

美国著名的谈判专家卡洛斯向2 000多名谈判人员进行的实际调查表明，一个良好的谈判者必须坚持“喊价要狠”的准则。这个“狠”的尺度往往接近喊价者的最优期望目标。在讨价还价的磋商过程中，倘若卖主喊价较高，则往往能以较高的价格成交；倘若买主出价较低，则往往也能以较低的价格成交。因此，在谈判桌上，卖方喊价高或买方还价低的时候，都会带来对自己较为有利的谈判结果。

比如，在资金供求谈判中，需方可能实际只想得到200万元，但谈判一开始，需方可能报价250万元。这250万元就是需方的最优期望目标。这个数字比它实际需要的200万元多50万元。用一简式表达就是：

$$E=Y+\Delta Y$$

式中:Y 表示需方的实际需求资金数额,ΔY 表示报价增量,E 表示需方的最优目标。

但是,供方绝不会做提供250万元资金的慷慨之事。根据供方了解的信息(如偿还能力、经济效益高低和利率等情况),他明知对方实际只需要200万元,为了使谈判深入下去,使主动权掌握在自己手中,就故意压低对方的报价,只同意提供150万元。如此这般,几经交锋,双方列举各种理由予以论证,谈判结果既不是250万元也不是150万元,可能是略低于或者高于200万元。

如果一开始需方不提出250万元,或供方不提出150万元,谈判就无法进行。为什么在谈判中形成这种习惯,其原因极为复杂,涉及心理、信誉、利益,乃至历史成见等诸多因素。需要说明的是,最优期望目标不是绝对达不到的。一个信誉极高的企业和一家资金雄厚、信誉良好的银行之间的谈判,达到最优期望目标的机会是完全可能存在的。

2. 最低限度目标

它是指在谈判中对某一方而言,毫无讨价还价余地、必须达到的目标。换言之,最低限度目标即对某一方而言,宁愿离开谈判桌、放弃合作项目,也不愿接受比这更少的结果。最低限度的确定主要考虑到以下几点因素。

(1)价格水平。价格水平的高低是谈判双方最敏感的一个问题,是双方磋商的焦点。它直接关系到获利的多少或谈判的成败。影响价格的因素有主观与客观之分。主观因素包括营销的策略、谈判的技巧等可以由谈判方决定或受谈判方影响的因素,而影响价格的客观因素主要有以下几种:

①成本因素。这里的成本主要是指"市场成本",一般是指产品从生产到交货的一切费用。具体来说,它包括生产该产品所需的原材料、劳动和管理费用以及为购销该商品所耗费的调研、运输、广告费和关税、保险费、中间商的佣金等费用。

②需求因素。需求因素对价格水平的影响主要通过需求弹性加以体现。所谓需求弹性与市场的供需情况,同类产品的市场价格等因素,从而合理确定价格策略。

③竞争因素。决定价格下限的是商品成本,决定价格上限的则是顾客的需求程度。在上限与下限之间所定的价格的高低,则由竞争来决定。也就是说,价格的确定不以个别成本为依据,而是取决于既定需求条件下同类商品的竞争状态,取决于由竞争形成的社会平均成本和平均利润。一方面,主要是注意竞争者的多少,竞争者越多,说明竞争越激烈,价格的变化也就越大。另一方面,要注意竞争的激烈程度,不同市场下,竞争的程度也就有所不同,在谈判中就要充分利用这一点。

④产品因素。不同性质和特征的产品,买方的购买习惯也就有所不同。一般来说,消费品价格的灵活性大,而工业品价格的灵活性小。此外,人们对于不同产品的利润率存在不同的期望,也就导致谈判者的不同价格目标。

⑤环境因素。有利的环境是天时、地利、人和的统一体。当环境对谈判某一方有利时,其希望通过价格得到的利益也就更大些,买方可能会进一步要求降价,而卖方则可能要求提价。因此,我们应该善于把握住机会,使环境向有利于自己的方向发展。

(2)支付方式。不同的支付方式通过价格对谈判的预期利润会造成较大影响。如果直接付款，可以在价格上进行适当的优惠；但如果赊款，就不能在价格上退让，力争将由于时间带来的资金损失降到最小，而且赊款带来的债务人不付款或扣款的现象也普遍存在。

在国际贸易中，跟单托收支付、付款交单和承兑交单对出口方的影响大不相同，除了收汇风险不同之外，还间接影响交易商品的单位价格。例如，同一售价为100万美元的商品，若采用付款交单方式，售价为100万美元；若采取承兑交单支付方式，售价为102万美元。即便如此，对卖方来说，前者也是更为有利的货款支付方式。因为表面看，前者比后者少收2万美元，但由于后者付款时间靠后，卖方会承受利息损失，并且在买方承兑交单后卖方就须交单，卖方承担的风险更大，所以承兑交单这种付款方式对卖方是不利的。

(3)交货及罚金。在货物买卖中，交货的期限同双方都有利害关系。在商务合同中，交货期限作为根本条款或是重要条款有明确的规定，一方若未按时交货就要赔偿对方的经济损失。一般情况下，卖方总是希望迟交货，而买方总是希望卖方能早交货。按照国际惯例，卖方报价中的交货期一般为签约后两个月。比如，买方提出必须在签约后一个月交货，否则卖方就需缴纳迟交罚金。卖方就要根据买方提出的要求，对各方面因素进行综合考虑，提出交货条件方面的最低可接受限度为：如果不增加额外罚金的话，可以同意对方提出的提前交货要求。

(4)保证期的长短。保证期是卖方将货物卖出后的担保期限。担保的范围主要包括货物的品质和适用性等。保证期限的长短从来都是商务谈判中双方据理力争的焦点问题之一：卖方一般会尽力缩短保证期，因为保证期越长，卖方承担的风险越大，可能花费的成本也就越大；买方总是希望保证期越长越好，因为保证期越长，买方获得的保障程度越高。但是，由于保证期的长短事关卖方信誉及竞争能力，事关交易能否做成和怎样做成的问题，因此卖方在通常情况下是会仔细考虑保证期问题的。卖方关于保证期的最低可接受条件是：如果能保证在保证期内风险不大的话，可以答应对方延长保证期的要求。

3. 可接受目标

可接受目标是谈判人员根据各种主要客观因素，通过考察种种情况，经过科学论证、预测和核算之后所确定的谈判目标。可接受目标是介于最优期望目标与最低限度目标之间的目标。在谈判桌上，一开始往往要价很高，提出自己的最优目标。实际上这是一种谈判策略，其目的完全是为了保护最低目标或可接受目标，这样做的实际效果往往超出了谈判者的最低限度要求，通过双方讨价还价，最终选择一个最低与最高之间的中间值，即可接受目标。

业务谈判中，往往双方最后成交值是某一方的可接受目标。可接受目标能够满足谈判一方的某部分需求，实现部分利益目的。可接受目标往往是谈判者秘而不宣的内部机密，一般只在谈判过程的某个微妙阶段挑明，因而是谈判者死守的最后防线。如果达不到这一可接受的目标，谈判就可能陷入僵局或暂时休会，以便重新酝酿对策。

可接受目标的实现，往往意味着谈判的胜利。在谈判桌上，为了达到各自的可接受目标，双方会各自施展技巧，运用各种策略。

(三)确立谈判某一阶段的具体目标

具体目标又是对谈判目标的分解。有些谈判，特别是交易复杂、规模较大的谈判，制订阶段目标十分必要，它可以使谈判人员随时检查和调整谈判进程以及谈判成果。

谈判具体目标的制订要相对灵活，可根据谈判内容、预计的谈判期限、谈判的规模而定。如谈判初始阶段是了解对手报价，提出我方条件；第二阶段，就交易主要内容进行协商，进一步讨论产品规格、价格、质量、交货期限、运输等条款，确定双方存在争议的有关问题；收尾阶段，审议合同条款，复查协商的所有内容，商谈履行合同事宜。

综上所述，谈判目标是使谈判顺利、有效进行的保证。在划分目标的同时，一定要注意相互之间的衔接与连贯，企业总目标是制订谈判目标的依据，阶段目标又是实现谈判目标的保证，三者缺一不可。

第四节　商务谈判方案及其执行计划

在正式谈判前，围绕着商务谈判目标还必须制订具体的谈判方案和执行计划。制订周密、细致的谈判方案和执行计划可使谈判人员各负其责，协调工作，有计划、有步骤地展开谈判。它是保证谈判顺利进行的必要条件，也是取得谈判成功的基础。所以任何一方都不应忽视谈判方案和执行计划的制订，而必须认真对待，做到严谨、周密、明确、具体。

一、商务谈判方案与执行计划的区别

商务谈判方案是企业最高决策层或上级领导就某项谈判的内容所拟订的谈判主体目标、准则、具体要求和规定；商务谈判执行计划则是谈判小组为实施谈判方案所规定的内容而制订的具体执行措施。两者具有如下明显区别：

第一，制订者不同。谈判方案是由领导拟订的，而谈判执行计划是由谈判小组制订的。

第二，制订时间不同。先有谈判方案，后有执行计划，顺序不能颠倒。

第三，内容不同。谈判方案主要反映上级领导或高层的意图，而谈判执行计划则是谈判小组为实现这一意图而准备采取的具体措施。

二、商务谈判方案的制订

（一）商务谈判方案制订的形式和要求

由于商务谈判的规模、重要程度不同，其内容、形式也有所差别。内容可多可少，形式可以是书面的，也可以是口头的，要视具体情况而定。

尽管内容、形式不同，但其要求都是一样的，都要尽量做到简明扼要，同时要有一定的灵活性，以便谈判人员既能照章执行又能随机应变。谈判方案越是简单明了，谈判人员照章执行的可能性就越大，意思被误解的可能性就越小。灵活机动是谈判艺术的核心，因此任何谈判方案的制订都要有一定的灵活性。

（二）商务谈判方案的内容

（1）确定谈判的主体目标。即明确主要或基本交易条件可接受范围，以及保证标准和理想标准。

(2)规定谈判期限。一方面,由于价格、供求关系随时处在变化之中,在某一时点上拟订的谈判目标必须相应地作适当调整;否则,企业利润会遭受损失。另一方面,谈判的时间越长,其人力、物力和财力的耗费也就越大。这两点都要求谈判不能无限期地持续下去,必须对谈判期限作出规定。

(3)明确规定谈判人员分工及其职责。坚持各负其责可以最大限度地减少成员之间的争执和摩擦,更有利于发挥谈判小组的集体智慧。

(4)规定联络通讯方式及汇报制度。谈判过程中常常出现意料不到的情况,当这些情况的处理超出谈判小组负责人的权限时,就需要向上级请示;有时临时需要某一方面的资料而不得不向企业索取;另外,领导也需要了解谈判的进展情况,以便及时给予新的指示。这些都需要联络。因此在谈判方案中应列明联络通讯方式、联络通讯人员、汇报的时间等。总的要求是迅速、高效、保密。

拓展阅读3—2　B厂家的谈判方案

一、谈判主题及目标

主题:以最低的费用让A超市销售本厂的商品,并建立起良好的合作伙伴关系。

最优期望目标:在销售中产生的全部费用由A超市负责。

最低限度目标:铺货等费用不由本厂承担。

可接受目标:不收定金、加盟费等。

二、谈判地点的选择与费用预算

谈判地点:B厂家办公楼4楼会议室。

费用预算:

食宿、交通	800元
录像	100元
照相	50元
音响	120元
通信	60元
其他费用	110元
总费用	1 240元

三、信任计划

1. 信任计划在实施时要充分利用以下文件资料:

(1)个人身份证、名片;

(2)营业执照复印件,已年检,说明是正规合法的企业;

(3)税务登记证,包括国税和地税,均年检,说明按时缴税;

(4)产品的商标注册证,用以保护企业权益;

(5)产品的质量合格证和食品卫生许可证;

(6)包括开户银行、账号、通信地址、电话、联系人、传真和邮件等在内的企业相关资料,以及销售记录等其他资料。

2. 借助媒体介绍,如当地知名报纸的权威报道和电视节目的宣传。

3. 利用第三方权威人士和厂地资源,请对方到厂地参观交流。

4. 采用情感沟通策略,主要是通过私人接触,如带对方到名胜古迹观光旅游,宴请对方品尝当地特色名菜,并附送特产。

四、谈判议程

1. 布置谈判场所及会议室(准备时间)……(60分钟)

2. 双方进场……(5分钟)

3. 介绍参加谈判的双方人员及自身情况……(10分钟)

4. 正式谈判……(20分钟)

(1)报价与报价解释

(2)拒绝对方

(3)陷入僵局

(4)做出让步

5. 休息……(5分钟)

6. 终局操作……(10分钟)

7. 达成协议……(5分钟)

8. 正式签订协议……(5分钟)

9. 预付定金

10. 洽商完成,建立合作关系

谈判全程进行时间:3小时。

五、开局报价

1. 报价的先后安排。可以下面的话作为开场白:"很高兴,我们都是为了一个共同的目标而坐在了这里,不知道贵单位打算以什么方式与我方展开合作呢?"

2. 报价内容如下:

(1)A超市必须一次性支付加盟费15 000元。

(2)A超市必须以现款现货的支付方式与B厂家合作,应预缴货款的10%作为定金。

(3)A超市必须免费为B厂家做广告宣传,且货物运输费由A超市自行支付。

(4)A超市必须完成B厂家规定的月销售量,且产品的价格由厂家制定。

(5)店面招牌广告费、店庆费、节庆费、单品费、特价扣点费、终端堆码陈列费和场外促销费由双方各自承担一半。

(6)销售返利为0.7%。

(7)A超市如果做出有损于厂家信誉和形象的行为,就必须承担相应的法律责任,并赔偿由此给厂家带来的损失。

六、报价解释

关于报价内容的解释和评述如下：

(1)A 超市必须一次性支付加盟费 15 000 元。

支付加盟费是我们实现合作的一种方式，也是一种信誉问题。只有支付加盟费，我们的合作才能达成，才能接着进行下一笔交易。

(2)A 超市必须以现款现货的支付方式与 B 厂家合作，应预缴货款的 10%作为定金。

这是一种习惯性做法，我们在与其他厂家合作的时候都是采用这种方式，A 超市必须以现款的形式支付给我们，以作为下一批产品的开发成本，保证交易持续进行。同时，还要缴纳 10%的定金作为诚信交易的保障，以确保正常提供货物。

(3)A 超市必须免费为 B 厂家做广告宣传，且货物运输费由 A 超市自行支付。

做广告宣传是为了提高产品在市场上的认知度和知名度，让产品深入消费者的心里，从而提高市场占有率、提高利润。利润提高，对 A 超市来说也是很有益的，因为这意味着实现的返利会增加。此外，我们的财务状况不允许我们支付货物运输费。

(4)A 超市必须完成 B 厂家规定的月销售量，且产品的价格由厂家制定。

A 超市必须按时完成我们所规定的销售量，因为按时完成销售任务是他们得到返利的保障。价格必须由厂家统一制定是为了保持价格的一致，以防中间商为了增加利益而哄抬价格、影响产品的销量、破坏厂家的形象和信誉。此外，为了便于统一管理，必须由厂家统一制定价格。

(5)店面招牌广告费、店庆费、节庆费、单品费、特价扣点费、终端堆码陈列费和场外促销费由双方各自承担一半。

按照厂家的铺货政策，这些费用都是各分担一半，且同行业也是这样做的。

(6)销售返利为 0.7%。

因为我们生产的花生类的小吃，都是一些市场需求量大但收益较低的快销品，需要销售很多产品才能有利润，所以返利只能是 0.7%。

(7)A 超市如果做出有损于厂家信誉和形象的行为，就必须承担相应的法律责任，并赔偿由此给厂家带来的损失。

产品的好坏代表着公司的形象和信誉，如果 A 超市在销售产品或是运输的过程中对产品造成损害，则必须赔偿由此造成的损失。

七、拒绝对方

拒绝对方的技巧有以下几点：

(1)核实对方报价的真伪。

(2)明确己方谈判的目标，使其在谈判中得以实现。

(3)勇于报出高价，以便掌握己方的谈判尺度。

(4)谈判策略的运用要合时合理。

(5)懂得适时处理顾客的异议。

策略的运用与技巧有以下几个方面：

(1)对于定金的收取,我方可以采用不开先例策略。

运用不开先例策略首先要证明先例是真实的;其次要用类比的方法加强先例的说服力,说明我方没有这一先例会让对方更加信服。

(2)对于加盟费的收取,可以采用投石问路策略。

我方提出收取加盟费的问题来探询对方对此所持的态度,密切注意对方的面部表情变化,如有不好的或者异样的表情出现,应马上搁置这个问题,以后有机会再谈。

(3)对于现款现货的支付方式,我方可以采用极限策略的财务限制。

说明我方的财务都是要用这一次的货款作为对方下一次进货的保障。

(4)对于货物运费的问题,我方采用极限策略的权利限制。

先声明我方产品的利润中不包括运输费用,所以运输费不在我方权利范围内。

(5)对于铺货政策,我方可采用极限策略的政策限制。

铺货问题是谈判中的一个重点环节,可以给对方看我方最近制定的一套铺货政策,并请第三方权威人士证明我方政策实施的强制性,迫使对方做出让步。

(6)当谈判有破裂迹象时,我方可以用联合策略。

联合策略是指帮助对方解决一些对方不愿解决或不能解决的问题以使对方先主动做出让步。在运用此策略时,一定要让对方感受到自己的诚意。

八、让步的方案

主要有三套方案,分别如下:

(一)免收加盟费用

让步方案:50%—30%—20%—0。

第一次:让步50%,收取7 500元,销售返利为0.7%;

第二次:让步30%,收取4 500元,销售返利为0.6%;

第三次:让步20%,收取3 000元,销售返利为0.4%;

第四次:免收加盟费用,销售返利为0.2%。

(二)免定金

让步方案:25%—15%—8%—2%。

第一次:让步25%,收取3 750元,要求对方进行15天的广告宣传;

第二次:让步30%,收取1 500元,要求对方进行20天的广告宣传;

第三次:让步20%,收取300元,要求对方进行30天的广告宣传。

(三)免现货现款

让步方案:15—8—5—2。

第一次:让步15天,账期15天,要求对方保证每月销售额达到1.3万元;

第二次:让步8天,账期22天,要求对方保证每月销售额达到2万元;

第三次:让步5天,账期25天,要求对方保证每月销售额达到2.5万元;

第四次:让步2天,账期28天,要求对方保证每月销售额达到3万元。

九、谈判结束

(1)谈判结束后对以下内容进行核定:①谈判目标是否实现;②对方的最后立场是否能改变。

(2)选择适当的时间结束谈判(经谈判团队内部人员研究,认为谈判目标得以实现,对方已不能再进行让步时,或者在自己的目标范围内对方准备下决心时)。

(3)选择合适的结束方法。

三、商务谈判执行计划的制订

商务谈判执行计划是谈判小组为实施商务谈判方案而准备采取的一系列具体措施,亦称工作计划。商务谈判执行计划的制订主要从以下五个方面进行:

(一)制订商务谈判策略

制订商务谈判策略,就是要选择能够达到和实现本方谈判目标的基本途径和方法。谈判不是一场讨价还价的简单过程,实际上是双方在实力、能力、技巧等方面的较量。因此,制订商务谈判策略应考虑如下影响因素:

(1)对方的谈判目的和主谈者的性格特点;

(2)对方和己方的优势所在;

(3)交易本身的重要性;

(4)谈判时间限度;

(5)是否有建立持久、友好关系的必要性。

通过对谈判双方实力及其以上影响因素的细致而认真的研究分析,谈判者可以确定己方的谈判地位,即处于优势、劣势或者均势,由此确定谈判的策略。至于各种情况下的谈判策略,将在本书的第四、五章详细叙述。

(二)合理安排谈判的议事日程

议事日程是决定谈判效率高低的重要一环,它的确定和安排对谈判双方来讲都具有不可忽视的作用,其本身就是一种谈判技术。

谈判议事日程的确定主要包括两方面的内容:一是谈判议题,即双方就哪些问题进行讨论;二是时间安排,即议题的先后次序与讨论的时间日期。

1. 谈判议题

确定议题的第一步是将与本谈判有关问题都罗列出来,尽可能不要遗漏。第二步,根据对己方有利还是不利这一准则,将所列出的问题进行分类。第三步,尽可能将对己方有利的问题列入谈判的议题,而将不利的问题排除在谈判的议题之外,或者只选择那些对己方不利但危害不大的议题,而将危害大的问题排除在外。这样做的目的,是使谈判的议题安排有利于自己。

2. 时间安排

时间安排的原则是:将对己方有利、己方想要得到而对方又有可能做出让步的议题排在前面讨论;而将对己方不利,或己方要做出让步的议题放在后面讨论。对前面一种议题要安排尽可能多的时间,而对后一种议题则给予较少的时间。这样做实际上是以对方的让步作为谈判继续和己方让步的前提与条件的。

需要指出的是，谈判的议事日程不是由谈判的某一方单方面定下来的，往往要由双方协商而定，它体现了议事安排的互利性。同时还要注意议事日程安排的简洁性，即在一次谈判过程中，不要列出太多的问题。

(三)规定谈判地点

谈判地点是影响最终结果的一个不可忽视的因素。选择谈判地点时通常要考虑即将展开的谈判中力量的对比、可选择地点的多少和特色、双方关系等因素。如第一章所述，谈判按地点可分为主场谈判、客场谈判和中立地谈判。

1. 主场谈判

一般来说，谈判双方都愿意在己方所在地进行谈判。因为第一，己方谈判者对环境熟悉，谈判的一切行政事务都将由东道主安排，这会给己方谈判人员带来一种心理优势。第二，己方人员不会产生焦虑感。人们长期在外会对家庭产生思念之情，还会感到孤独和烦躁，而这种情况往往会使谈判人员急于早日达成交易，对获得较好的谈判效果是十分不利的。第三，利用室内布置、座位安排乃至食宿招待安排等机会创造某种机会和谈判气势，给对方施加压力和影响。但主场谈判也有弊端：一是在谈判进入白热化阶段时，客方为了摆脱没有把握的决策压力，就可以借口资料不全而扬长而去；二是远离工作之地的种种不便可成为客方中止谈判的体面借口。

2. 客场谈判

在某种意义上，客场谈判也有一定的好处。第一是谈判人员可以不受承担安排其他事务的干扰而能够一心扑在谈判上。第二是对方无法借口自己无权决定而故意拖延时间。第三是谈判小组在外谈判，谈判小组领导人无法事事向领导汇报，这反而给谈判小组领导人在不超出谈判方案规定范围的更多灵活性。在客场谈判最需要注意的问题是必须保持头脑冷静，与对方保持一定的距离，时刻记住自己的使命。过分地接受款待、娱乐活动会使谈判人员失去斗志。

3. 中立地谈判

如果谈判之前预料到谈判的紧张程度，或者谈判双方容易陷入僵局，选择主场或客场，特别是某一方的办公楼或办公室，可能引起另一方的不满甚至愤怒，这时选择中立地谈判是明智的。中立地点有助于创造一种冷静的气氛，在不受干扰的情况下，双方心平气和地对待问题，便于消除误会。中立地谈判一般在商务谈判中用得不多，多用于国与国之间的外交谈判。

☞案例 3－6　选择谈判地点至关重要

日本一家A公司希望购买国内紧缺的煤炭和铁，通过调查了解到澳大利亚的B厂商生产煤和铁。A公司的谈判负责人千方百计把B厂商请到日本来谈这笔买卖。

澳大利亚人一般都比较谨慎、讲究礼仪，且不过分侵犯东道主的权益。B厂商代表来到日本，使日本方面和澳大利亚方面在谈判桌上的地位发生了显著变化。澳大利亚人过惯了富裕的舒适生活，B厂商的代表到了日本之后没几天，就急于回到故乡别墅的游泳池、海滨和妻子儿女身旁，在谈判桌上常表现出急躁的情绪。而日本A公司的谈判代表则不慌不忙地讨价还价，逐渐掌握了谈判桌上的主动权。结果，A公司仅花费了少量款待费作“鱼饵”，就钓到了B厂商“这条大鱼”。

启示：本例中，日本人在了解了澳大利亚人恋家的特点之后，宁可多花费用也要把谈判争取到自己的主场进行，并充分利用主场优势掌握谈判的主动权，使谈判的结果最大限度地对己方有利。

（四）东道主一方妥善安排各种行政事务

在己方所在地谈判，东道主应尽全力把谈判的各种项目事先安排得有条不紊，为谈判的顺利进行创造一个良好的环境。

（1）谈判室要求宽敞明亮、典雅大方、安静舒适，必需的设施有：照明设备、暖气、空调、通风、隔离设备等。但不宜装有电话，以防干扰和泄密。

（2）在谈判室旁设置一两间休息室，以备暂时休会时各方内部交换意见之用。休息室应装有电话，供谈判小组向外联络之用。

（3）在谈判座位安排上首先要考虑桌形，一般有圆桌和长方桌两种。选用圆桌，较适于多人局谈判，双方或多方的谈判人员围桌而坐，给人以和平共处的感觉，而且彼此交谈方便。选用长方桌更适用于双人局的谈判，双方人员面对而坐，谈判负责人坐在各自方的中间，以便各小组互相传递文件、纸条、交换意见。以长方形谈判桌为界的对峙虽给人以正规、严肃之感，但容易形成对立争执的气氛。总之，选择什么样的桌形，要取决于谈判气氛和有效传递信息的需要。其次，要考虑座次的安排。总的来说，要突出主谈人和负责人，助手及其他辅助人员的安排则要次之。必要时也可在座位前贴上相应的姓名卡。

（4）应安排一两名秘书在附近的办公室值班，负责复印或打印文件。

（5）谈判中间的茶点招待要安排得恰到好处，形成自然的会间小憩，以此起到缓和谈判气氛的作用，为双方人员创造一个非正式交换意见的机会。

（6）要妥善安排客人的饮食起居。迎来送往应热情周到，起居地应交通方便、行动安全、周围环境幽雅。要尊重客人的风俗习惯，尽量提供令客人满意的各项服务，使人心情舒畅，有宾至如归之感。

（五）赴外地谈判人员应注意的事项

（1）带齐与谈判有关的各种数据、资料。不仅包括己方的材料，还包括比较重要的对方有关资料，以及谈判涉及的行业情况。

（2）准备好本企业专用信笺及各种必备文具用品、人员名片。谈判小组中高级成员的名片应将重要职务都排印上去，以提高其权威性。

（3）谈判小组住所（宾馆、招待所）选择应与其地位、身份相当，交通方便，通信设备齐全。

（4）安排好谈判过程中的记录人员及记录的注意事项，且每日与对方核对谈判记录内容等，以免签约时产生异议。

【本章小结】

商务谈判的准备工作主要包括:人员的配备→可行性分析→确立谈判目标→制订谈判方案和计划。人员的配备包括两个方面:宏观上,确定谈判班子的规模和谈判人员的分工协作;微观上,明确一个优秀谈判人员应该具备的基本素质和能力。可行性分析则是确立谈判目标的前提,只有经过充分的市场调研,谈判策略才会有的放矢。谈判方案和计划的制订要突出明确、具体、可行三个基本要求。拟订谈判方案,应当先分析谈判对手,并对谈判目标和谈判某一阶段的具体目标进行设计。同时,不能忽略物质条件的准备,包括谈判场所的选择、通信设备的完备、谈判房间的布置和食宿安排等。

【课后思考】

1. 优秀的谈判人员应具备什么样的素质?
2. 怎样进行谈判人员的配备?
3. 影响谈判的环境因素有哪些?
4. 如何进行商务谈判的定位?
5. 如何拟订谈判方案?
6. 谈判的物质条件准备包括哪些内容?

【案例分析】

力量的抗争

多年来,日本航空公司的经理们像西方大企业的高级管理人员一样,总是竭力把自己设计成超人的形象:仪容威严尊贵,背脊挺直,高视阔步;开口满是专业术语,闭口对什么都一清二楚;保持音色深沉而带有磁性,不管是否出自肺腑对客人都低沉地说"幸会",跟下属握手暗中使劲,以示坚定而有魄力……其实他们心里明白,如此这般,只是巧妙的化妆、装模作样的表演罢了,并不总是有效。于是希望有人带头变革这种令人生厌的老套,创造出奇制胜的新招。20世纪80年代初,这一人物终于应运而生。

日本航空公司决定向美国麦道公司引进10架新型波音客机。指定常务董事领队,财务经理为主谈,技术部经理为助谈,组成谈判小组,负责购买事宜。日航代表飞抵美国,稍事休息,麦道公司立即来电约定明日在其公司会议室开谈。第二天,3位日本绅士仿佛还未消除旅途的疲劳,行动迟缓地走进会议室,只见麦道公司的一群谈判代表已经端坐一边。谈判开始,日航代表慢吞吞地啜着咖啡,好像还在缓解时差的不适。精明狡猾而又讲求实效的麦道公司主谈把客人的疲怠视为可乘之机,在开门见山地重申双方购销意向之后,迅捷地把谈判转入"概说"阶段。概说,原是各方充分阐述自身需要及规定对方应予配合的极好时机,说明麦道毫不客气地展开了强大的攻势。

从早晨9:00～11:30,3架放映机相继打开,字幕、图表、数据、电脑图案、辅助资料、航行画面应有尽有。面对图文并茂的资料,人们顿时就像置身于迪士尼乐园的神奇之中,不由自主地相信麦道飞机性能及定价都是无可挑剔的。孰料,日航3位谈判代表却自始至终默默地坐着，一语不发。麦道公司的主谈自负地拉开窗帘，充满期待地望着对方问道：“你们认为如何呢？”3位不为所动的日本人礼貌地笑笑，技术部经理(助谈)答道：“我们不明白。”

麦道主谈的脸上顿时失去血色，大惑不解地问：“你们不明白？这是什么意思？你们不明白什么？”

日航领队笑了笑，回答：“这一切。”麦道主谈急切地追问：“这一切是什么意思？请具体地说明你们从什么时候开始‘不明白’的？”

日航助谈歉意地说：“对不起，从拉上窗帘的那一刻开始。”日方主谈随之咧咧嘴，用连连点头来赞许同伴的迷惑。

“笨蛋！”麦道领队差一点脱口骂出声来，泄气地倚在门边，松了松领带后气馁地呻吟道：“那么，你们希望我们再做些什么呢？”

日航领队歉意地笑笑说：“你们可以重放一遍吗？”别无选择，只得照办。但麦道公司谈判代表重复那两个半小时的介绍时，已经失去了最初的热忱和信心，忍不住要抱怨这3个不可理喻的东方人，不时为这种莫名的挫折而烦躁。是日本人开了美国佬的玩笑吗？不是，他们只是不想在交涉之初就表明自己的理解力，不想用一上来就合作使对方产生误解，以为自己会迎合、讨好他们。谈判风格素来以具体、干脆、明确而著称的美国人，哪里会想到日本人有这一层心思呢？更不知道自己在谈判伊始已先输一盘了。

谈判进入交锋阶段，老谋深算的日航代表在“假痴不癫”上又使出了新的一手：装成听觉不灵、反应迟钝，显得很难甚至无法明了麦道方在说些什么；让麦道方觉得跟愚笨的人谈判，早已准备好的论点、论据和推理是没有用的，精心选择的说服策略也无用武之地。连日来，麦道方已被搅得筋疲力尽，实在担心日方继续纠缠不清，只想尽快结束这种与笨人打交道的灾难，于是直截了当地把球踢向对方：“我们的飞机性能是最佳的，报价也是合情合理的，你们有什么异议吗？”

此时，日航主谈似乎由于紧张，忽然出现语言障碍。他结结巴巴地说：“第……第……第……”

“请慢慢说。”麦道主谈虽然嘴上是这样劝着，心中却不由得又恨又痒。

“第……第……第……”日航主谈还是急得说不出来。

“你要说的是第一点，对吗？”麦道主谈问。

日航主谈点头称是。

“好吧，第一点是什么呢？”麦道主谈急切地问。

“价……价……价……”

“是价格吗？”麦道主谈问。

日航主谈又点了点头。

“好，这点可以商量。第二点是什么？”麦道主谈焦急地问。

“性……性……性……”

“你是说性能吗？只要日航方面提出书面改进要求，我们一定满足。”

日航主谈点头赞许。

至此,日航一方说了些什么呢?什么也没有说。麦道一方做了什么呢?在帮助日方跟自己交锋。他们先是帮日方把想说而没说出来的话解释清楚,接着为了问出对方后面要说的话,就不假思索地匆忙做出许诺,结果把谈判的主动权拱手交给对方。

麦道轻率地许诺让步,日航就想得寸进尺地捞好处。这是一笔价值数亿美元的大宗贸易,还价本应按国际惯例取适当幅度,日航的助谈故意装作全然不知,一开口就要求降价20%。麦道主谈听了不禁大吃一惊,再看看对方是认真的,不像是开玩笑,心想既然已经许诺让价,为表示诚意就爽快地让吧,于是便说:“我们可以降价5%。”

双方差距甚大,都竭力为自己的报价陈说大堆理由,第一轮交锋在激烈的争论中结束。经过短暂的沉默,日方第二次报价:削减18%。麦道方还价是降低6%,于是又陈说理由,辩驳对方,尽管口干舌燥,可谁也没有说服谁。麦道公司的主谈此刻对成交已不抱多大希望,开始失去耐心,提出休谈:“我们双方在价格上距离很大,有必要都为成交寻找新的办法。你们如果同意,两天后双方再谈一次。

休谈原是谈判陷入僵局时采取的一种正常策略,但麦道公司却注入了“最后通牒”的意味,即“价钱太低,宁可不卖”。日航谈判代表这时不得不谨慎地权衡得失:价格还可以争取降低一点,但不能降得太多,否则触怒美国人,那不仅会丧失主动权,而且连到手的6%让价也捞不到。倘是空着两手回日本,怎么向公司交代?他们决定适可而止。

重开谈判,日航一下子降了6个百分点,要求降价12%;麦道仅增加1个百分点,只同意降价7%;谈判又形成僵局。沉默,长时间的沉默,麦道公司的主谈决意终止交易,开始收拾文件。恰在此时,口吃了几天的日航主谈突然消除了语言障碍,十分流利地说道:“你们对新型飞机的介绍和推销使我们难以抵抗,如果同意降价8%,我们现在就草拟购买11架飞机的合同。”日航主谈说完,笑吟吟地起身,把手伸给麦道公司主谈。“同意!”麦道的谈判代表们也笑了,起身和3位日本绅士握手:“祝贺你们,用最低的价格买到了世界上最先进的飞机。”的确,日航代表把麦道飞机的价格压到了前所未有的低位。

上述案例对我们进行团队谈判尤其是团队成员的组织、分工有何启示?谈判中的语言技巧与倾听技巧有哪些?

【实训项目】

◎ 实训目的

1. 了解商务谈判准备工作的基本内容;

2. 能够制定明确、具体、可行的商务谈判方案及可行性计划。

◎ 实训任务综述

1. 苏宁电器是中国3C(家电、电脑、通信)家电连锁零售企业的领先者,是中国企业500强第59位,全国100家连锁企业的前三甲,国家商务部重点培育的“全国15家大型商业企业集团”之一。苏宁电器致力于为消费者提供多品种、高品质、合理价格的产品和良好的售前、售中与售后服务,强调“品牌、价格、服务一步到位”。目前经营的商品包括空调、冰箱、洗衣机、彩电、音像、生活电器、通信、电脑、数码八个品类,近千个品牌,20多万个规格型号。

苏宁一直坚持“专业自营”的服务方针，以连锁店服务为基石，配套建设了物流配送中心、售后服务中心和客户服务中心，为消费者提供方便快捷的零售配送服务、全面专业的电器安装维修保养服务和热情周到的咨询受理回访服务，竭诚为消费者提供全程专业化的阳光服务。至2007年10月1日，苏宁电器的连锁店网络已经覆盖全国29个省和直辖市，在190多个城市拥有超过600家连锁店，在区域分布上已经形成了由省会城市店面，到地级城市店面，再到县级城市店面的市场分布格局；在单个城市的分布上形成了由核心商圈店面，到区域商圈店面，再到社区商圈店面的城市网络格局；在店面类型上形成了由旗舰店，到中心店，再到社区店的结构类型格局。连锁店网络布局的合理性、均衡性、精细化的程度又上了一个新台阶。

你是苏宁电器空调事业部的采购经理，苏宁已与各空调厂家建立了合作关系，考虑到目前家电产品价格竞争激烈，公司希望各厂家提供的利润不能相差太多。公司将与美的、海尔签订明年的年经销协议，现在你需要进行“搜集情报及制订谈判预案”工作，需要制订一份完整的商务谈判计划，这关系到与美的、海尔谈判的最终结果，也直接影响公司的利益。

2. 创业于1968年的美的集团，是一家以家电业为主，涉足房产、物流等领域的大型综合性现代化企业集团，是中国最具规模的白色家电生产基地和出口基地。目前，美的集团员工近8万人，拥有美的、威灵等十余个品牌。美的集团在全国各地设有强大的营销网络，并在美国、德国、加拿大、英国、法国、意大利等地设有21个海外机构。美的集团主要产品有家用空调、商用空调、大型中央空调、冰箱、洗衣机、电饭煲、饮水机、微波炉等电器产品和压缩机、电机、变压器等电器配件产品，拥有中国最大、最完整的空调产业链和微波炉产业链，拥有中国最大、最完整的小家电产品群和厨房家电产品群。美的集团一直保持着健康、稳定、快速的增长。2007年，美的集团整体实现销售收入达750亿元。在“2007中国最有价值品牌”的评定中，美的品牌价值跃升到378.29亿元，位居全国最有价值品牌第七位。你是美的空调事业部的经理，目前公司将与苏宁签订明年的年经销协议。听说苏宁今年要求各厂家提供的利润一致，但美的的销售模式与海尔不同，不知苏宁空调事业部对利润一致有什么样的要求，现在你需要进行“搜集情报及制订谈判预案”工作，需要制订一份完整的商务谈判计划，这关系到与苏宁谈判的最终结果，也直接影响公司的利益。

3. 海尔集团是世界第四大白色家电制造商、中国最具价值品牌。海尔在全球建立了29个制造基地、8个综合研发中心、19个海外贸易公司，全球员工总数超过5万人，已发展成为大规模的跨国企业集团，2008年实现全球营业额1 220亿元。海尔集团在首席执行官张瑞敏的指导下，先后实施名牌战略、多元化战略和国际化战略，海尔品牌旗下冰箱、空调、洗衣机、电视机、热水器、电脑、手机、家居集成等19个产品被评为中国名牌。到2008年，海尔累计申请专利8 795项，其中发明专利2 261项；2008年当年，集团申请专利912项，其中发明专利525项。在自主知识产权的基础上，海尔已参与15项国际标准的制订，海尔主持或参与了192项国家标准的编制、修订，其中8项获得了国家标准创新贡献奖，制定行业及其他标准439项。海尔是参与国际标准、国家标准、行业标准最多的家电企业。在创新实践中，海尔探索实施的“OEC”管理模式、“市场链”管理及“人单合一”发展模式引起国际管理界高度关注。2009年，海尔实施全球化品牌战略进入第四年。海尔将继续发扬“创造资源、美誉全球”的企业精神和“人单合一、速决速胜”的工作作风，深入推进信息化流程再造，建立以用户为中心的信息化流程，搭建全球化运营的物流、资金流、信息流网络，创出中华民族自己的世界名牌！

你是海尔空调分公司经理，目前公司将与苏宁签订明年的年经销协议。听说苏宁今年要求各厂家提供的利润一致，但海尔的销售模式与其他空调企业不同，不知苏宁空调事业部对利润一致有什么样的要求，现在你需要进行“搜集情报及制订谈判预案”工作，需要制订一份完整的商务谈判计划，这关系到与苏宁谈判的最终结果，也直接影响公司的利益。

选择两种品牌产品系列化中处于同样地位、销量最大的普通型号提供参考，如下表所示：

价格表

价格	型号	成本价	出厂价	批发价	零售价
海尔	KFR.25GW/CF	1 700元	3 200元	3 325元	3 610元
美的	KFR.26GW/GIY	1 700元	2 240元	2 390元	2 530元

毛利率表

名称	型号	渠道总和	制造商	批发商	零售商
海尔	KFR.25GW/CF	59%	47%	4%	8%
美的	KFR.26GW/GIY	36%	24%	6%	6%

◎ 实训组织

1. 根据上述情景做好商务谈判前的准备工作，具体内容包括相关信息的搜集与整理、谈判对手分析、谈判目标的确立等；

2. 根据上述情境制订商务谈判的可行性计划，并对计划的具体内容进行阐述和说明；

3. 以小组为单位进行展示或进行谈判模拟。

◎ 实训评价

1. 是否出色完成了准备工作；

2. 谈判方案的优劣；

3. 学生在模拟谈判中的表现。

第四章

商务谈判的开局及其策略

【知识目标】

◎ 掌握如何建立良好的开局气氛；
◎ 掌握开局阶段的谈判策略。

【技能目标】

◎ 能够营造良好的谈判氛围；
◎ 能够灵活运用各种开局策略。

【导入案例】

我国某食品进出口公司曾与新加坡某客商道尔先生谈判关于大蒜的交易。我方了解到当时新加坡的大蒜供不应求。在第一轮谈判中，我方报盘是每吨 720 美元，但道尔先生还盘为每吨 690 美元，双方在价格上的分歧较大，且各自都声明权力有限、难以协商，只好中止谈判。由于大蒜收成期已经开始，若错过时机，不但质量难保，而且销售价格还可能下降。几天后，双方再次交锋，我方权衡利弊，与对方讨价还价之后，愿意接受对方还盘，以每吨 700 美元成交。

启示：商务谈判中，双方的优势与劣势是变化的，只有随机应变，才能促成交易。在现实的商务谈判活动中，商务谈判的策略受制于谈判气氛，形成与保持良好的谈判气氛，不仅是商务谈判过程的客观要求，而且有利于促成商务谈判。

第一节 营造良好的谈判气氛

一、开局阶段的基本工作

谈判的开局阶段是指谈判准备阶段之后，谈判双方进入面对面谈判的开始阶段。谈判开局阶段中的谈判双方对谈判尚无实质性感性认识；各项工作千头万绪，无论准备工作做得如何充分，都免不了遇到新情况、碰到新问题。由于在此阶段中，谈判各方的心理都比较紧张、态度比较谨慎，都在调动一切感觉功能去探测对方的虚实及心态。所以，此时一般不进行实质性谈判，而只是进行见面、介绍、寒暄，以及谈一些不很关键的问题。这些非实质性谈判从时间上来看，只占整个谈判程序中一个很小的部分。从内容上看，似乎与整个谈判主题无关或关系不太大，但它却很重要，因为它为整个谈判定下了一个基调。

谈判开局处理不好，会导致两种弊端：一是目标过高，使谈判陷入僵局；二是要求太低，达不到谈判预期的目的。所以，在谈判开局阶段，我们应做好以下三方面的基本工作：

(一)正确处理开局阶段的破冰期

我们把谈判涉及问题前的准备时间，称为破冰期。谈判开局的准备时间与谈判前的准备阶段不同，它是谈判已经进入开始阶段的短暂的过渡时间，谈判的各方见面、寒暄、握手、笑谈等都是在此期间进行的。正确把握破冰期，有利于谈判期的自然过渡。

破冰期是谈判开局阶段的准备。准备时期应该多长需要根据谈判的具体情况而定。通常情况下，破冰期控制在全部谈判时间的2%～5%为宜。长时间或多轮谈判时，破冰期可以相对延长。例如，谈判双方在异地的大型会谈，可用整天的时间组织观光，沟通感情、增进了解，为正式谈判创造良好的气氛。

破冰期是走向正式谈判的桥梁。如何掌握好破冰期的火候，也是谈判者的一种艺术。破冰期长了，会降低谈判效率、增大成本投入，甚至会导致谈判者乏味，产生适得其反的后果；破冰期短了，会使谈判者感到生硬、仓促，谈判起来没有水到渠成的感觉，达不到创造良好开端的目的。至于破冰期究竟进行到何种状态才算适宜，不仅要以时间的长度加以考虑，更重要的是靠谈判双方的经验、直觉来相互感应。

在破冰期内，应注意如下几个问题：

(1)行为、举止和言语不要太生硬。谈判破冰期应是感情的自然流露，谈判双方的言行、举止都应当是随和而流畅的，切不可语言生硬、举止失度，说话粗俗、拉拉扯扯等不良行为都不利于创造破冰期的和谐气氛。

(2)不要紧张。许多性格内向或初涉谈判者，由于心情紧张，在面对谈判对手时手足无措，不知说什么好，结果弄得对方也很不自然。谈判者必须力克紧张心情，特别在一些涉外谈判中，不可面对高鼻梁、蓝眼睛的外国人自惭形秽、唯唯诺诺、缩手缩脚。

(3)说话不要唠叨。有些谈判者虽然快言快语，但却唠唠叨叨。一句话重复很多遍，这在惜时如金的谈判桌前是最惹人反感的。特别在谈判的一开始，即刻会给人留下不好的印象。因此谈判者在破冰期内的用语必须注意效果，做到简洁、精练。

(4)不要急于进入正题。谈判者初见面时不宜急于切入正题，而应首先沟通感情、增进了解，否则便犯了破冰期的大忌。俗话说“欲速则不达”，就是告诉我们办任何事情都要循序渐进、不可心急，谈判亦是如此。

(5)不要与谈判对方较劲。破冰期内的交谈，一般都是非正式的，通常采用慢谈的形式，因此语言并不严谨。谈判者不可对对方的每一句话都仔细琢磨，这会影响感情交流。如对方有哪句出言不周，切不可耿耿于怀、立即回敬，否则只会弄巧成拙、招致蔑视。

(6)不要举止轻狂。破冰期是展示双方气质、姿态的第一回合。谈判是一种文明竞争的方法。谈判举止的第一印象，是影响对方对你所持态度的关键因素。如果谈判者在谈判的一开局就举止轻狂，甚至锋芒毕露地炫耀自己，这在富有经验的谈判者面前就是一个初涉谈判的小丑形象。

当然，要很好地渡过谈判破冰期，不要忘记微笑和幽默。

☞案例4—1　尼克松访华

美国总统尼克松1972年第一次访问中国时，为了在一开始就表达诚意，让警卫人员把守机舱门，不让随同人员一起下来，以突出他一下飞机就主动和周总理握手的场面。事后看，其实两人握手的时间不过几秒，但尼克松的举动却一下拉近了两国领导人的距离，促使双方最终打破了多年的坚冰，为后来中美协议打下了基础。

(二)探测对方情况，了解对方虚实

在谈判的开局阶段，不仅要为转入正题创造气氛、做好准备，更重要的是，谈判双方都会利用这一短暂的时间进行事前的相互探测，以了解对方的虚实。所以，这段时间也被称为探测期。

在这一期间，主要是借助感觉器官来接收对方通过行为、语言传递来的信息，并对其进行综合、分析，以判断对方的实力、风格、态度、经验、策略以及各自所处的地位等，为及时调整己方的谈判方案与策略提供依据。当然，这时的感性认识仅仅是初步的，还需在以后的磋商阶段加深认识。老练的谈判者一般都以静制动，用心观察对手的一举一动，即使发言也是诱导对方先说；而缺乏谈判经验的人，才抢先发表己见。实际上，这正是对方求之不得的。如果谈判者不想在谈判之初更多地暴露弱点，就不要急于发表己见，特别不可早下断语。因为谈判情势的发展，往往会使你陷于早下结论的被动。正确的策略是在谈判之初最好启示对方先说，然后再察言观色、把握动向；对尚不能确定，或需进一步了解的情况进行探测，这就涉及谈判正式开始时的启示、察言观色、探测方面的问题。

1. 启示

要想启示对方先谈谈看法，可采取几种策略，既灵活、得当地使对方说出自己的想法，又表示了对对方的尊重。

(1)征询对方意见。这是谈判之初最常见的一种启示对方发表观点的方法。如“贵方对此次合作的前景有何评价?”“贵方认为这批冰箱的质量如何?”“贵方是否有新的方案?”等。

(2)诱导对方发言。这是一种开渠引水、启示对方发言的方法。如“贵方不是在传真中提到过新的构想吗?”“贵方对市场已调查过,是吗?”

(3)使用激将的方法。激将是诱导对方发言的一种特殊方法,运用不好会影响谈判气氛,应慎重使用,如“贵方的销售情况不太好吧?”“贵方是不是对我们的资金信誉有怀疑?”“贵方总没有建设性意见提出来”。

在启示对方发言时,应避免使用能使对方借机发挥其优势的话题,否则,将使己方处于被动。

2. 察言观色

当对方在谈判开局发言时,应对对方进行察言观色。因为注意对方每一句话的意思和表情,研究对方的心理、风格和意图,可为己方所做的第一次正式发言提供尽可能多的信息依据。

在谈判桌上,不仅要注意观察对方发言的语义、声调、轻重缓急;还要注意对方行为语言,如眼神、手势、脸部表情,这些都是传递某种信息的符号。优秀的谈判者都会从谈判对手起始的一举一动中,体察对方的虚实。

3. 探测

要对具体的问题进行具体的探测。在有些情况下,察言观色并不能解决问题,这就要进行一些行之有效的探测了。例如,要探测对方主体资格和阵容是否发生变化,可以问:“某某怎么没来?”要探测对方出价的水分,可以问:“这个价格变化了吧?”要探测对方的资金情况,可以问:“如果C方要我们付现金呢?”要探测对方的谈判诚意,可以问:“据说贵方有意寻找第三者?”要探测对方有否决策权,可以问:“贵方认为这项改变可否确定?”等。

此外,谈判者还可以通过出示某些资料,或要求对方出示某些资料等方法来达到探测的目的。

(三)防止两种倾向

第一,切忌保守。因为,人们在陌生的环境中与他人发生联系时,处事往往是较为谨慎小心的。所以在谈判的开局阶段,谈判者通常是竞争不足、合作有余,更易保守,唯恐失去一个合作的伙伴或一个谈判的机会。如果因此一味迁就对方,不敢大胆坚持己方的主张,结果必然会被对方牵着鼻子走。开局阶段的保守,将会导致两种局面:一是一拍即合,轻易落于对方大有伸缩的利益范围,失去己方原来应该得到的利益;二是谈判一方开局就忍让,迁就对方,使对方以为你的利益要求仍有水分,而把你的低水平的谈判价值保守点作为讨价还价的基础,迫使你做出更多的让步。所以,在谈判的开局阶段要敢于正视对方,放松紧张心理,力戒保守。

为了防止谈判开局中的保守所导致的上述两种局面,就必须坚持谈判的高目标。谈判目标定得高低,将直接影响谈判的成果。没有远大的目标,就没有伟大的创举。只有将谈判的目标定在一个努力弹跳能摸到的位置,才是恰当的。在谈判开局中,坚持在一个高目标的基础上进行,就会避免出现不利情况,使谈判者在以后的谈判中获得适合的利益。

第二,切忌冒进。我们强调谈判的开局要有一个高目标,但高目标不是无限度地高,更不能把己方的高目标建立在损害对方利益的基础之上。如果谈判一方单纯考虑自己的利益，而忘记了谈判是双方或多方的合作，由于自己的要求过高而损害别人的利益，则会出现两种不利的局面：一是对方会认为你没有诚意以致破坏了谈判的必要性；二是对方为了抵制过高的要求，也会“漫天要价”，使谈判在脱离现实的空中楼阁中进行，只能导致徒劳无功、浪费时间。

在谈判的开局阶段，谈判者既要有一个高目标，又要防止不切实际地“漫天要价”。在处理谈判开局阶段中的竞争与合作、索取与退让的关系以及把要求的目标限定在一个科学、适度的范围内的过程中，我们应科学地分析和预测彼此价值要求的起点、临界点、争取点，从而找到谈判的协作区，以决定谈判中的利益要求的限度。

二、建立良好的开局气氛

（一）商务谈判开局气氛的含义

开局阶段的谈判气氛是谈判对手之间的相互态度，它能够影响谈判人员的心理、情绪和感觉，从而引起相应的反应。因此，开局阶段的谈判气氛对整个谈判过程具有重要的影响，其发展变化直接影响整个谈判的前途。

任何商务谈判都是在一定的气氛下进行的。每一场谈判都有其独特气氛，有冷淡、对立的，有积极、友好的，有平静、严谨的，有简洁明快、节奏紧凑、速战速决的，有咬文嚼字、慢条斯理、旷日持久的。不同的谈判气氛对谈判的影响不同，一种谈判气氛可在不知不觉中把谈判朝某个方向推进。例如，热烈、积极、合作的气氛会把谈判朝着达成一致协议的方向推进，而冷淡、对立、紧张的气氛会把谈判推向更为严峻的境地。因此，在谈判一开始，营造出一种合作的、诚挚的、轻松的、认真的和解决问题的气氛，对谈判可以起到十分积极的作用。

开局阶段虽短，但营造的气氛涉及随后各个阶段的谈判行为，关系着整个谈判的进程和成效。谈判是一件十分严肃的事，双方站在各自的立场为争取各自的利益努力。但如果固执地认为，谈判就不可能轻松愉快地进行，那就走进了一个误区。如果总是一副严肃的面孔，以极其认真的态度上来就“言归正传”，没有一点活泼的气氛，谈判场所死气沉沉、闷不可言，总给人一种压抑的感觉，就会造成暂停、休会的次数很多，就会出现针对满足双方利益的灵活方案少有建设性的提议，达成协议的日期一推再推的情况。所以双方应该主动营造良好的谈判气氛。

轻松愉快的气氛能缓解谈判中的紧张情绪，激发人们的想象力，增进人们的感情。在良好的氛围下，人们更容易被理解、被尊重，也更容易获得支持和关注。反之，沉闷抑郁的环境很容易滋生猜忌和隔阂。在谈判中，不能营造良好的谈判气氛，就好像机器缺少“润滑剂”一样，给人很别扭的感觉，也就谈不上有效地减少双方心理障碍，给双方沟通增加困难，甚至可能使谈判进展缓慢。

☞案例 4—2　丘吉尔的幽默

1943 年，英国首相丘吉尔和法国总统戴高乐由于对叙利亚问题存在分歧，两人心存芥蒂。直接原因是戴高乐宣布逮捕布瓦松总督,而此人正是丘吉尔颇为看重的人物。要解决这一件令双方都感棘手的事,只有依靠卓有实效的会晤了。丘吉尔的法语讲得不是很好,但是戴高乐的英语却讲得相当漂亮。这一点,是当时戴高乐的随员们以及丘吉尔的大使达夫·库柏早就知道的。这一天,丘吉尔是这样开场的,他先用法语说道:"女士们先去逛市场,戴高乐、其他的先生跟我去花园聊天。"然后他用足以让人听清的英语对达夫·库柏说了几句话:"我用法语对付得不错吧,是不是?既然戴高乐将军英语说得那么好,他完全可以理解我的法语的。"话音未落,戴高乐及众人哄堂大笑。丘吉尔的这番幽默言语消除了谈判双方参与人员的紧张情绪,营造了良好的会谈气氛,使谈判在和谐信任中进行下去。

启示:在谈判开始后,礼貌问候对方,轻松地引入谈判的话题,讲究策略,有礼有节,求同存异,必要时可以运用一些幽默诙谐的语言,调节一下紧张沉闷的空气,放松一下绷得太紧的心弦,营造轻松愉快的气氛。

拓展阅读 4—1　商务谈判中的幽默法

幽默法是指用幽默的方式来消除谈判对手的戒备心理,使其积极参与谈判,从而营造轻松愉快的开局气氛。

采用幽默法时要注意以下几点:

(1)看准时机,因场合而异;

(2)采取适当的方式;

(3)多多积累经验,看别人说话时怎样做到不冷场;

(4)尽量不要使用冷笑话。

☞案例 4—3　丘吉尔的"坦诚相见"

另一次丘吉尔与罗斯福的传奇性会谈也让人忍俊不禁。第二次世界大战期间,武器紧张,丘吉尔来到华盛顿会晤罗斯福,请求军需物资方面的接济。会谈在第二天进行。次日凌晨,丘吉尔正躺在浴盆里,抽着大号雪茄,作沉思状。没想到罗斯福突然推门进来,丘吉尔赤身裸体,大腹便便,大肚子还露出了水面。两人相视不禁一愣,丘吉尔却微微一笑说:"总统先生,大英帝国的首相在你面前可真是没有半点隐瞒哩!"说罢,两人都不约而同地笑了起来。这轻松的瞬间,让人忘却了战争,忘却了艰难,开始真诚地合作。所以,这次谈判非常成功。

启示:谈判双方是一对矛盾的统一体,为达成协议,双方不可能摒弃竞争,也不可能拒绝合作。既然要合作,就应该有一个良好的合作气氛,这是从谈判一开始就应该考虑并注意的。首先,在谈判开始以前,主动热情地去接触对方,发掘双方的共同点,为谈判打下良好的基础。可以就双方的兴趣爱好、双方有过的合作经历或共同认识的朋友,进行交谈,引起双方心灵的"共振"。

(二)商务谈判开局气氛的作用

商务谈判一般都是互惠式谈判,成熟的谈判人员都会努力寻求互利互惠的最佳结果。

良好的开局气氛具有如下效应：

(1)为即将开始的谈判奠定良好的基础；

(2)传达友好合作的信息；

(3)能减少双方的防范情绪；

(4)有利于协调双方的思想和行动；

(5)能显示主谈人的文化修养和谈判诚意。

这些要点说明，在谈判之初建立一种和谐、融洽、合作的谈判气氛无疑是非常重要的。如果商务谈判一开始就形成了良好的气氛，双方就容易沟通、便于协商，所有谈判者都愿意在一个良好的气氛中进行谈判。如果谈判一开始双方就怒气冲天，见面时拒绝握手，甚至拒绝坐在一张谈判桌上，则无疑会给整个谈判蒙上一层阴影。

(三)良好开局气氛的营造

1. 把握气氛形成的关键时机

人的心理特点是容易形成思维定式，具有"晕轮效应"和"首因效应"，认知一旦形成转移就非常困难。开局气氛一旦形成，这种气氛就会一直延续下去。"晕轮效应"是指事物本身的某个特点会掩盖这个事物的其他方面，即"情人眼里出西施"。"首因效应"则是我们通常所说的先入为主。有人说，"开场前七秒"会形成第一印象，这种第一印象会影响对手对我方的整体评价。综上所述，谈判人员要把握开局这一关键时机。

着装、礼仪等都是为了给对方一个良好的第一印象，赢得对方的尊重。实践证明，一个好的着装有更强的说服力。例如，一些生意人花大价钱买高档礼宾轿车，主要是通过这种轿车体现公司的实力和对对方的尊重。上海有句话说："不怕家中火烧屋，就怕街上扑一扑。"因为有的生意人全部家当都穿在身上，既显得虚伪可笑，又无可奈何。因为一个好的形象对生意是有巨大帮助的。

当然，我们也不能被"晕轮效应"、"首因效应"等现象蒙骗。蒙骗主要针对人的心理弱点，所以被骗的人并不是不聪明，而是没有了解自己的心理弱点。蒙骗必然有蛛丝马迹，一旦发现要果断终止谈判。生意就是生意，不可被感情蒙蔽了双眼，不可"在一棵树上吊死"，也不可简单地以貌取人，因为"人不可貌相，海水不可斗量。"

2. 运用中性话题，加强沟通

谈判人员应在谈判正题前，留出一定的时间，就一些非业务性的、轻松的话题，如气候、体育、艺术、地理和人物等进行交流，还可以进行私人问候，回忆以往的合作和交往等，缓和气氛，缩短双方在心理上的距离。在双方进入谈判室前，应该花多少时间以调整相互的关系，并无统一的标准，谈判者应根据具体的情况予以把握。中性话题有雅俗之分，要分场合使用。中性话题要求我们丰富自己的知识。谈判人员要与各种背景的对方谈判人员沟通，我们开玩笑说谈判人员要"上知天文，下知地理"。

☞案例 4—4　某次谈判的开始

甲："你们昨天来到这里。是否习惯？晚上睡得还可以吗？"

乙："谢谢！还可以。"

甲："今天早晨你们听新闻没有？据说石油输出国组织要压缩生产，看样子汽油又要涨价了！"

乙："我们还没有听说，有没有今天的报纸？"

甲："有，我这里就有一张。看，就在这里。"

乙："嗯，真有这样的消息，那我们就开始谈判吧。"

3. 树立诚实、可信、富有合作精神的谈判者形象

谈判者的姿势、目光、服饰仪表、行为方式，对谈判气氛都有十分明显的影响。优秀的谈判者都非常注意在谈判的初始阶段通过恰当的方式显示自己的实力，取得对方的信任，让其放心地与你一起谋求合作。例如，一个东北生意人跑到陕西做木耳生意，路途遥远，花费巨大，责任也重大。陕西商人怕被"忽悠"，不信任这个东北人。这时，东北生意人不但拿出样品、经营许可证、身份证等相关资料，还拿出了结婚证。这个真诚的举动打动了对方。

一个谈判者需要对方信任的方面很多。例如，你需要使对手相信你是满足他需要的最佳人选，你就应该在介绍自己情况的时候表现出坦率、真诚和满足他需要的实力；你要使对手相信你是兼顾双方利益、真诚谋求合作的人，你就应该体现出你的友好与公正；你要使对手相信你有足够的权限，你就应该让他知道你的资历、地位；你要使对手不担心你的信用，你就应该通过一些具体的行动和事例真实、生动地表现出来；你要使对手不小看你，你就要表现出你的才智、技巧。

4. 合理的组织

包括谈判时间和谈判前活动的合理安排、谈判室的布置等。在安排时，注意体现尊重对方，表现我方的礼貌等。

布置谈判室等工作是谈判人员工作的一个重要组成部分。谈判人员要认真去做，而不是毫不在乎。资料表明，海尔公司对于布置谈判室的工作人员有着明确地规定，就连谈判材料在谈判桌上都要摆成一条线，绝不散乱。也有一些公司会在组织谈判过程中犯一些小错误，如饮用水的瓶盖难以打开、地面湿滑导致嘉宾摔倒等，造成尴尬。实践证明，舒适的环境对谈判能起到巨大的作用。

☞案例 4—5　朝核会谈的谈判组织

2006 年 7 月 25 日，距朝核问题六方会谈重新开会只有不足 24 小时，北京钓鱼台国宾馆芳菲苑一层大宴会厅上方的 9 盏木制宫灯已全部测试完毕。会场布置已进入收尾阶段，在能容纳千人的会场中央，谈判桌围成一个正六边形，桌面覆盖墨绿色台布，六边形谈判桌中间空地上摆放的不再是五颜六色的鲜花，取而代之的是持续时间更久、朴实无华的马蹄莲和绿叶植物，使整个会场的气氛显得肃静庄重，与本轮六方会谈的环境似有共通之处。与前三轮会谈一样，作为东道主的中国代表团依然坐在面向正南的位置。从这里看去，会场的全景及落地窗外的葱翠景致一览无余。美国代表团依旧坐在中国代表团对面。中国代表的西侧依次是韩国、俄罗斯代表团，东侧则是日本和朝鲜代表团。会场的总体布局基本没变，但

还是有一些细微变化。首先,各代表团的座席数都增加了。每个代表团主要会谈人员的座位由上次的5个增加到6个,而且主谈人员身后的座席也增加到了15个,分前后两排。两个大厅两侧也增加了不少沙发,分成四组,各自围成一圈。据工作人员介绍,这是供分组讨论时代表们休息时使用的。其次,谈判桌上已整齐地摆放着印有“北京六方会谈”中英文烫金字样的文件夹和大小两种便签,印刷质量比前几轮会谈更加精致。会场上,数米高的门板和落地窗被一遍又一遍地擦拭过,桌上的矿泉水被一丝不苟地摆在同一直线上。管理人员对服务员的发型都提出了严格的要求。大宴会厅内的音响、灯光、消防、安全等全部准备工作均已在24日晚就绪,会谈现场对外界封闭,实行严密的安保措施。所有这些细节,无一不体现出中方为会谈创造良好气氛与对话平台的诚意。

5. 注意利用正式谈判前的场外非正式接触

“好的开始是成功的一半。”一些业务员经常和客户一起吃饭、娱乐等,可以增进感情,充分影响对方人员对谈判的态度,推动谈判进程,且特别符合我国的国情。场外的非正式接触主要有迎送工作、欢迎宴会、礼节性拜访、赠送礼品等。这些场合活泼轻松,双方都能放下紧张的心理包袱。有些关键问题就是在非正式场合解决的。

此外,为了创造一个有利于我方的谈判气氛,具体的谈判中,可根据与对方以往的关系等有针对性地创造恰当的谈判气氛。

第二节 开局阶段的影响因素

一、表情、眼神

人的表情可以表明谈判人员的心情,是信心十足还是满腹狐疑,是轻松愉快还是剑拔弩张,是精力充沛还是疲惫不堪,这些都可以通过人的表情反映出来。反映表情最敏感的器官是头部、背部和肩膀。通过观察这些部位的变化,可以窥见谈判人员的心理状态。

开局阶段要特别注意脸上的表情,以下几点要特别予以重视:

(1)面无表情,会使魅力与信用降低。

(2)脸上的表情只有善变和用得恰当,才可能产生正确的交流作用。

(3)脸上的表情务必率真、自然。

(4)脸上表情的表达关键在于眼睛的变化。当然,除了眼睛之外,口唇的变化和脸部肌肉的变化也会改变脸上的表情。

谈判人员目光的交流十分重要。眼睛是人心灵的窗户,谈判人员心理的微小变化都会通过眼神表示出来。西方心理学家认为,谈判双方第一次目光交流意义最大,对手是诚实还是狡猾,是活泼还是凝重,一眼就可以看出来。

二、气质

一个人具备什么样的气质,对其精神面貌有很大的影响。气质是指人们相当稳定的个性特征、风格和气度。良好的气质是以人的文化素养、文明程度、思想品质和生活态度为基础的。在现实中，有相当多的人只注意穿着打扮，并不注意文化素养和思想品质，所以，往往精心打扮却不能给人以美感，倒显得庸俗做作。气质美首先应当表现在丰富的内心世界上，理想则是内心世界的一个重要内容。品德是气质美的又一重要方面，为人诚恳、心地善良是不可缺少的。文化水平也在一定程度上对气质有着很大的影响作用。气质美看似无形，实为有形。它通过一个人的态度、个性、言语和行为等表现出来，举手投足、待人接物皆属此列。

拓展阅读 4-2　领袖气质

实践证明，谈判者的行为举止将影响别人对谈判的看法。谈判大师告诉我们，在谈判过程中，要学会展示自己独特的气质。谈判者常听人这么说："他做起事来和说话一样，都十分自信"，"我想她一定是对的，虽然难以形容，但是只要一站到她身旁，便让人有那种感觉"，这意味着什么呢？就是一个人的独特风貌和气质。不错，有一种人，他们根本无须言语，只要静静地坐在那儿或站在那儿，便能给人一种特殊的感觉及深刻的印象。已故的美国参谋总长，担任过国务卿与国防部长的马歇尔将军，正是一个具有独特领袖气质的人。据说，只要马歇尔将军一出场，就必然成为在场人士的焦点。每一个人都能感受到他那无形的威严而被深深地吸引住。他那股低沉、稳定而精神十足的语调，在谈判中更能表现出其天生的特质。除了马歇尔，拿破仑也具有这种领袖气质，拿破仑一走进房间，所有的人立即屏气凝神，不敢作声，心中涌出一股难以言喻的敬畏之情。非凡的领袖气质与外貌的漂亮与否是毫不相干的。拿破仑身高不到 160 厘米，粗短矮壮；"印度圣雄"甘地瘦弱憔悴，其貌不扬；爱娃·罗斯福(32 届美国总统罗斯福夫人)年轻时经常抱怨自己长得不够漂亮，个性又太保守内向，但她终于克服了这些先天的障碍，成为一位魅力十足的女性。

气质是个人一切内在的集中外在表现。有调查指出，罪犯的照片就像罪犯。那是因为罪犯丑恶的内心世界刻在了他的脸上。所以，不要抱怨自己长得怎么样。除了修饰外表，更应该努力改变自己的内心世界。即将参加工作的当代大学生，朝气蓬勃、青春飞扬、胸怀广阔，怎样提高自己的领袖气质呢？我们认为，领袖气质的形成要经过"量变"的积累阶段，才能到"质变"的升华阶段。"临渊羡鱼，不如退而结网。""好学深思，循序渐进。"从身边小事做起，虚心好学，一点点地改变，一点点地取得成就感才是务实的做法。好高骛远、眼高手低，想一口吃个胖子，这样不切实际的做法岂不自欺欺人？经验表明，无论是在谈判开局还是在谈判过程中，领袖气质都会影响对方对你的看法，谈判人员要有意识地锻炼自己的领袖气质。大部分企业招聘员工时特别看重毕业生的气质。"性格决定命运，气度影响格局。"商战中的王者必然是具有领袖气质的人。"物竞天择，适者生存。"是被浪沙淘尽？还是笑看风云？就看你的选择了。

三、风度

风度是气质、知识及素质的外在表现。风度美包括以下几方面内容：

(1)饱满的精神状态。一入场就神采奕奕、精力充沛、自信而富有活力，这样才能激发对方的兴趣、活跃会场的开局气氛。

(2)诚恳的待人态度。不管是谁，一入场就应对对方成员表现出诚恳而坦率的态度。应端庄而不矜持冷漠，谦逊而不矫饰作伪，热情而不轻佻。

(3)受欢迎的性格。性格是人的态度和行为方面较稳定的心理特征。性格是通过行为表现出来的，与风度密切相关。要使自己的风度得到别人的赞美，就应当加强自身性格的修养。要大方、自重、认真、活泼和直爽，尽量克服性格中的弱点，如轻佻、傲慢及幼稚等，千万不要因小失大。

(4)幽默文雅的谈吐。美的风度在语言上体现为：言之有据，言之有理，言之有物，言之有味。语言是风度的窗口，出言不逊，满口粗话，就一点风度也谈不上了。

(5)洒脱的仪表礼节。一个人仪表整洁、俊逸潇洒，就能使人乐于亲近。这种魅力不仅在于长相和衣着方面，更在于人的气质和仪态，这是人的内在品格的自然流露。

(6)适当的表情动作。人的神态和表情是沟通人的思想感情的非语言交往工具，是社会交往风度的具体表现方式，所以，哪怕是细小的表情和动作也一定要注意。

四、服饰

谈判人员的服装是决定其形象的重要因素，服装的色调与清洁状况深刻反映着谈判人员的心理特征和审美情趣。一般来说，谈判人员的装束应当美观、大方、整洁，但由于服饰属于文化习俗范围，不同的文化背景也就会有不同的要求。如果在法国谈判或对方是法国人，就应穿整洁的深色服装；如果是在丹麦、美国谈判或与丹麦人、美国人谈判，衣着的问题就无足轻重了，只要干净整齐，穿便服或运动装也未尝不可。总体来说，服饰是一种礼仪，这方面的具体内容，我们将在本书的第七章予以论述。

五、个人卫生

谈判人员的个人卫生对开局气氛也会有所影响。衣着散乱、全身散发汗味或其他异味的谈判人员都是不受欢迎的。

六、动作

比如握手，动作相当简单，但影响却很大。在西方一些国家，如果用右手同人握手而把左手搭在对方肩上，就会引起对方的反感，被认为是过分轻狂、傲慢和自以为是。当然，由于各国文化习俗的差异，对各种动作的反应也不相同。仍以握手为例，在初次见面寒暄时，握手用些力气，有些外宾会认为这是相见恨晚的表现，心里油然而生亲近的感觉；也有些外宾则会觉得这是对方在炫耀力量，心里会有些不是滋味；更有甚者，有人认为这是故弄玄虚，是有意谄媚，从而会产生厌恶之感。可见，谈判人员必须了解谈判对手的背景和性格特点，区别不同情况，采取不同的做法。

七、洽谈座位

在谈判中，座位安排是有学问的。例如，面谈的主动一方像考官一样，背对窗户与阳光，坐在一把大椅子上，面前摆着一张大写字台，而被动的一方则在远离那张大写字台的一把小椅子上。这种座位安排显然使被动的一方处于不利的地位，阳光直射他的眼睛，使他感到很不自在；大写字台不仅给被动的一方造成了心理压力，而且是双方处境不同的标志；椅子的大小差异则强调了主动一方的权力。这种安排方式说明主动者一方丝毫不懂得交流的技巧，从而在开局阶段就使一方处于不快的状态当中。最好的办法是撤掉写字台，使被动的一方避开刺眼的阳光，把被动者的位置安排在主动者的一侧，以增加亲近感。此外，有的人为了消除桌子所显示的“权力”，干脆搬掉所有像桌子一类的东西；有的谈判者把放文件或杯子的桌子摆在双方的身后或旁边。然而，较为保守的人对这种位置安排不以为然，他们认为面前没有桌子或类似的东西就有一种失落感。为了不使他们感到困窘，可以在前面摆上桌子，两人应尽量避免面对面地坐着。谈判开局阶段不仅要摆放好桌椅，而且要适时适量地提供一些茶点、冷饮等。另外，要尽量避免电话或来访者的干扰。

拓展阅读 4—3 “刺眼”的阳光

有时候，在与谈判对手你来我往之间，常会感到自己置身于不利处境中，一时又说不出为什么。明知是对手故意设计的，用来干扰和削弱我方的谈判力。例如，座位的阳光刺眼，看不清对手的表情；会议室纷乱嘈杂，常有干扰和噪音；疲劳战术，连续谈判；在我方疲劳和困倦的时候提出一些细小但比较关键的改动让你难以觉察等；甚至利用外部环境形成压力。我国知识产权代表团首次赴美谈判时，纽约好几家中资公司都“碰巧”关门，忙于应付所谓的反倾销活动，美方企图以此对我代表团造成一定的心理压力。当遭到“阳光刺眼”策略时，我们应该立即提出拉上窗帘或者更换座位。事实上，这种不善待对手的做法并不符合马斯洛需要理论中生理需要的要求，即谈判对手没有得到基本的良好的工作环境。虐待对手的做法也不符合谈判的伦理。虽然做得微妙时，对方有时是很难觉察到的，但任何事情都应该掌握一个尺度。如果我们利用自己的主场故意让对方不舒服，且对方有所觉察的话；那么当我们到对方的主场谈判时，可能会面临对方变本加厉的报复。所以，这样的做法不是我们所提倡的。

八、传播媒介

在现代社会，许多谈判在没有正式开始以前，舆论的准备往往就已经开始了，并发挥相当大的作用。有效地制造谈判舆论气氛，可以引导谈判双方知道如何走到谈判桌前、如何开始谈判。

制造谈判舆论或开局气氛，通常涉及谈判主体，即由谁来从事这一工作，可以是谈判者，也可以是其他的人；采用的工具，即采用哪种传播媒介；接收对象，即双方所造就的舆论和开局气氛要影响和感染的那些人；采用的方式，即结合我方谈判的目的及谈判对象的特点，确定以什么形式、什么内容来最有效地影响谈判对象，为谈判的正式开始做好铺垫。在这四个要素中，前三者构成了制造谈判舆论气氛的基本条件，后一个要素是必要条件，四者缺一不可。

古往今来，人们都非常注意利用传播媒介来制造谈判舆论气氛。大众传播媒介的形式从过去影响范围极小的口头传播、手抄传播，发展到现在大规模的印刷传播以及传播迅速、影响极其广泛的电子传播。传播媒介的作用从仅是沟通某种情况、传递某个信息，发展到影响人们的思考直至改变其生活方式和价值取向。因此，传播媒介已成为商务谈判，尤其是大型商务谈判不可或缺的工具。

☞案例 4—6　充满艺术性的开场白

X 公司是一家实力雄厚的房地产开发公司，在投资的过程中相中了 Y 公司所拥有的一块极具升值潜力的地皮。而 Y 公司正想通过出卖这块地皮获得资金，于是双方就土地转让问题展开谈判。

X 公司代表："我公司的情况你们可能也有所了解，我公司是××公司与××公司合资创办的，经济实力雄厚，近年来在房地产开发领域业绩显著。在你们市去年开发的××花园收益很不错，听说你们的副总也是我们的买主啊。你们市的几家公司正在谋求与我们合作，想把他们手里的地皮转让给我们，但我们没有轻易表态。你们这块地皮对我们很有吸引力。前几天，我们公司的业务人员对该地区的住户等进行了广泛的调查，基本上没什么大的问题。时间就是金钱啊。我们希望尽快就这个问题达成协议。不知你们的想法如何？"

Y 公司的代表："很高兴能与你们公司有合作的机会。我们之间以前虽没打过交道，但对你们的情况还是有所了解的。我们遍布全国的办事处也有多家住的是你们建的房子，这可能也是一种缘分吧。我们确实有出卖这块地皮的意愿，但我们并不急于出手，因为除了你们公司外，还有××、××等一些公司也对这块地皮表示出了浓厚的兴趣，正在积极地与我们接洽。当然了，如果你们的条件比较合理，我们还是愿意优先与你们合作的。我们可以帮助你们简化有关手续，使你们的工程能早日开工。"

第三节　开局阶段的谈判策略

开局阶段的谈判策略是谈判者谋求开局有利形势和实现对谈判开局的控制而采取的行动方式或手段。营造适当的谈判气氛实质上就是为实施开局阶段的谈判策略打下基础。开局阶段的谈判策略一般包括以下几种：

一、一致式开局策略

一致式开局是指以协商、肯定的语言进行陈述，使彼此产生好感，给谈判营造一种友好、愉快的气氛，不断将谈判引向深入的一种开局策略。一致式开局策略的目的在于创造取得谈判成功的条件。

☞案例 4—7 神奇的 17.8℃

日本首相田中角荣 20 世纪 70 年代为恢复中日邦交正常化到达北京，他怀着等待中日间最高首脑会谈的紧张心情在迎宾馆休息。迎宾馆内气温舒适，田中角荣的心情也十分舒畅，与随从的陪同人员谈笑风生。他的秘书早饭茂三仔细看了一下房间的温度计，是“17.8℃”。这一田中角荣习惯的“17.8℃”使得他心情舒畅，也为谈判的顺利进行创造了条件。“17.8℃”的房间温度，是我方工作人员针对田中角荣，为了更好地实现谈判的目标而进行的一致式谈判策略的运用。

例如，在谈判开始时，以一种协商的口吻来征求谈判对手的意见，然后对其意见表示赞同和认可，并按照其意见开展工作。运用这种方式应该注意的是，拿来征求对手意见的问题应该是无关紧要的问题，对手对该问题的意见不会影响我方的利益。另外在赞成对方意见时，态度不要过于献媚，要让对方感觉到自己是出于尊重，而不是奉承。

一致式开局策略还有一种重要途径，就是在谈判开始时以问询方式或者补充方式诱使对手走入你的既定安排，从而使双方达成一致和共识。所谓问询式，是指将答案设计成问题来询问对方，例如，“你看我们把价格和付款方式问题放到后面讨论怎么样?”所谓补充方式，是指借着对对方意见的补充，使自己的意见变成对方的意见。

二、保留式开局策略

保留式开局策略是指在谈判开局时，对谈判对手提出的关键性问题不作彻底、确切的回答，而是有所保留，从而给对手造成神秘感，以吸引对手步入谈判。

☞案例 4—8 工艺雕刻厂的“待价而沽”

江西省某工艺雕刻厂原是一家濒临倒闭的小厂，经过几年的努力，发展为产值 200 多万元的规模，产品打入日本市场，战胜了其他国家在日本经营多年的厂家，被誉为“天下第一雕刻”。有一年，日本三家株式会社的诸位老板同一天接踵而至，到该厂订货。其中一家资本雄厚的大商社要求原价包销该厂的佛坛产品。这应该说是好消息。但该厂想到，这几家原来都是经销韩国、我国台湾地区产品的商社，为什么争先恐后、不约而同到本厂来订货？他们查阅了日本市场的资料，得出的结论是本厂的木材质量上乘、技艺高超是吸引外商订货的主要原因。于是该厂采用了“待价而沽”“欲擒故纵”的谈判策略。先不理那家大商社，而是积极抓住两家小商社求货心切的心理，把佛坛的梁、榴、柱分别与其他国家的产品做比较。在此基础上，该厂将产品当金条一样争价钱、论成色，使其价格达到理想的高度。首先与小商社拍板成交，造成那家大客商产生失落货源的危机感。那家大客商不但更急于订货，而且想垄断货源，于是大批订货，以致订货数量超过该厂现有生产能力的好几倍。

本案例中该厂谋略成功的关键在于其策略不是盲目的、消极的。首先，该厂产品确实好，而几家客商求货心切，在货比货后让客商折服；其次，是巧于审势布阵。先与小客商谈，并非疏远大客商，而是牵制大客商，促其产生失去货源的危机感。这样订货数量和价格才有大幅增加。因此，在采用保留式开局策略时不要违反商务谈判的道德原则，即以诚信为本，向对方传递的信息可以是模糊信息，但不能是虚假信息。否则，会将自己陷入非常难堪的局面。

三、坦诚式开局策略

坦诚式开局策略是指以开诚布公的方式向谈判对手陈述自己的观点或想法，从而为谈判打开局面。

采用坦诚式开局策略时，要综合考虑多种因素，如自己的身份、与对方的关系、当时的谈判形势等。坦诚式开局策略有时也可用于谈判力弱的一方。当我方的谈判力明显不如对方，并为双方所共知时，坦率地表明己方的弱点，让对方加以考虑，更表明己方对谈判的真诚，同时也表明对谈判的信心和能力。

☞案例 4—9　周恩来与基辛格的谈判

周恩来总理在 1971 年接见基辛格博士时，明确表示不同意基辛格带来的公报草案。周总理说："中美双方存在巨大的分歧，如果我们用外交语言掩盖了这些分歧，在公报上伪装成观点一致，那么以后如何解决问题呢？"基辛格坚持自己的立场。当谈判陷入僵局时，周总理又对基辛格说："博士，您想想，公开地阐明分歧，难道不会使双方的盟国和朋友放心吗？这说明他们的利益得到了保护，还会使各方面的人确信公报是真诚的。"基辛格听后豁然开朗，谈判继续进行。

启示：诚信为本是商务谈判的前提，只有双方坦诚相见才能加速谈判的进程，也只有将真实的结果达成在双方的协议中，才能保证谈判协议的有效履行，否则只能是一纸空文。

四、进攻式开局策略

进攻式开局策略是指通过语言或行为来表达己方强硬的姿态，从而获得对方必要的尊重，借以制造心理优势，使得谈判顺利地进行下去。

☞案例 4—10　日本汽车公司的"强势"开局

日本一家著名的汽车公司在美国刚刚"登陆"时，急需找一家美国代理商来为其销售产品，以弥补他们不了解美国市场的缺陷。当日本汽车公司准备与美国的一家公司就此问题进行谈判时，日本公司的谈判代表路上塞车迟到了。美国公司的代表抓住这件事紧紧不放，想要以此为手段获取更多的优惠条件。日本公司的代表发现无路可退，于是站起来说："我们十分抱歉耽误了你的时间，但是这绝非我们的本意，我们对美国的交通状况了解不足，所以导致了这个不愉快的结果，我希望我们不要再为这个无所谓的问题耽误宝贵的时间了，如果因为这件事怀疑到我们合作的诚意，那么，我们只好结束这次谈判。我认为，我们所提出的优惠代理条件是不会在美国找不到合作伙伴的。"日本代表的一席话说得美国代理商哑口无言，美国人也不想失去这次赚钱的机会，于是谈判顺利地进行下去。

本案例中，日本谈判代表采取进攻式的开局策略，阻止了美方谋求营造低调气氛的企图。采用进攻式开局策略一定要谨慎，因为，在谈判开局阶段就设法显示自己的实力，使谈判开局就处于剑拔弩张的气氛中，对谈判进一步发展极为不利。

进攻式开局策略通常只在这种情况下使用：发现谈判对手在刻意制造低调气氛，这种气氛对己方的讨价还价十分不利，如果不把这种气氛扭转过来，将损害己方的切身利益。进攻式开局策略可以扭转不利于己方的低调气氛，但也可能使谈判一开始就陷入僵局。

五、挑剔式开局策略

挑剔式开局策略是指开局时，对对手的某项错误或礼仪失误严加指责，使其感到内疚，从而达到营造低调气氛、迫使对方让步的目的。

☞案例 4—11　美国人的"挑剔"

巴西一家公司到美国采购成套设备。巴西谈判小组成员因为上街购物耽误了时间。当他们到达谈判地点时，比预定时间晚了 45 分钟。美方代表对此极为不满，花了很长时间指责巴西代表不遵守时间、没有信用，如果老这样下去的话，以后很多工作很难合作，浪费时间就是浪费资源、浪费金钱。对此，巴西代表感到理亏，只好不停地向美方代表道歉。谈判开始以后，美方似乎还对巴西代表来迟一事耿耿于怀，一时间弄得巴西代表手足无措，说话处处被动。无心与美方代表讨价还价，对美方提出的许多要求也没有静下心来认真考虑，匆匆忙忙就签订了合同。等到合同签订以后，巴西代表平静下来，头脑不再发热时才发现自己吃了大亏，上了美方的当，但已经晚了。

【本章小结】

谈判开局阶段要为整个谈判过程奠定良好的基础、创造良好的条件，从某种意义上说，良好的开局决定了谈判能否顺利达到双方期望的目标。所谓谈判的开局阶段是指谈判准备阶段之后，谈判双方进入面对面谈判的开始阶段。开局阶段的谈判气氛是谈判对手之间的相互态度，它能够影响谈判人员的心理、情绪和感觉，从而引起相应的反应。在正常情况下，谈判双方都是抱着实现自己合理利益的目的而与对方坐在谈判桌前的，因而双方都希望能在一个轻松、愉快的气氛中进行谈判，但针对不同的谈判对手也应采取不同的开局策略。

【课后思考】

1. 开局阶段的基本任务有哪些？
2. 开局阶段的谈判策略有哪些？
3. 如何建立良好的开局气氛？
4. 开局阶段应注意哪些事项？
5. 如何理解保留式开局策略？

【案例分析】

亚当森的破冰之旅

美国著名的柯达公司创始人乔治·伊斯曼，成为美国巨富之后，不忘社会公益事业，捐赠巨款在罗彻斯特建造一座音乐堂、一座纪念馆和一座戏院。为承接这批建筑物内的座椅，许多制造商展开了激烈的竞争。但是,找伊斯曼谈生意的商人无不乘兴而来,败兴而归,毫无所获。正是在这样的情况下,美国优美座位公司的经理亚当森,前来会见伊斯曼,希望能够得到这笔价值 9 万美元的生意。伊斯曼的秘书在引见亚当森前,就对亚当森说:“我知道您急于得到这批货,但我现在可以告诉您,如果您占用了伊斯曼先生 5 分钟以上的时间,您就完了。他是一个很严厉的大忙人,所以您进去以后要速战速决。”亚当森微笑着点头称是。

亚当森被引进伊斯曼的办公室后,看见伊斯曼正在埋头于桌上的一堆文件,于是静静地站在那里仔细地打量起这间办公室来。过了一会儿,伊斯曼抬起头来,发现亚当森,便问道:“先生有何见教?”

秘书对亚当森作了简单的介绍后,便退了出去。这时,亚当森没有谈生意,而是说:“伊斯曼先生,在我等您的时候,仔细地观察了您的这间办公室。我本人长期从事室内的木工装修,但从来没有见过装修得如此精致的办公室。”

伊斯曼回答说:“哎呀!您提醒了我差不多忘记了的事情。这间办公室是我自己亲自设计的,当初刚建好的时候,我喜欢极了。但是后来太忙了,一连几个星期都没有机会仔细欣赏一下这个房间。”

亚当森走到墙边,用手在木板上一擦,说:“我想这是英国橡木,是不是?意大利的橡木质地不是这样的。”

“是的,”伊斯曼高兴得站起来回答说,“那是从英国进口的橡木,是我的一位专门研究室内细木的朋友专程去英国为我订的货。”

伊斯曼心情极好,便带着亚当森仔细地参观起办公室来。

他把办公室内所有的装饰一件件向亚当森作介绍,从木质谈到比例,又从比例谈到颜色,从手工艺谈到价格,然后又详细介绍了他设计的经过。

此时,亚当森微笑着聆听,饶有兴味。

亚当森看到伊斯曼谈兴正浓,便好奇地询问起他的经历。伊斯曼便向他讲述了自己苦难的青少年时代的生活,母子俩如何在贫困中挣扎的情景,自己发明柯达相机的经历,以及自己打算为社会所做的巨额捐赠。

亚当森由衷地赞扬他的美德。

本来秘书警告过亚当森,会谈不要超过 5 分钟。结果,亚当森和伊斯曼谈了一个小时,又一个小时,一直谈到中午。

最后,伊斯曼对亚当森说:“上次我在日本买了几把椅子,放在我家的走廊里,由于日晒,都脱了漆。昨天我上街买了油漆,打算由我自己把他们重新油漆好。您有兴趣看看我的油漆表演吗?好了,到我家里和我一起吃午饭,再看看我的手艺。”

午饭以后,伊斯曼便动手把椅子一一漆好,并感到自豪。

直到临别的时候,两人都未谈及生意。

最后,亚当森不但得到了大批的订单,而且和伊斯曼结下了终生的友谊。

上述案例给了我们什么样的启示?

【实训项目】

◎ 实训目的

1. 锻炼学生的开局能力；
2. 体会各种因素对开局的影响。

◎ 实训组织

1. 选取符合学生实际的主题，如说句心里话、我心目中的大学等；
2. 以抽签形式选出 5 名同学做一次主题讲话；
3. 选出的 5 名学生做好事前准备，教师组织并主持，即时点评。

◎ 实训评价

1. 是否经过精心的准备；
2. 是否经过训练；
3. 是否具有一定的表达能力；
4. 能否克服外部环境对其的影响。

第五章

商务谈判的磋商及其策略

【知识目标】

◎ 掌握报价原则及方式；

◎ 掌握磋商阶段的基本原则。

【技能目标】

◎ 能够灵活运用报价策略；

◎ 能够灵活运用各种磋商策略。

【导入案例】

一位工会职员为X厂的会员要求增加工资一事向厂方提出了一份书面要求。一周后，厂方约他谈判新的劳资合同。令他吃惊的是，一开始厂方就花很长时间详细地向他介绍销售及成本情况，反常的开头令他措手不及。为了争取时间考虑对策，他便拿起会议材料看了起来，最上面一份是他的书面要求。看之后他才明白，原来是在打字时出了差错。将要求增加工资12%打成了21%，难怪厂方小题大做了。他心里有了底，谈判下来，最后以增加工资15%达成协议，比自己的期望值高了3个百分点，看来，他原来的要求太低了。

启示：出价的高低有很多技巧和策略在背后起支持作用，从而影响着彼此的心理及认可的变化度。价格是谈判中不可回避的内容，而且是影响谈判成功或失败的重要内容。

第一节　商务谈判的报价

一、报价

报价阶段就是谈判开局阶段结束后，谈判进入到实质性阶段的前期。所谓实质性阶段，是指开局阶段结束，到最终签订协议或败局为止，双方就交易的内容和条件所进行谈判的时间和经过。实质性阶段是整个谈判的主体，其前期即为报价阶段。

报价阶段是指双方各自提出自己的交易条件。谈判双方往往是经过各自互探对方的底细，在明确了交易的具体内容、范围以及讨论磋商的基本议题之后，提出各自的交易条件，表明自己的立场和利益需求。

商务谈判中的报价是指有关整个交易的各项条件，并非仅指价格条款。

报价和磋商是谈判过程中两个核心的问题。一方面报价和磋商的策略与技巧的应用在很大程度上决定了生意是否能够成交；另一方面，一旦生意成交，还将在很大程度上决定是盈利还是亏损。因此，掌握报价阶段的原则与策略，是商务谈判人员必须做到的。

二、报价的原则

（一）卖高买低原则

所谓卖高买低原则，是指对于卖方来讲，开盘价必须是“最高的”；相应的，对买方来讲，开盘价必须是“最低的”。这也是报价的首要原则。

首先，若我方为卖方，开盘价为我方的要价确定了一个最高限度。一般来讲，除特殊情况外，开盘价一经报出，就不能再提高或更改了，最终双方成交的价格肯定是在此开盘价格以下。若我方为买方，开盘价为我方的要价确定了一个最低限度。一般来讲，没有特殊情况，开盘价也是不能再降低的，最终双方成交的价格肯定在此开盘价格之上。

其次，“一分价钱一分货”是多数人信奉的观点，因此，开盘价较高会影响对方对我方提供的商品或劳务的印象和评价。

再次，开盘价较高，能够为以后的讨价还价留下充分的回旋余地，使我方在谈判中更富有弹性，便于掌握成交时机。

最后，开盘价的高低往往对最终成交水平具有实质性的影响，即开盘价高，最终成交价的水平也就比较高；开盘价低，最终成交价的水平相应也比较低。这与我们平时说的“期望越高，失望越大”不一致，谈判桌上是“期望越大，得到越多”。亨利·基辛格说过：“谈判桌前的结果完全取决于你能在多大程度上抬高自己的要求。”罗杰·道森说过：“在开始和对手谈判时，你所开出的条件一定要高出你的期望。你对对方的情况了解得越少，刚开始谈判时就应该把条件抬得越高，因为你对对方的估计可能是错的。其次你就可以在接下来的谈判中做出较大的让步，这样会显得比较合作，如果你感觉第一次提出的条件有些过于极端，不妨暗示对方你的条件是有弹性的，这样就可以鼓励对方和你展开谈判。你有余地做出更大的让步，从而就可以更容易地建立起良好的关系。”

☞案例 5—1　报价要突出一个“狠”字

有位性急的手表批发商，经常到农村推销产品，有一次，他心想都是老主顾了，懒得再去费口舌讨价还价，就照和上次差不多的价格出手算了。他开车来到市郊一家店进门就对店主说：“这次的货比上次的质量好，这回我俩少费点时间，干脆按我的要价或你的要价来吧，怎么样？”店主不知他什么意思没出声。他以为店主同意了就说：“那好！我要个价绝对让你满意，绝对不掺水分，你就按这个价说进多少就行。趁今天天气好，咱哥俩把省下的时间喝酒去。”他的报价果然好，比上一次成交价还低。心想店主肯定会高兴，就问：“这个价你打算进多少货？”可没想到店主说：“一只不进！”这可把他搞晕了，忙问：“一只不进？你在开玩笑吧，这个价可比上回低太多了啊！说实话，你要多少？”店主说：“你们这些城里来的骗子，嘴上说价格优惠，实际比你心里的底数不知要高出多少？告诉你，今天任你说出天来，我也一只不进。”整个下午，两人都在讨价还价，直到天黑了才成交。成交价比他原来报的低了很多，这单生意他反赔了油钱。在以后的谈判中，批发商总是留下足够的让对方讨价还价的余地。

启示：报价要狠，降价要有理由，永远不要相信第一次出价是谈判者的正常谈判心理，所以手表销售商无理由降价，反而会失去了对方的信任，造成对方反感。出牌要看对方的需求，根据对方的反应决定自己的策略，需要稳住阵脚、保持耐心、不断试探。

（二）合情合理原则

开盘价要报得高一些，但绝不是指漫天要价、毫无道理、毫无控制；恰恰相反，高的同时必须合乎情理，必须能够讲得通。可以想象，如果报价过高，又讲不出道理，对方必然会认为我方缺少谈判的诚意，或者被逼无奈而中止谈判，扬长而去；或者以其人之道还治其人之身，相对地来个“漫天要价”；抑或一一提出质疑，而我方又无法解释，其结果只好是被迫无条件地让步。在这种情况下，有时即使我方已将交易条件降低到较公平合理的水平上，对方仍会认为我方尚有“水分”可挤，因而还是穷追不舍。可见，如果开盘价脱离现实，便会自找麻烦。

（三）明确具体原则

开盘价的报出要坚定、果断，不保留任何语尾，并且毫不犹豫。这样做能够给对方留下我方是认真而诚实的好印象。要记住，任何欲言又止、吞吞吐吐的行为，必然会导致对方的不良感受，甚至会产生不信任感。

开盘报价要明确、清晰而完整，以便对方能够准确地了解我方的期望。实践证明，报价时含糊不清最容易使对方产生误解，从而扰乱我方所定步骤，对我方不利。

报价时不要对我方所报价格进行过多的解释、说明和辩解，因为对方不管我方报价的水分多少，都会提出质疑。如果在对方还没有提出问题之前，我方便主动加以说明，会提醒对方意识到我方最关心的问题，而这种问题有可能是对方尚未考虑过的问题。因此，有时过多地说明和解释，会使对方从中找出破绽或突破口，向我方猛烈地反击，有时甚至会使我方十分难堪，无法收场。

在对方要求我方对报价作解释时，我方可予以言简意赅的解释，即“不问不答，有问必答，答其所问，简短明确”。既满足对方的信息需要，充分表明我方的态度和诚意；又使对方无法从价格中发现破绽。这种情况就像我们都会有失态的时候一样。失态时最明智的做法是说句不好意思，然后沉默不语。不应文过饰非，越描越黑。如果对方抓住不放，我方才有理有节制地解释一下。这里主要批评的是过多的解释和说明，包含在报价里的一些一般条件当然不在“过多”之列。

☞案例 5—2　歪打正着

美国著名发明家爱迪生在某公司当电气技师时，他的一项发明获得了专利。公司经理向他表示愿意购买这项专利权，并问他要多少钱。当时，爱迪生想：只要能卖到 5 000 美元就很不错了。但他没有说出来，只是督促经理说：“您一定知道我的这项发明专利权对公司的价值了，所以价钱还是请您自己说一说吧！”经理报价道：“40 万美元，怎么样？”还能怎么样呢？谈判当然是没费周折就顺利结束了。爱迪生因此而获得了意想不到的巨款，为日后的发明创造提供了资金。

启示：本例中爱迪生采用的是让对方先报价的策略，从而获得了意料之外的最高期望值。

拓展阅读 5—1　呆若木鸡

纪省子为周宣王驯养斗鸡。过了 10 天周宣王问：“鸡驯好了吗？”纪回答说：“不行，正虚浮骄矜、自恃意气哩。”10 天后周宣王又问，回答说：“不行，还是听见响声就叫，看见影子就跳。”10 天后周宣王又问，回答说：“还是那么顾看迅疾、意气强盛。”又过了 10 天周宣王问，回答说：“差不多了。别的鸡即使打鸣，它已不会有什么变化，看上去像木鸡一样，它的德行真可说是完备了，别的鸡没有敢于应战的，掉头就逃跑了。”

在谈判中也可以出其不意地沉默。斗鸡的勇猛是正常的，像木头鸡就奇怪了，就会令对手猜疑、胆怯。在谈判中，争论不休是正常的，而沉默就不正常了，对手受到的压力不是小了，而是大了。

三、报价形式及方式

（一）报价形式

1. 书面报价

书面报价通常是指谈判一方事先提供了较详尽的文字材料、数据和图表等，将本企业愿意承担的义务以书面形式表达清楚，使对方有时间针对报价做充分的准备，使谈判进程更为紧凑。但书面形式在客观上易成为该企业承担责任的记录，限制了企业在谈判后期的让步和变化；况且，文字形式缺少口头表达的“热情”，在翻译成另外一种文字时，精细的内容不易翻译。因此，对实力强大的谈判者，书面报价是有利的；双方实力相当时，也可使用书面报价;对实力较弱的对手,则不宜采用书面报价。

2. 口头报价

口头报价具有很大的灵活性,谈判者可以根据谈判的进程来调整自己的战术,先磋商,后承担义务,没有义务约束感。

但对一些复杂的要求,如统计数字、计划图表等,难以口头阐述清楚。另外,如果对方事先对情况一无所知,他们可能一开始并不急于展开谈判,直到其了解了基本情况后才进行谈判,从而影响谈判进度。

(二)报价方式

所谓报价方式,就是指报价的方法,包括交易条件的构成、提出条件的程序及核心内容的处理等。简单地说,报价方式解决的就是如何报价的问题。

如果双方的关系良好,又有过长时间的合作关系,报价就不宜过高;如果双方处于冲突程度极高的场合,那么,报价不高就不足以维护本方的合理利益。如果本方有多个竞争对手,那就必须把报价压低到至少能受到邀请参与谈判的程度。谈判中,一般有两种典型的报价方式可供我们借鉴。

1. 低价报价方式

此方式一般是以对买方最有利的结算条件为前提的,并且这种低价格交易条件的各个方面很难全部满足买方的需求。如果买方要求改变有关条件,则卖方就会相应地提高价格。因此,买卖双方最后成交的价格,往往高于价格表中的价格。

在面临严峻的外部竞争时,低价报价是一种有效的报价方式。首先,它可以排除竞争对手的威胁,从而使己方与买方的谈判能够现实地发生。其次,其他卖主退出竞争之后,买方原有的优势地方就不复存在,他将不能以竞争作为向卖方施加压力的筹码。这样,双方谁都不占优势,卖方就可以根据买方在有关条件下所提出的要求,逐步提高他的要价。

2. 高价报价方式

这种方式的一般做法是,卖方首先提出留有较大余地的价格,然后根据谈判双方的实力对比该项交易的外部竞争状况,通过给予各种优惠,如数量折扣、价格折扣、佣金和支付条件方面的优惠(延长支付期限、提供优惠信贷等),逐步接近买方的条件,建立起共同的立场,最终达到成交的目标。这种方式与前面提到的有关报价原则是一致的,只要能稳住买方,使之就各项条件与卖方进行磋商,最后的结果往往对卖方是比较有利的。

☞案例 5—3 "高报价"的优势

有一次,美国谈判专家麦科马克代表一家公司交涉一项购买协议,对方开始的报价是50万美元。他和公司的成本分析人员深信,只要用44万美元就可以完成这笔交易。一个月后,他开始和对方谈判,但对方又声明原先的报价有误,现在开价60万美元,这反倒使麦科马克先生怀疑自己原先的估计是否正确。直到最后,当他以50万美元的价格与对方成交时,竟然感到非常满意。这是因为,他认为是以低于对手要价10万美元之差达成的交易,而对方则成功地遏制了他的进一步要求。

第二节　磋商阶段的原则与策略

在良好的开局过后，就是谈判各方为了达到自己的谈判目的进行具体磋商的过程。磋商阶段是谈判双方面对面协商、争取满足各自利益的过程；有时甚至发展为争吵，是实质性的协调阶段。这是谈判过程中费时最长、困难最多、直接影响谈判结局的最重要的一个阶段。

一、磋商阶段的原则

在谈判磋商阶段，在思想意识上谈判人员要清楚整个磋商过程，知道按照什么样的方式进行，才能对谈判的发展有利，所以在磋商阶段要遵循以下原则：

（一）把握气氛的原则

进入磋商阶段之后，谈判双方要针对对方的报价讨价还价。双方之间难免要出现提问和解释、置疑和表白、指责和反击、请求和拒绝、建议和反对、进攻和防守，甚至会发生激烈的辩论和无声的冷场。因此，在磋商阶段仍然要把握好谈判气氛。开局阶段可能已经营造出友好、合作的气氛，进入磋商阶段后仍然要保持这种气氛。如果双方突然收起微笑，面部表情紧张冷峻，语言生硬激烈，使谈判气氛一下子变得紧张对立起来，就会令人怀疑开局阶段友好真诚的态度是装出来的，双方产生不信任。所以，尽管磋商阶段争论激烈、矛盾尖锐，但仍然要保护已经营造出来的良好的合作气氛，只有在这种良好的合作气氛中，才能使磋商顺利进行。

（二）注意谈判结构方向的原则

商务谈判按结构方向可以分为纵向和横向谈判。横向谈判是一轮一轮地谈，每轮谈及各个问题；而纵向谈判则是每次只谈一个问题，直到确定下来为止。具体地说，横向谈判的步骤是先把要磋商的条款统统列出来，粗略地磋商每项条款，再详细地磋商每项条款的各个方面。纵向谈判的步骤是从某一条款开始，明确条款的范围，并深入讨论这个条款，得出一致意见；再开始第二个条款，并深入磋商，得出一致意见；以此类推，直至所有条款都磋商完毕。在实际的磋商过程中，谈判人员应该首先明确是采用纵向还是横向的谈判结构，否则就会使谈判磋商混乱，容易引起争执，效率也低。

（三）次序逻辑原则

次序逻辑原则是指把握磋商议题时，按其内容的客观次序逻辑来确定谈判的先后次序与谈判进展的层次。在磋商阶段，双方都面临着许多要谈的议题，如果不分先后次序、不讲究磋商进展层次、想起什么就争论什么，就会毫无头绪、造成混乱。因此，双方要通过磋商确定几个重要的谈判议题，按照其内在逻辑关系排列先后次序，然后逐题磋商。可以先磋商对后面议题有决定性影响的议题，此议题达成共识再讨论后面的问题；也可以先对双方容易达成共识的议题进行磋商，将双方认识差距较大、问题比较复杂的议题放到后面去磋商。

(四)掌握节奏原则

磋商阶段的谈判节奏要稳健,不可过于急促。因为这个阶段是解决分歧的关键时期,双方对各自观点要进行充分的论证,许多认识有分歧的地方要经过多次交流和争辩,而且某些关键问题一轮谈判不一定能达成共识,要多次的重复谈判才能完全解决。一般来说,双方开始磋商时,节奏要相对慢一些,双方都需要时间和耐心倾听对方的观点,了解对方,分析研究分歧的性质和解决分歧的途径。关键性问题涉及双方的根本利益,各方必然会坚持自己的观点,不肯轻易让步,还有可能使谈判陷入僵局,所以磋商阶段需要花费较多的时间。谈判者要善于掌握节奏,不可急躁,稳扎稳打,步步为营;一旦出现转机,要抓住有利时机不放,加快谈判节奏,不失时机地消除分歧,争取达成一致意见。

(五)沟通说服原则

磋商阶段实质上是谈判双方相互沟通、相互说服、自我说服的过程。如果没有充分的沟通,没有令人满意的说服,就不会产生积极成果。首先,双方要善于沟通,这种沟通应该是双向的和多方面的,一方既要善于传播己方的信息,又要善于倾听对方的信息,并且积极向对方反馈信息。没有充分的交流沟通,就会在偏见和疑虑中产生对立情绪。既要沟通交易条件,又要沟通相关的理由、信念、期望,还要交流情感。其次,双方要善于说服,要充满信心地说服对方,让对方感觉到己方非常感谢他的协作,而且己方也非常乐意努力帮助对方解决困难。要让对方真正感觉到赞成己方是最好的决定。说服的准则是从求同开始,解决分歧,达到最后的求同。因此,求同既是起点,又是终点。

二、磋商过程的注意事项

在磋商阶段,会不断出现双方意见分歧和立场对峙的局面。凡是抱有诚意的谈判者,都希望能消除不必要的误解,使自己的观点为对方所理解和接受,并说服对方放弃其不合理的要求。因此,谈判人员在磋商阶段要注意以下几点:

(一)注意调动对方合作的态度与行为

商务谈判是在人与人之间进行的,但有时在谈判过程中,这一事实却常常被谈判者所忽视和遗忘。主要表现在:参加谈判的人往往忽视和遗忘了对方作为谈判人员的本性,误以为合作要建立在改变对方的态度与行为的基础上。因而,当对方的态度与行为有所偏差时,总是想横加指责,结果却极大地伤害了对方的自尊心,并引起对方的反感和厌恶的心理,使谈判进行不下去。因此,谈判人员要清醒地认识到是在和人打交道,若想使对方合作,就要调动对方在态度与行为上协助与支持,而不是强行改变对方的态度与行为,使之就范。要做到这一点,就该不断地告诫自己:自己是在和人打交道,必须注意到人性基本需求的问题。所以在谈判过程中,应该表现出积极合作的态度和致力于解决问题的工作作风,这样才能感染对方,使之保持积极的态度和行为。

(二)注意发现并满足对方的需求

在谈判的磋商过程中,需求是进行磋商的目的。商务谈判的前提是双方都要求得到某种东西;否则,就会对另一方的要求充耳不闻,也就不会讨价还价了。如果不存在尚未满足的需求,人们就不会进行谈判。发现谈判对手的需求才能解决问题。但要了解对方在想什么,真正需求什么,是比较困难的,应采用各种手段和技巧去发现对方的需求。一般通过以下几个办法可以发现并满足对方的真正需求:

1. 通过提问了解对方的需求

在谈判中,可在适当的时机向对方发问,例如,贵方希望通过这次谈判取得什么样的结果、贵方的要求是什么等。通过这种直截了当的试探,不仅能了解对方的需求,还能搜集其他有关的信息。提出问题,应掌握住时机,让别人在表态之前,最好每人都有机会提出一两个问题。在对方提出问题后要进行认真的分析,是合理的,我方应该给予满意的答复;是不合理的,我方要采取合适的办法,进行说服、解释、反驳。

2. 通过聆听对方的表述了解需求

谈判时应认真聆听对方吐露的每一个字,以发现对方的真正需求。谈判者之间的谈话,可以有多层含义。例如,通过对方的一项陈述,我方可以得到多个信息,可以发现其要交换的意见;可以推断某些信息;可以根据对方探讨问题的方式得知对方的真正需求。据此可以采用有针对性的策略和办法进行磋商解决。

3. 通过观察对方的行为了解其想法

在谈判中,对手的行为举止非常重要,有着种种心理上的含义和暗示。对方的各种肢体行为都表现出其想法,但一定要分清楚是有意识的还是无意识的。因此,在谈判中,要不断仔细观察对手的行为举止,发现其要求和想法。谈判老手始终不会让对方的各种行为逃过自己的眼睛,从而了解对手的需求及其满足程度。例如,咳嗽常常也具有许多含义,有时它表现了谈判者的不安,借此稳定情绪,以使自己能继续讲下去;有时也被用来掩饰假话。如果发现对手突然往椅背上一靠,粗鲁地叉起双臂,就应意识到这是没有达到对手的真正需求,麻烦可能要发生了,因此,需要作进一步的磋商。

在谈判过程中,要了解对方的需求,尤其要注意满足对方的一些基本需要,如安全需要、经济利益需要、归属的需要及自尊的需要等。事实表明,人们在基本需求得到满足之后,往往会产生愉快、惬意、骄傲和自豪的感觉,从而更能激发合作的兴趣与愿望,使谈判得以顺利发展,因此,谈判者要注意满足对方的一些基本需要。

(三)注意让对方了解自己的需求

有经验的谈判人员,在创造良好的谈判气氛后,不忙于进入达成协议的具体谈判内容,而是让对方了解自己的需求,这样做才较为理想。如何让对方了解自己的需求呢?

1. 向对方表明自己的需求

在谈判中提出自己的需求,首先要有利于缩小分歧的范围、缓和矛盾。在试探阶段之后,应审时度势,辨别并确认己方与对方的一致之处以及共同点有多少。在这个阶段,审时度势和辨别工作可以反复进行几次,用这个办法来解决谈判的问题,才能逐渐集中到双方都能看到的最后一个需要解决的难点问题上。因此,应在对方承诺前将自己的需求分轻重缓急依次表达出来,并使对方对我方的每个需求都有清楚的认识。

2. 注意提出极端要求

极端的要求也就是难以答应的要求，以致无法予以妥协。谈判者可以借着极端的要求来证实自己对对方的判断。如果其中还混合着适度的要求，谈判者可以给对方一个选择的机会。提出极端的要求，会降低对方的期望，使对方更加愿意妥协。提出极端要求，在某些情况下有一定的效果，但不能轻率地提出，否则很可能会激怒对方，以致形成僵局。不过，如果有充分的耐心和时间，这种要求在大多数情况下还是有商议余地的。

(四)适时冒犯对方

在谈判中，除了通过满足需求调动对方在态度、行为上与自己协调外，还可根据具体情况适当地使用激将法，有时也是比较有效的。在很多情况下，人们得到尊重时会得到某种满足。但也有许多时候，人们得到尊敬和崇拜却无动于衷，反而在遭受蔑视和嘲讽时，会为了维护自己的尊严而竭尽全力。所以要根据谈判对手的情况，在适合时候恰当地刺激他、冒犯他也是可以的，但一定要注意对象的特点、时机的把握和时间的控制。

总之，谈判是和人进行的交流与协商。要想谈判成功，在谈判中就应注意调动对方与己方合作的态度和行为；要注意发现和满足其合理的需求，而且要让对方清楚己方的需求是什么；有时也要刺激对方，激发他行动的力量与勇气。

三、商务谈判磋商阶段的策略

磋商阶段是商务谈判的核心环节，磋商的过程及其结果直接关系到谈判双方所获利益的大小，决定着双方各自需要的满足程度。因此，选择恰当的策略来规划这一阶段的谈判行为，无疑具有特殊重要的意义。

磋商既是双方求同存异、协商确定交易条件的过程，也是双方斗智斗勇，在谈判实力、经验和智力等诸多方面展开全面较量的过程。为了使谈判能够顺利进行并取得成功，谈判者应注意善于抓住对方主观和客观的弱点，善于发挥己方主观和客观上的某些优势，准确地把握谈判中合作与竞争的“度”，这是谈判成败的关键。这里将从不同角度、不同层次对磋商阶段的策略进行说明。

拓展阅读 5-2　林肯谈判

林肯是美国历史上伟大的政治家，在谈判方面也颇有建树。他非常善于在彼此有分歧时，将双方意见的共同点寻找出来。在著名的解放黑人奴隶的演说中，他用了最初的 30 分钟叙述一些持反对态度的人所赞同的意见，然后再顺着这些意见按照自己的目的把反对者逐渐拉到自己一边。商务谈判也是一个求同存异的过程，在商务谈判中要运用求同原则找出双方的共同点，转化分歧、不同点才能达成双方满意的协议。

(一)磋商阶段不同地位的应对策略

在商务谈判过程中，由于谈判人员在素质、经济实力、拥有的信息量、准备的情况等方面存在着许多差异，因此，总会存在被动、主动和平等地位的区别。当谈判人员所处的地位不同时，就会选择不同的谈判策略来实现自己的谈判目标。

1. 处于平等地位的谈判策略

在商务谈判中,有时谈判双方是势均力敌的状态,谈判者的地位平等。势均力敌又包含多重含义,不仅指企业的经济实力、声誉及市场形象;更多的是指对这次具体交易需求的迫切程度,即合作的内在驱动力,如果大体相当,合作的可能性就很大。因此,在这种情况下,应以谋求合作和追求互利为前提。

(1)回避冲突策略。谈判人员在谈判之前,要明确自己的谈判意图,在思想上进行必要的准备,以创造融洽、活跃的谈判气氛。然而,谈判双方为了谋求各自的利益,必然要在一些问题上发生分歧。分歧出现以后,要防止感情冲动,保持冷静,尽可能地避免争论。因为争论不仅于事无补,而且会使事情变得更糟,最好的方法是采取如下态度:

①冷静地倾听对方的意见。在谈判中,最好的方法是让对方陈述完毕之后,先表示同意对方的意见,承认自己在某些方面的疏忽,然后提出对对方的意见进行重新讨论。

②婉转地提出不同意见。在谈判中,当己方不同意对方的意见时,切忌直接提出自己的否定意见,最好的方法是先同意对方的意见,然后再作探索性的提议。

③分歧产生之后谈判无法进行时,应马上休会。休会策略不仅可以避免出现僵持局面和争论,而且可以使双方保持冷静,调整思绪,平心静气地考虑双方的意见,达到顺利解决问题的目的。

(2)坦诚策略。坦诚策略是谈判人员在谈判中尽量开诚布公,使对方感到信任友好,促进通力合作,达成交易。

现代谈判理论认为,谈判是协调行为的过程,是追求双方各自需求满足的结合点,不应完全从自我立场出发而采取一系列谋略,使对方完全按我方设计的轨道运行。采取开诚布公的态度,向对方坦诚告诉我方的某些真实意图,往往是减少矛盾、回避冲突、促使对方通力合作的良好对策。事实上,人们在实际生活中,都希望别人相信自己,如果心怀叵测,又怎能指望别人以诚相待呢?要想别人相信自己,首先要从自己做起,待人以诚,他人才会还己以义。从古经商就是以诚信为本,商务谈判中也不例外,坦诚相见并不是不讲技巧,也不是完全不警惕对方的欺骗行为。过分坦率有时是一种幼稚而愚蠢的行为。谈判中的坦诚策略,是以能达到"以心换心"的目的为前提的。

这项策略目前颇受推崇,因为它有助于克服谈判双方的疑忌心理,创造诚挚友好的谈判气氛。但也应注意,坦诚不是和盘托出,更不是不分场合和人物。使用这种策略,最好是在探测阶段之后。因为这时对谈判对手的意图、风格和态度已有一定的了解,估计对方不是闪烁其词或者老奸巨猾之辈,在这种情况下,就可使用坦诚策略。

(3)私人接触策略。这是指通过与谈判对手的个人接触,采用各种方式增进了解、联络感情、建立友谊,从侧面促进谈判顺利进行的策略。

私下交往的形式很多,如电话联系、拜访、娱乐、宴请等,多在会外进行。

电话联系是私下交往的一种常用交际方式,打电话之前应做好准备,打好腹稿,选择好表达方式、语言声调,注意礼貌。无论在多么紧急的情况下,不可以一接通电话就进行实质性交谈,而要先寒暄问候。

拜访一般是主方为联络感情、关心食宿、及时满足对方的生活需求,或表示尊重等,而到客方住所进行的拜望和访问。这种做法同我国传统的"住客看过客"是相同的,可分为礼节性拜访和事务性拜访。礼节性拜访不一定有预定的目的,交谈的范围可以很广,方式也可以多样;事务性拜访应事先商定时间,不可突如其来,或强求对方会见。赴约要严格遵守时间。拜访的时间一般不宜过长,通常要依对方谈话的兴致、情绪、双方观点是否一致等,适时告退。

共同娱乐是谈判双方人员为工作而交好私人朋友的有效手段,如游览名胜、打球、下棋、看戏等。

私下交往的形式很多,皆无不可,但各国、各地区商人往往有独特的偏好。例如,日本人喜欢在澡堂一起洗澡时闲谈,芬兰人乐于在蒸汽浴室一起消磨时间,而英国人则倾向于一同去绅士俱乐部坐坐,我国的广东人喜欢晨起在茶楼聊天。对于不同的谈判对手要了解其习俗,兼顾偏好更有利于联络感情。私下交往策略更适用于各方首席代表,它有许多好处。它不像正式谈判,可以无拘无束地交谈,气氛融洽灵活,特别是谈判桌上难以启齿求和时,在私下交往中就能轻松地把愿意妥协的想法表达出来。此外,对于细节问题的研究可以更加深入。

采用这一策略时,也有诸多注意事项:第一,要小心谨慎,谨防失言,不要单方面地告白,以免泄露我方的秘密;第二,在气氛很好的时候,不能十分慷慨而丧失原则;第三,要提高警惕,因为对方也会运用此策略,很可能在轻松的气氛里,在我方没有防备时,对方已轻易地使自己相信了虚假的消息。

(4)双赢式策略。这是一种合作性的谈判方式,双方都在努力得到一个彼此愿意接受的处理结果。如果把双方的冲突看作是能够解决的,那么就能找到一个创造性的解决方法,从而稳固双方的地位,甚至会增强双方的关系。双赢式谈判的出发点是在绝不损害别人利益的基础上,取得我方的利益,因而又将其称为谋求一致法或皆大欢喜法。

双赢式谈判策略主要涉及四个要点:第一,将人与问题分开;第二,将重点放在利益上而非立场上;第三,构思双方满意的方案,了解对双方有利的解决方法;第四,坚持客观标准。这四个要点需要通过合作方式得到满足,而使双方获胜,皆大欢喜。

☞案例5—4 急人所急,合作双赢

为了适应消费潮流,日本一家客商急需加工一批新款式的套装。于是,他来到我国一家著名的服装厂进行业务谈判,要求定做一批按照他的样品要求的羽绒服套装。本来这是一件对双方都有利的商业合作,但是我方厂家从谈判中了解到,由于日本客商需求的产品数量不多,难以进行批量生产,加工的难度又很高,造成加工成本相当高。除此之外,日方要求的交货期又非常急,他跑了中国的许多地方,都遭到了厂家的婉言拒绝,没有一家羽绒服厂家愿意与他合作,这个日本客商一次次地碰壁而去。这次,中方的厂商通过仔细核实和察看货品样板,确认日本客商要求的加工难度的确相当高,在这种情况下,如果工厂接受了这批订单,不仅几乎没有什么利润,而且还极有可能亏本;但是如果不接受这笔生意,损失的可能就是双方今后的合作前景。看到对方客商愁容满面、内心十分着急的样子,中方谈判代表从对方的利益出发，本着合作的原则，急人所急，当场拍板，同日本客商签订了加工合同，并且保证一定按质按时交货。中方的合作与豁达爽快的谈判态度，深深地打动了日本客商的心，对方感到我方既能替客户着想，又具备相当的实力，对双方的合作充满了的信心。后来经过双方的进一步的沟通、探讨和商议，日本客商随后将 5 000 件的订单增加到 10 万件，想在日本做大批量的促销。这样一来，中方厂家由于产生了批量生产的效益，不仅使得成本大大降低，而且利润也相当可观，还与对方结成了长期的合作伙伴。

中方羽绒服生产厂家以诚心换取了对方的信任，使得对方主动提出改变需求量，最终取得了这场谈判的胜利。

(5)引导策略。提出自己的方案之前，先问对手如何解决问题，在对方提出自己中意的或能够接受的设想后，尽量承认这是对手的创见，解决问题的最佳方案是由对方提出的，这就是引导对手提出自己需要的方案的方法。

☞案例 5—5　引导下的合作

一家医院需要添置一套 X 光设备，许多生产厂家纷纷派人前来介绍产品，负责 X 光部门的付医生不胜其扰。在他为此事感到烦恼时，另一家厂商寄来了一封信，信中说：“我厂最近刚开发完成一套 X 光设备，这套设备并非尽善尽美，为了进一步改进，我们非常诚恳地请您抽空前来指教。为了不耽误您的宝贵时间，请随时与我们联系，我们会马上开车去接您。”付医生感到十分惊奇，因为以前从未有厂商询问过他的意见，他感到自己作为专家受到了尊重，心里涌现出自豪感。他取消了已约定的一个约会去看了那套设备，并提出了一些无关紧要的意见。厂方根据他的意见进行了改进。付医生很喜欢这套自己发表过修改意见的 X 光设备，他决定买下这套 X 光设备，并说：“没有人向我兜售，而是我自己向医院建议买下那套设备的。”在那家厂商的巧妙攻势下，原来的对手付医生成了同盟者，一切障碍由他去扫清，如负责去说服医院的领导和在经理办公会上获得通过等。为此，付医生还准备了详尽的资料，因为他觉得买下这套 X 光设备是“他自己”的主意。

引导对手提出自己需要的方案时要注意两点：

第一，让对手尽量思考和参与自己的方案。从谈判过程的准备阶段开始，就尽量让对手感觉到是他在主持着谈判和设计方案，使对手表现出更大的合作倾向。

第二，不能让对方在设计方案时遇到困难。如果要对手为己方的建议和方案付出艰苦的努力和大量的时间，己方可能遭到拒绝。因此，既要让对手感到自己创造了价值，又不能让他参与的难度太大。

(6)“意大利香肠”策略。“意大利香肠”策略即传统的蚕食谈判策略，是谈判者在谈判之初并不提出自己全部的真正要求，而是随着谈判的不断深入，采取挤牙膏的方法，顺顺当当地使对方做出一个又一个的承诺，直到满足自己的所有要求为止；就像切香肠一样，一片一片地把最大利益切到手。

☞案例 5—6　点滴积累，抢占市场

保险公司有一项重要的业务就是开展房屋抵押贷款保险，客户一旦加入了这种保险，那么，当遇到不可抗力因素而导致贷款人死亡或者遭遇不测致使贷款人不能偿还银行的分期贷款时，保险公司则代为缴纳，以分担银行和贷款人双方的风险。一家新兴的保险公司欲开展这方面的业务，但比其他同行慢了一步。新兴保险公司为占领市场上的一席之地，经过一番周密的策划，派出业务员与银行洽谈："我们公司正计划推出一项崭新的服务，我们绝不像贵银行所指定的那家保险公司那样向客户叩头拜托，也不像现在的做法那样，客户一到银行办完贷款手续就马上到府上拜访劝诱。我们的办法完全不同，我们要用邮寄广告的方式来扩展业务，所以请贵银行把尚未加入保险的客户名单抄一份给我们。""如果你们的贷款由我们的保险来做加信保障，你们也可以放心了。"对于新兴保险公司的这种要求，银行方面没有理由拒绝，加之邮寄宣传的配合，在经过一番努力之后，新的服务方式获得了极大的成功，很快囊括了房屋抵押贷款保险业90%的份额。第一步取得成功以后，新兴保险公司又派出代表到各大银行游说："目前我们公司已经争取到了整个市场90%的份额，你看我们该不该争取100%。"就这样，该公司不但成为当地唯一被市里银行协会所指定的保险公司，而且又成功地运用这种战术和全国各地的银行建立了固定的业务关系，终于成为全国受银行指定最多的保险公司。

启示：在这里，新兴保险公司成功地运用了"意大利香肠"策略，取得了与银行谈判的成功。在蚕食的过程中，首先，从银行那里得到尚未参加保险的客户名单，用新的服务方式招来越来越多的客户投保。其次，以初步的成功再向银行提出新的要求，进而争取到100%的当地市场。最后，以取得的成功为基础，采取同样的策略向全国出击，最终在同行业中遥遥领先，从而实现了自己的最高目标。

"意大利香肠"策略告诉人们：在商务谈判中，与其把自己的目光总是盯着最高目标，不如从最容易实现的物质条件开始，一点一滴地去争取。谈判中采用此种策略时，必须要有耐心，要小心谨慎，否则，不会获得成功。

(7)宠将策略。宠将策略是指在谈判中，切合实际或不切合实际地颂扬对方，以合适的物资赠送对方，使对方对己方产生一种友善、一种好感，甚至信任感，从而放松其思想警戒，软化其谈判立场，使己方的谈判目标得以实现的策略。简言之，就是用表扬的办法让对方去做一些己方希望其去做的事情。

☞案例5—7　沟通从赞美开始

我国某公司经营罐头食品，每到生产季节都派人到国外去拜访用户，确认该季节的订单。对美国的一个客户，卖方派了两位部门负责人去拜访该公司的具体负责人。这位负责人是一位年轻女士，曾在海外分公司常驻，也曾经与卖方有过合作经历。卖方两位负责人均为男士，见了这位女士，首先致礼，接着说明了来意，并且转达了卖方与该女士曾有合作的业务人员的问候。

谈到新的订单，该女士说："本地市场不景气，我们的最终用户没下决心，因此，只能等以后再订。"

卖方："等可以，季节可不停啊，如果不及时下订单，就会错过最佳的原料准备期，尤其贵方购买的一直是水果罐头,更是如此。"

"市场不定,我们的买价也难定,购买数量也难定。"

"去年贵公司买了3万箱,不出意外的话,今年应该不会低于这个数目的。当然,多点更好。"

"我们也想多买。但是要看您的价格啊。"

这时,卖方的两位男士笑了,一位负责人说:"您果然像我们同事介绍的那样,不仅漂亮,而且十分精明。只要您下订单,价格的事尽管放心,你们是老客户了,一定给予最优惠的价格。"

女士:"听说您那边今年遭受旱灾,水果是否减产?罐头的原料价格会受影响吗?"

"不愧是行家,问题提到点上了。这也是我们来访的原因,为了保证像贵公司这样的老客户、大客户的供应不受影响,我们必须提前收购原料,以确保罐头的产量和成本,您一定理解我们要求贵方早下订单的原因,实则为您好,希望协助您扩大业绩。"

"不知道天旱对水果品质是否有影响?"

"最近下了几场雨,对水果生长很有利。不过,您提的问题很专业,恐怕还要眼见为实,所以,我们真诚欢迎您到我国访问,实地考察,对情况也就一目了然了,比我们口头描述要可靠得多。"

正在这时,该女士的上司来了,大家互相致意后,卖方一位负责人"抱怨"说:"我们正在跟您的助手讨论今年水果罐头订单的问题,她非常精明、专业,又有进取心,深受我和同事们的尊敬,不过,这对我们来说压力很大啊,哈哈。当然,跟这么美丽的女士合作,即使困难点也令人愉快。"

该上司简单介绍了一下其管辖范围的业务情况,表示支持该女士与卖方公司合作。趁此机会,卖方讲了早下订单的好处,希望他支持其助手早下订单,对双方均有利。

会谈很务实,气氛很热烈,最后双方约定尽快做决定。3天后,该女士通知卖方和去年一样订购3万箱原料,价格可按市场价格定。卖方人员还未回国,就有了收获。

启示:除去客观因素外,上述谈判采取了适当的宠将策略,使谈判的主要决策人感到愉悦,愿意考虑早下订单的问题,这是谈判成功的重要促成因素。案例中,卖方在两个场合给该女士"戴高帽子":一是单独与其会谈时,称赞她"漂亮"、"精明";二是在与其上司会谈时,用抱怨的语气再次称赞她的"精明"、"专业"、"进取",使该女士很满足,从内心激起她的友好之情,主动配合的欲望大大增强,从而使卖方的目的得以实现。

2. 处于主动地位的谈判策略

处于主动地位的谈判者,意味着比对方在经济实力、政治背景、协作关系等方面占有较大优势。在这种情况下,可以利用自己的优势迫使对方做出更大的让步,以谋取更大的利益。下面介绍几种处于主动地位时可采取的策略。

(1)规定时限策略。规定时限策略是指谈判一方向对方提出的达成协议的时间限期,超过这一限期,提出者将退出谈判,以此给对方施加压力,使其无法拖延地做出决断——是改变自己的主张、让步妥协,还是谈判破裂。在商务谈判活动中,实力强的一方常常会利用谈判中的有利地位采用时限策略。因为在这种情况下，对方特别担心谈判破裂，一旦破裂，对方损失最大。事实上，大多数贸易谈判，特别是双方争执不下的谈判，基本上都是到了谈判的最后期限或者临近这个期限才出现突破并进而达成协议的。最后期限带有明显的威胁性。每一个交易行为中都包含了时间因素，时间就是力量，时间限制的无形力量往往会使对方在不知不觉的情况下接受谈判条件。

当谈判中出现以下情况时，可以选择运用规定最后期限策略：

①对方急于求成时，如采购生产用的原料等；

②对方存在众多竞争者时；

③我方不存在众多竞争者时；

④我方最能满足对方某一特别主要的交易条件时；

⑤对方谈判小组成员意见产生分歧时；

⑥发现与对方因交易条件分歧大，达成协议的可能性不大时。

选用规定最后期限的策略，目的是促使对方尽快地达成协议，而不是使谈判破裂，因而运用时必须注意以下几点：

①所规定的最后期限是对方可接受的，即最后期限的规定是由于客观情况造成的，无理的、来不及给对方思考时间的最后期限常会导致谈判策略的失效。

②所规定的最后期限必须是严肃的，尽管该期限将来是可以更改或作废的，但到最后期限到来之前，提出最后期限的一方要表明执行最后期限的态度是坚决的。

③在运用规定最后期限的同时，可以向对方展开心理攻势，做一些小的让步来配合，给对方造成机不可失、时不再来的感觉，以此来说服对方。避免因规定最后期限给对方形成咄咄逼人的感觉，使双方在达成协议的态度上更加灵活一些。

④在言语上要委婉，既要达到目的，又不至于锋芒毕露。

☞案例 5—8　赫本初出茅庐的教训

赫本初次受命谈判，他雄心勃勃地走上赴东京的飞机。赫本虽做了大量准备工作，一下飞机便受到“友好而礼貌”的隆重接待。日本人为他提供周到、舒适的服务，甚至热情地帮助他学习日语。闲谈中日本人问他：“你是要按时坐飞机回去么(当时的赫本，尚未意识到时间期限的重要作用)？我们好安排车送你返回机场。”这时他心中暗想：“考虑得多周到啊！”赫本不假思索地伸手从口袋里拿出回程机票给日本人看，好让他们知道什么时候送他。可是，他当时并没有察觉到日本人已知道了他的“死线”(赫本后来幽默地把截止期限称为“死线”)。日本人因此不及时开始谈判，而是继续派人陪同他去“体验日本文化”。一个多星期的时间，让赫本尽兴旅游了整个国家，每天晚宴及“余兴”节目，都在 4 个小时以上。赫本时常焦急地督促日方赶快谈判，日方却总是说：“不忙，还有很多时间，时间足够用！”最后，到了第 12 天，谈判才正式开始。这一天的下午，日本人有意拉他一起去打高尔夫球，谈判很快又结束了。最后到第 14 天，即按预期将离开东京的最后时间，谈判仍在继续。正当谈判进行到关键时刻，等候送赫本去机场的轿车已停在门外，为了不耽误计划行程，赫本只得同日本人草草讨论条件，并赶在轿车开动时完成了交易。不言而喻，这一次谈判以日方获胜而结束。这给赫本以极深刻的教训。

(2)炒蛋策略。炒蛋策略是当前国际谈判桌上一种比较流行的谈判策略，又可叫作“浑水摸鱼”策略。照理说，谈判应当是循序渐进的，而炒蛋策略却是反其道而行之，故意将谈判秩序搅乱，将许多问题一揽子兜上桌面，让人眼花缭乱、难以应付。这时，毫无心理准备的一方就会大伤脑筋，谈判中的失误也许就会因此而产生。

生活经验告诉人们，当一个人面临一大堆杂乱无章的难题时，情绪便会紧张，智力衰弱，自暴自弃，丧失信心。炒蛋策略即是利用这种心理，打破正常的有章可循的谈判议程，将许多乱七八糟的非实质性问题同关键性议题掺杂在一起，使人心烦意乱、难以应付，借以达到使对方慌乱失措的目的，使对方滋生逃避或依赖对方的心理，己方便趁机敦促协议的达成。

☞案例 5—9　炒蛋策略的应用

中国某公司与外商洽谈合伙生产矿泉水生意。当中方对外商提出的某一技术数据表示怀疑时，外商马上从皮箱中拉出一大堆乱七八糟的技术资料，让中方自己分析计算。中方主谈判者被这一大堆资料弄得头昏脑涨，根本没有意识到这是外商的炒蛋策略，也没有思考回击对方的战略战术，便翻了几下，就说：“我们相信你们的技术数据。”最后，草草签了协议书。

破解炒蛋策略的方法是：当谈判者面对对方一揽子兜出许多问题时，首先要沉着冷静、坚定信念。其次，坚决要求对方回到谈判的正常秩序中来，逐项讨论和解决问题，遇到涉及有关数据问题时，一定不可草率行事。有时，仅仅一位数之差，便会导致己方的利益荡然无存。再次，当对方使用材料和数据等一些炒蛋策略时，己方要有勇气提出暂停谈判，以对各种材料和数据进行仔细研究，不要为图节省时间和精力，造成无法弥补的损失。

3. 处于被动地位的谈判策略

这是指明显处于弱势地位时的谈判对策。在现代瞬息万变的市场环境下，竞争会越来越激烈，任何企业都不可能永远处于优势，当一时处于不利的条件下进行商务谈判时，其主要策略应是尽可能减少损失或者变被动为主动，去争取谈判的成功。

(1)“挡箭牌”策略。在谈判中，谈判人员发觉他正在被迫做出远非他能接受的让步时，会申明没有被授予这种承诺的权力，以维护自己的立场。一般是利用训令、规定、上级、同僚或其他的第三者作为“挡箭牌”，减少自己让步的幅度和次数。这种策略的一种做法往往是隐蔽手中的权力，推出一个假设的“决策人”，以避免正面或立即回答对方的问题，例如：

“您的问题我很理解，但需向有关部门的领导汇报。”

“我本人无权回答贵方提出的问题，需向我的上级请示后才能答复。”

这种策略通常是实力较弱一方的谈判人员在不利的情况下使出的一面“盾牌”。在一般情况下，这一“盾牌”难以辨别真伪，对手只好凭自己一方的“底牌”来决定是否改变要求、做出让步。而运用这一策略的一方，即使要撤销“盾牌”也并不困难，可以说“已请示领导同意”。

☞案例 5—10　“挡箭牌”策略的应用

尼伦伯格在《谈判的艺术》一书中谈到了这么一件事：他的一位委托人安排了一次会谈，

对方及其律师都到场了，尼伦伯格作为代理人也到场了，可是委托人自己却失约了。等了好一会儿，也没见他的人影，这3位到场的人就先开始谈判了。随着谈判的进行，尼伦伯格发现自己正顺顺当当地迫使对方做出一个又一个的让步或承诺，每当对方要求他做出相应的承诺时，他都以委托人未到、他的权力有限为由，委婉地拒绝了。结果，他以一个代理人的身份，为他的委托人争取了对方的许多让步，而他却不用向对方做出相应的让步。

(2)吹毛求疵策略。吹毛求疵策略指处于谈判劣势的一方对谈判中处于有利地位的一方炫耀自己的实力。当对方大谈特谈其优势时，应采取回避态度，或者避开这些实力，而寻找对方的弱点，伺机打击对方的士气。

☞案例5—11　吹毛求疵的顾客

有位顾客到不讲价的“一言堂”百货商店，想买一台冰箱。明明看中了，而且非常满意，但为了攻破价格堡垒，便“鸡蛋里面挑骨头”，有意提出一个个他“不满意”的“缺陷”，一会是颜色不如意，一会是别的什么。最后顾客说：“尽管这冰箱有些不合我意的地方，但我喜欢这种样式，你们是否能便宜些？并且不劳送货。”对于这位纠缠了半天，却又温和的顾客，经理无计可施，最后同意以优惠7.5%的价格将冰箱卖给他。

启示：这位顾客开始实力是弱势的，首先这是不讲价的商店，即顾客必须按商店售价购买；其次，他所喜欢的货确实是上好的。但聪明的顾客并不甘心，他相信所谓“不讲价”的价格也是商店定的，既然它能定，也就能改。他动脑筋寻找要对方降价的疵点，并且他从售货员的介绍中抓住了不要送货上门应该减少费用的信息。最后，他总算如意做成了交易。

这种吹毛求疵策略，是通过再三挑剔，提出一大堆问题和要求来运用的。当然有的是真实的，有的则是虚张声势。之所以这样做，主要是想降低对方的期望值，找到讨价还价的理由，达到以攻为守的目的。吹毛求疵策略将使己方在交易时充分地争取到讨价还价的余地，如果能够灵活运用，会使己方受益。

(3)以退为进策略。以退为进策略是指在输赢未定时，暂时退让，待机而定，争取主动和成功。以退为进本是军事上的用语，军事上的战略退却，是为了保存实力、待机破敌而采取的一种有计划的战略步骤。

谈判也类似于“打仗”。有时双方争执激烈，但还要坚持继续谈下去；有时要求休会下次再谈；有时要据理力争；有时则要暂时退却，待机而进。因此，退一步，进两步，也是谈判策略，暂时的退却是为了将来的进攻。

☞案例5—12　巴斯的守株待兔

巴斯是美国的亿万富翁，也是一个谈判老手。一次，巴斯欲买下一家即将破产的公司，双方进行了艰难的谈判。巴斯压抑住想要成交的欲望，始终冷静对待。后来，在第三轮商谈中，巴斯甚至说：“我想买下你们的公司，但你们的报价，我无论如何也不会接受的，我可以把想购买的其他投标者告诉你们，你们去试试。如果成功，我祝贺你们，如果没有其他的选择，还可以找我。”说完，巴斯礼貌地结束了这轮谈判。后来，这家公司还是卖给了守株待兔的巴斯，而且基本上满足了巴斯的要价。

这个策略实行起来既简单又实用。一个有经验的买主倘若利用这个策略，往往有可能使得买卖双方皆大欢喜。同样，一个有经验的卖主使用这个策略，也有可能迅速达成交易或争取到更好的利益。

买主使用这个策略的表现手法往往是，“我们非常喜欢你的产品，也喜欢你的合作态度，遗憾的是我们只有这么多钱”或“遗憾的是政府只拨这么多款”或“公司的预算只有这么多”等。而卖方的表现手法是“我们成本就是这么多，故此价格不能再低了”或“我非常愿意同你谈成这笔交易，但是除非你能和我共同解决一些简单（或实际性）的问题，否则难以达成协议”或“假如你要以这个价格购买，则交货期要延长”或“原材料只能是某种替代品，或只能是某种型号的货物”或“如果你要以这个价格购买，你必须增加订货数量”等。

采取这一策略的目标是以己方的让步换取对方的让步，或强调己方的困难处境，以争取对方的谅解和让步。

(4)先斩后奏策略。先斩后奏策略也称为“人质策略”，在商务谈判活动中，可以解释为“先成交，后谈判”。即实力较弱的一方往往通过一些巧妙的办法使交易已经成为事实，然后在举行的谈判中迫使对方让步。先斩后奏策略的实质是让对方先付出代价，并以这些代价为“人质”，扭转自己实力弱的局面，让对方通过衡量所付出的代价和终止成交所受损失的程度，被动地接受既成交易的事实。

先斩后奏策略的做法主要有以下几种：

①卖方先取得买方的预付金，然后寻找理由提价或延期付货；

②买方先获得卖方的预交商品，然后提出推迟付款；

③买方取得货物之后，突然又以堂而皇之的理由要求降价等。

当然，以上做法如无正当理由，可视为缺乏商业道德，不宜采用，但必须懂得运用和反运用的知识。

对先斩后奏策略的对策是：首先要尽量避免“人质”落入他人之手，让对方没有“先斩”的机会；其次，即使交易中必须先付定金或押金，也必须做好资信调查，并有在任何情况下退款的保证；最后，还可采取“以其人之道还治其人之身”的做法，尽可能掌握对方的“人质”，一旦对方使用此计，则可针锋相对。此外，要敢于向对方的领导抗议，若仍不能解决，可采用法律手段。

(二)对不同谈判风格对手的策略

由于谈判者的文化、修养、性格及经历不同，往往会表现出不同的谈判风格和特点，如强硬型、阴谋型、固执型、虚荣型和合作型等。针对对手的不同谈判风格，可以采取不同的应对策略。

1. 应对强硬型谈判者的策略

在谈判中，强硬型谈判者往往表现出态度傲慢、自信，并且盛气凌人。对付这类谈判者的原则是：避其锋芒，以弱制强，以柔克刚。

(1)争取承诺的策略。该策略是指在商务谈判中利用各种方法获得对方对某项议题或其中一部分的认可，争取到有利于自己的承诺，就等于争取到了有利的谈判地位。在商务谈判中，无论哪方谈判代表，从信誉出发，通常总要维护自己已经承诺的条件。但要注意，有时谈判者为了加快谈判进程或躲避对方的追问，而有意识地做出一些假的承诺。为此，对待承诺要善于区分，既不盲目听信，也不全盘否定，要认真考虑对方承诺的原因和内容，见机行事，以取得有利的谈判效果。

(2)更换方案的策略。谈判之前应准备多项方案，当最初抛出的方案无法实施时，应及时更换备选方案。该策略不仅可以使己方有充分的时间去探索创造性解决问题的方法，以使谈判能顺利地进行下去，同时，还可以防止己方接受不利的条件或失去了符合己方利益的条件。

(3)制造竞争的策略。这种策略是指在谈判中制造一种竞争的姿态。例如，"还有几个厂家正在与我们联系，他们都希望与我们合作"。这种做法可以转变谈判中所形成的局面。运用该策略的前提条件是，让对方知道己方对所谈问题确实有多项选择。切忌在没有选择的情况下生硬地运用这种策略。

拓展阅读5—3　强硬谈判家

2007年12月14日，首次中美战略经济对话在北京人民大会堂开幕。中国国家主席特别代表、国务院副总理吴仪和美国总统特别代表、财政部长保尔森共同主持此次对话。当天出版的《华尔街日报》发表了题为《贸易谈判考验中国铁娘子》的专题报道。

文章开篇这样描述：无论是什么样的问题——致命性病毒也罢，盗版DVD蔓延也罢，或者是管子工短缺也好——只要出了问题，中国领导人和外国商人经常都会找一个中国人，她就是吴仪。这位68岁的副总理是中国职位最高的女性领导人，外界公认她是中国政府里最有办事能力的人之一。今天，吴仪将再次面对她遇到的最棘手的问题之一：与美国这个中国最大的出口市场目前经贸关系吃紧。这次会谈是美、中两国为改善在贸易、金融、能源等领域的关系而启动的新一轮战略对话的开篇。

报道说：当年曾经做过推土机手的吴仪是一位很强硬的谈判家。她最为人所知的事迹或许是在中国加入世界贸易组织(WTO)的谈判中所扮演的积极角色。她在谈判中表现出的直截了当的强硬作风为她赢得了谈判对手的尊敬，也平息了那些担心她向外国人让步太多的国内人士对她的批评。那之后，她接受了多项重要任务，从医疗体制改革到打击走私等工作都出现在她分管的事务清单上。

文章分析称，吴仪在男性为主的体制里之所以能脱颖而出，并不是因为其性别优势，而是依靠其在严重分歧的局面下促成各方达成协议的能力。在与西方人打交道时，吴仪的果断作风和国际化视野对她有很大帮助。她甚至让一些对中国持批评意见的人士也心悦诚服，比如美国参议员林赛·格雷厄姆(Lindsey Graham)和查尔斯·舒默(Charles Schumer)。这两位人士曾在国会提出，如中国仍不调整汇率政策，将对中国采取惩罚性措施，对中国输美商品征收关税。2007年3月，在国会就他们的提案进行相关投票的前夜，他们两人在北京会晤了吴仪，结果双方的谈话超出了预定的时间。格雷厄姆后来发自内心地说：这位副总理很风趣、直率，她如果在美国当律师会很出色，我非常欣赏她。

报道说，吴仪是在1991年调到外经贸部工作后才开始真正为更多人所知的。当时她负责处理美国人怨声载道的盗版和侵权问题。她的专业水平给美方人员留下了深刻印象，而她回应外方威胁的能力也让她的中国同事大为赞叹。对外经济贸易大学教授卢进勇说，她坚定捍卫国家利益，从不妥协，但在处理具体细节问题上又表现得很灵活。

文章说：吴仪似乎对她在人们心目中的“铁娘子”形象非常清楚，但她也是中国政界要人中颇能表现出幽默感的人。2007年4月，在赴华盛顿签署采购订单（以缓和两国贸易紧张气氛）的行程中，她对满屋子的媒体记者说：“主席台上男士的数量超过了女士，所以很显然，我现在处在弱势地位。”有助手翻译了她的话，房间里一片沉默。忽然她用英语说：开个玩笑而已。在场记者忍不住爆发出一阵笑声。

（4）唱红白脸的策略。唱红白脸策略也称软硬兼施策略，是指在谈判中，同一个谈判小组内，有人以白脸、有人以红脸的形象出现，也就是有人唱正面角色，有人唱反面角色，一唱一和，通过态度的变化干扰对手的谈判意志，以求得谈判中的优势。

中国京剧中典型的脸谱释义：白脸为坏人，红脸为好人；坏人凶狠，好人善良。引申到谈判中，将扮凶相、强硬、好战的谈判者为白脸，而将扮善相、温和、好商量的谈判者为红脸。

在商务谈判中，往往容易在某些问题上产生僵持。如果本组成员主动、自觉地形成两派意见，有出来说好听话的，有出来说难听话的，且说好听话的人是为达到讲难听话的人提出的目标，常常容易奏效。

2. 应对阴谋型谈判者的策略

在商务谈判中，有些谈判者为了满足自身的利益和欲望，常使用一些诡计来诱惑对方达成不公平的协议。为了维护己方的正当利益，当遇到谈判对手使用一些阴谋型策略时，可以采取以下策略予以反击：

（1）反车轮战的策略。车轮战是一种不断更换谈判对手，以使对方筋疲力尽，从而迫使对方让步的策略。对付车轮战的策略，就是反车轮战策略。具体办法如下：

①及时揭穿对方的诡计，敦促对方停止换人。

②制造借口拖延谈判时间，直到原来的对手重新回到谈判桌上。

③对更换的谈判对手拒绝重复以前的陈述，而静坐听对方的报告。这样，一方面可以挫其锐气；另一方面，也给自己一个养精蓄锐的机会。

④如果新对手否认过去的协定，己方也可以用同样的方法否认曾经许下的承诺。

⑤在消极对抗中，不要放过新上桌对手的新建议，抓住有利时机立即签约。

⑥采用私下会谈的形式与新对手谈话，其用意是了解情况，也是给对方设置障碍。

（2）对付抬价的策略。在商务谈判中经常用到抬价策略，它是否符合谈判惯例要看谈判者如何运用。当谈判双方已经谈好价款，第二天供方却突然要求提价，需方尽管很生气，但为了避免谈判破裂，也只好再和供方磋商，最后以较高的价格成交，这种情况称为抬价。抬价是一种常见的现象，在商务谈判中经常出现。对付对方的抬价策略，可采用以下做法：

①如果发现对手的诡计，应及时指出，争取主动；

②在讨价还价时，就要对方做出某种保证，以防反悔；

③尽量争取让对方在协议或合同上签字，防止对方以种种借口反悔或不认账；

④终止谈判。

(3)对付用专家施压的策略。在商务谈判中，人们对专家的意见往往是比较看重的。有些谈判者就是利用人的这种心理，在谈判中就某个重要议题出现争论时，便请出所谓的专家给对方施加压力。对付这种做法的策略有以下3种：

①沉着应战，面对专家不要畏惧，要用己方熟悉的业务知识与专家交谈。抓住某些专家不太熟悉的技术难点向其进攻，使其难堪，达到使专家失去其权威的目的。

②向对方表明，即使对手请来的是位专家，他的观点也只是学术观点，要想达成协议，还需要洽谈双方可接受的条件。

③如果确认自己不是专家的对手，不妨用无知作为武器。表明这些东西我方不懂，无法确认其真伪，也无法对此做出什么承诺。这种做法可以给己方带来许多好处，使己方有足够的时间去思考、请教专家，并考验对方的决心，还可以造成对方的失落感。

(4)将计就计的策略。这种策略又称“假痴不癫策略”，是表面装糊涂，暗中筹划，不露声色，等待机会，迫使对方让步，或诱使对方自作自受。用这种策略来对付阴谋型谈判者，可视为上策。

☞案例5—13　巧妙的“杀价”

某经销商将其经营的产品换包装后，售价由100元提高到150元。某零售商明知是骗局，但还是向对方表明愿以120元的价格购买，并当下预付少量订金(一般来说，预付订金后，卖方不再考虑其他买方)。拖些日子后，某零售商再去找对方，提出多项理由作为杀价的筹码，如现在市场价格最多只能值80元等，因此，实在无法继续按120元完成交易，迫使对方降价。

注意：使用该种策略时，在预付订金时，不可签合同，仅签订一项协议即可。

3. 应对固执型谈判者的谈判策略

固执型谈判者的特点是：固执己见、不接受任何人的建议，一切按习惯、按规章制度、按领导意图办事。对固执型谈判者可采用以下策略：

(1)先征旁例策略。固执型谈判者的观点不是不可改变，而是不易改变。先征旁例策略就是针对对方所坚持的观点，用己方的先例来论证新建议、新方案的合理性和可行性，以使其转变观点。

(2)放试探气球的策略。该策略用来观察对方的反应，分析对方的虚实真假。例如，买方向卖方提出一项对己方很有利的提议，如果卖方反应强烈，就可以放弃这种提议；如果卖方反应温和，就说明谈判有很大余地。这一策略还可以用来试探固执型谈判者的权限范围。

(3)以守为攻的策略。与固执型性格的人谈判是很痛苦的事情：一方面必须十分冷静和有耐心，仔细倾听对方的陈述，注意发现漏洞，慢慢向最终目标推进；另一方面，还要针对对方的观点，准备详细的资料，注意诱发对手的兴趣，引导其需要，并利用其漏洞与弱点组织进攻，增强谈判的力度。

(4)制造僵局的策略。在商务谈判中出现僵局是令人不愉快的。但多次实践证明：人为地制造僵局，并把僵局作为一种威胁对方的策略，会有利于己方的谈判。但在制造僵局时应考虑以下条件：

①市场情况对己方有利；

②让对方相信自己是有道理的，僵局是由于对方的原因造成的；

③在制造僵局之前，要设计出消除僵局的退路以及完整的僵局“制造”方案；

④制订消除僵局后的提案。

谈判人员应该牢记：制造僵局并不等于宣告谈判结束；打破僵局的真正目的不是相互道歉，而是达成协议。

拓展阅读 5—4　破釜沉舟制造僵局

很久以前，一个著名的智者家里走进一位妇人向他请求帮助。原来这妇人的家是一间茅草屋，非常小，谁知年景不好，她的公公、婆婆无以度日，妇人心软便接来同住，使得原来窄小的空间更局促不堪了，所以想请智者帮忙。智者给她出了一个主意：第一周把牛牵进屋里，第二周把鸡赶进屋里，第三周把牛牵出来，第四周把鸡赶出来。把窄小的空间变得更小，接着不断地增大、增大，妇人果然感觉到家中不再局促了。

启示：商务谈判也是如此，在谈判中不断制造难题，进入更僵境地，然后一步步解决难题，就会使谈判者觉得自己越谈越轻松，双方可以很快地达成协议。

4. 应对虚荣型谈判者的策略

虚荣型谈判对手的特点是：自我意识较强，好表现自己，有嫉妒心理，对外界的暗示非常敏感。对于这种对手，一方面要满足其虚荣的需要；另一方面，要善于利用其本身的弱点，打开突破口，使对方妥协。具体可采取以下策略：

(1)顾全面子的策略。针对虚荣型谈判者，必须记住，无论己方如何气愤或是必须为自己的立场辩护，千万不要伤害了对方的面子，对他越尊重，其让步的可能性越大。

(2)投其所好策略。根据虚荣型谈判者的特点，在谈判中用一些他所熟悉的东西为话题，给他一个充分表现自我的机会，投其所好地使他的虚荣心得到满足，从而削弱他抗衡的力度。同时，可通过对方的“自我表现”，了解和分析对方的实情。当然，还要提防对方表现的虚假性。

(3)记录在案的策略。由于虚荣型谈判者多好大喜功，其最大的弱点就是浮夸。抓住对方这一特点，在谈判的过程中，对他承诺过的、说过的有利于己方的一切话，统统记录在案，必要时还可以用“激将法”要求他本人以书面形式表示，或对达成的每一项协议都立字为据，以防他日后否认。

谈判中的策略是多种多样的，要求谈判者在实践中灵活运用。如果生搬硬套某一策略，或者孤立地使用某一策略，都不会有好的效果。

【本章小结】

价格事关谈判双方的切身利益,实际上是交易利益的再分割,因此是商务谈判的核心。进行报价时,要把价格定在一个合理的范围内。报高价或报低价策略各有千秋,谈判者要加以区分,有针对性地采用不同的谈判策略。商务谈判磋商阶段是谈判双方面对面协商、争取满足各自利益的过程,是实质性的协调阶段。在此阶段,谈判人员在思想意识上要清楚整个磋商过程,知道按照什么样的方向进行,才能对谈判的发展有利。要遵循磋商阶段的原则并适时采用相应的策略。

【课后思考】

1. 报价应遵循什么原则?
2. 报价的形式有哪些?
3. 商务谈判磋商阶段的核心任务是什么?
4. 在磋商阶段,可采用哪些策略?

【案例分析】

固执的农夫

美国有个乡镇,其陪审团由12名农夫组成。有一次,该陪审团在审理一项案件之后,11名农夫认为被告有罪,只有1人认为被告不应被判罪。按该地的陪审规则,只要所有的陪审员一致通过才能定案。为此,那11名农夫花了一整天的时间欲说服那个固执的农夫,而那位固执的农夫却说服其他11名农夫同意他的意见。这是一场十分艰难的谈判,双方陷入了"拉锯战"。然而时间可以改变一切,正当11名农夫正在为说服他而苦恼时,天空突然乌云滚滚,眼看就要有一场倾盆大雨。那11名农夫焦急起来,都急着在大雨之前赶回去收晾晒的干草,但那个农夫却泰然处之,并不急于回家。那11名农夫开始分裂,有几名农夫开始妥协了,因为他们家里的干草还没有盖好。随着时间的推移,这11名农夫都倒向了那一位农夫,最后12名农夫一致同意宣判被告无罪。

上述案例给了我们什么启示?固执的农夫采取了什么磋商策略?

【实训项目】

◎ 实训目的

1. 锻炼学生的报价能力;
2. 指导学生掌握磋商策略。

◎ 实训组织

1. 选取2~6组学生分别进行,每组3~5人;也可组织2个谈判小组,模拟经销商和供销商的大宗交易谈判。
2. 模拟一个商场场景,选取某款产品。
3. 给卖方的信息的报价是1 058元,最低900元可出售。
4. 给买方的信息最好是能900元买到,最高1 038元。

5. 可选取一些学生作为观众，将上述信息透露给做观众的学生。

◎ 实训评价

1. 是否经过精心的准备；
2. 是否熟悉谈判过程；
3. 是否具有一定的谈判能力；
4. 报价及磋商策略的应用。

第六章

商务谈判的成交与签约

【知识目标】

◎ 了解商务谈判成交阶段的基本任务;
◎ 了解商务谈判合同的基本内容。

【技能目标】

◎ 掌握判断商务谈判成交信号的能力;
◎ 能够对谈判资料进行深度分析和整理。

【导入案例】

某年由于红豆歉收,日本的X公司急需从中国进口一批红豆。中方供货商Y公司红豆库存量虽然不小,但有一部分是前一年的存货,希望先出售旧的,而X公司则希望得到当年的新货,双方由此展开谈判。

谈判一开始,双方都不肯让步,经过再三说明,日方坚持要新货红豆,谈判陷入僵局。

第二天,双方再次回到谈判桌,X公司首先拿出一份最新的官方报纸,指着上面的一篇报道说:“你们的红豆今年获得了大丰收,所以不存在供应量的问题,我们仍然坚持昨天的观点。”

Y公司不慌不忙地指出:“尽管今年红豆大丰收,但是我们国内需求量很大,政府对于红豆的出口量有一定的限制。你可以不买旧的,但是如果等到所有旧的库存在我们国内市场卖完,而新的又不足供应的时候,你再想买就晚了,我建议你再考虑考虑。”X方沉思良久,仍然拿不定主意,为避免再次陷入僵局, Y公司谈判代表建议道:“这样吧,我们在供应你们旧货的同时，供应一部分新货，您看怎么样？”经再三考虑，X公司代表想不出更好的解决办法，只能同意进一部分旧货。但是究竟订货量为多少、新旧货物的比例如何确定，需要进一步谈判。

过了两天，X公司又来了，他们没有找到更合适的供货商，而且时间也不允许他们再继续拖下去。这次日方主动要求提高订货量，其中新货不变。

中方的答复是，刚好有一位客户订购了一批红豆，于是日方有些沉不住气了，抱怨中方不守信用。中方据理力争：“这之前我们并没有签订任何协议，你本人也并未要求我们替你保留。”日方自觉理亏，也就不再说什么，过了一会，借口出去了一下，实际是往总部打电话。回来后，一副很沮丧的样子，他对中方代表说：“如果这件事我们没有办好，回去后，会被降职、降薪，这将使我很难看，希望能考虑我的难处。”

中方本来很强硬，听他们这么一说，心就软了下来，况且刚才所说的卖掉了的话都是谎称。何不拿剩下的红豆做个人情？这对以后的合作也是有益的。于是，中方很宽容地对日方说：“其实我们做生意的都不容易，这样吧，我再想想办法帮你再弄到100吨新货，你看这样行吗？”日方喜出望外，连连感谢。最后，双方愉快地在合同上签了字。

第一节　商务谈判成交阶段的判断

谈判双方的期望已经相当接近时，都会产生结束谈判的愿望。成交阶段就是双方按磋商所达成的交易条件成交的阶段。在谈判的最后阶段，虽然双方经过讨价还价，谈判的每个问题都取得不少进展，交易渐趋明朗，但仍存在一些障碍。此时如果放松警惕、急于求成，则可能功亏一篑、前功尽弃。这一阶段的策略包括：向对方发出信号，力求尽快达成协议；最后一次报价或还价；整理谈判记录；签订合同。签订合同标志着谈判的结束和履约的开始，是一项十分重要的法律行为。

一、从谈判的交易条件进行判断

（一）考察交易条件涉及的分歧数量

从数量上看，交易双方已达成一致的交易条件占据绝大多数；从质量上看，交易条件中最关键、最重要的问题都已达成一致。出现这两种情况中的任何一种，就可以判定谈判已进入终结阶段。

（二）考察交易条件是否进入已方成交线

成交线是己方可以接受的最低交易条件，是达成协议的下限。如果对方认同的交易条件已经进入己方成交范围之内，谈判就进入终结阶段。当然己方还可能争取到更好的交易条件，但是已经看到了可以接受的成果。

☞案例6—1　成交的时机

朱迪在一家商场里看中了一件红色的风衣，非常想买。她走进该店铺问售货员这件风衣的价格。售货员心里明了它的进价是130美元，但是没有告诉朱迪售价，只是给她倒了杯茶。

朱迪开始为购买这件风衣打埋伏，声称自己想要颜色偏紫一点的。售货员说，“我们这儿刚好有紫色的风衣”，边说边向朱迪展示。朱迪又改口说想要更厚一点的，售货员表示他们有更厚的风衣。

至此，朱迪决定为那件红风衣与售货员商谈价格。她再次问了价格，售货员说“600美元”。“这太贵了”，朱迪边说边开始还价，她出价260美元。“500美元”，售货员说。“不行，我还是不能接受，谢谢。”朱迪边说边向门口走去。售货员见此情形，怕失去这笔买卖，最终答应以260美元卖给了朱迪，这是进价的两倍价钱，不过双方都比较满意。

二、从谈判的时间进行判断

(一)双方约定的谈判时间

在谈判刚开始的时候，双方一起确定整个谈判所需要的时间，谈判过程完全按照约定的时间进行。当谈判已接近规定的时间时，自然进入谈判终结阶段。如果在约定的时间内未达成协议，一般也应该遵守约定时间将谈判告一段落，或者另约时间谈判，或者宣布谈判破裂。

(二)单方限定的时间

有时，由谈判一方限定时间，随着时间的终结谈判随之结束。单方限定时间无疑是对另一方施加某种压力，被限定方可以依从，也可以不依从，关键要看交易条件是否符合自己的谈判目标。

(三)形势突变的谈判时间

本来双方的谈判时间已约定好，但在谈判过程中形势突然发生变化，谈判者突然改变原有计划，比如要求中止谈判或提前结束谈判等。例如，某企业发生财务危机，需要与多家融资企业谈判，但在谈判过程中突然出现大股东融资，使其摆脱了财务危机，结果自然是终止谈判。

三、从谈判的策略进行判断

谈判过程中有多种策略可供实施，如果某种谈判策略实施后决定了谈判必然进入终结阶段，该策略就是终结策略。它具有终结的信号作用。

(一)最后立场策略

谈判者经过多次磋商之后仍无结果，即阐明己方最后的立场，讲清只能让步到某种程度，如果对方不接受，谈判就会破裂。这种最后立场策略可以作为谈判终结的判定。

(二)折中进退策略

折中进退策略是指双方报价差距之和取中间价作为双方共同前进或妥协的策略，即谈判双方经过多次妥协后互有让步但仍有残留问题，而谈判时间已不多，为尽快达成一致，一方提出一个比较简单易行的方案。如果双方接受此建议，即可判定谈判终结。

四、从谈判者发出的信号进行判断

一项交易将要明确时，双方会处于一种准备完成时的兴奋状态，这种兴奋状态的出现，往往是由于一方发出成交信号所致。怎样通过一方发出的信号，来准确地判断谈判即将结束或成交在即呢？一般来说，成交信号通常有语言信号和非语言信号两大类。

（一）语言信号

（1）谈判者用最少的言辞阐明自己的立场。谈话中表达出一定的承诺意思，但不包含讹诈的成分。例如，“好，这就是我最后的主张，现在就看你的了。”

（2）谈判者所提出的建议是完整的，绝对没有遗漏或不明确之处。这表示，如果他的建议不被接受，除非终止谈判，否则没有别的出路。

（3）谈判者在阐明自己的立场时，完全是一种最后的、决定的语调，语气坚定，语调平稳，不卑不亢，没有任何紧张、犹疑或不安的表示。

（4）回答对方的问题尽可能简单，常常只回答“是”或“否”，使用短语，很少谈论据，不解释原因，表明确实没有折中的余地。

（5）开始打听交货时间或使用、保养问题，询问价格优惠条件，对小问题提出具体要求，用假定口吻谈及购买等。

（6）一再向对方保证现在结束对对方最有利，告诉对方一些好的理由。

（二）非语言信号

非语言信号稍微复杂些，主要包括表情信号、动作信号和事态信号等。

1. 表情信号

对方在听的过程中，眼睛由慢向快转动，眼睛发光，精神振奋；面部表情由紧张转为松弛，略带笑意；情感由冷漠、怀疑、深沉变为自然、大方、随和、亲切。这些微妙的表情变化，都预示着对方已进入准备成交阶段。

2. 动作信号

坐直身体，双臂交叉，文件放在一边；从静静地听，转为动手操作产品、仔细触摸产品；多次翻看产品说明书，甚至按照说明书的指示与实物一一对照；身体由原来前倾转为后仰或由一个角度到多个角度观察产品；出现摸口袋等签字倾向的动作。这些都是较明显的成交动作信号。

3. 事态信号

提出变换洽谈环境与地点；向对方介绍有关参与决策过程的其他人员；主动提出安排对方人员的食宿；主要领导人或决策人出场等。这些举动足以证明该方已有了准备进一步深谈并以合适的条件实现成交的诚意。

一方发出这些信号，目的在于推动谈判对手脱离勉勉强强或惰性十足的状态，设法使对方行动起来，从而达成承诺。

收尾在很大程度上是一种掌握火候的艺术。人们通常会发现，一场谈判虽然旷日持久但进展甚微，然而在收尾阶段，大量的问题会神速地得到解决，双方都作一些让步，最后的细节在几分钟内即拍板。

第二节　商务谈判的结果与协议的签订

一、谈判的可能结果

谈判过程往往是一波三折、坎坎坷坷的，谈判结果也因过程的跌宕起伏而表现各异。

(1)交易达成，并改善了关系。这是最理想的谈判结果，既实现了眼前利益，又为双方的长远发展奠定了良好的基础。

(2)交易达成，但关系没有变化。这也是不错的谈判结果。因为双方力求此次交易能实现各自利益。没有刻意去追求建立长期合作关系，也没有大的矛盾造成不良后果。

(3)交易达成，但关系恶化。虽然这种结果从眼前利益来看不错，但是对今后的长期合作是不利的，是牺牲了双方关系换来的交易成果。这是一种短期行为，也可能是出于无奈。

(4)没有成交，但改善了关系。这种结果为双方将来的合作奠定了基础。

(5)没有成交，关系也没有变化。这是有些令人悲哀的结果，投入了人力、物力、时间进行谈判，却没有任何收获。

(6)没有成交，关系也恶化了。这是谈判中最坏的结果。

☞案例6—2　谈判的结果

小刘所在的A公司向小秦所在的B公司订购了一批电动车，但是这批电动车出现了不少问题。此时，小刘知道有其他供货商很乐意提供电动车，但是小刘顾虑与小秦建立起来的良好供给关系，不忍心破坏。

然而，小秦并没有在金钱上给予小刘补偿的权限，唯一能做的就是提供换货服务。小刘不得不把实情告知小秦：由于采购了质量不好的电动车，已经给公司造成了很大的损失，尤其是导致公司的名誉受损，换货不足以补偿。小秦听了，并未做出什么承诺或表示。

第二天，小刘预订了一张机票，将在三个小时后起飞。小秦获悉后，来到他下榻的酒店房间里进行沟通。然而，小刘发现小秦滔滔不绝地讲话只是为了拖延时间，再保持礼貌只会让自己得不到任何好处，于是生气地站了起来，转身离开了房间。小秦感觉非常尴尬，但又不想叫他回来，以免失了颜面。

自此，小刘所在的公司再也没有与小秦的公司发生任何业务往来。

启示：本案例体现的就是第六种谈判结果——既没有达成交易，商务关系也恶化了。

二、签订谈判协议

谈判协议是交易双方为明确各自的权利和义务，以书面形式确定下来的合同。协议一经谈判双方确认，就成为对双方具有约束力的法律文件。双方协议必须完全一致，不得有任何误差。

（一）审查谈判协议

谈判协议一旦形成，必须抓住最后的机会，严格审查，一丝不苟，如有问题应立即要求修改。谈判中的协议、文件是谈判各方就其权利与义务关系协商一致的范本，对谈判各方均具有约束力。任何一方违约，都要承担违约责任。因此，老练的谈判者总是要利用复查、修改协议的最后机会，进一步谋求己方的利益，杜绝漏洞，避免失误。

除此之外，在签字之前应注意两件事：一是要核对合同文本的一致性；二是要核对各种批件，如项目批件、许可证设备分交文件、用汇证明、订货卡片（视交易内容、文件而有所不同）是否完备及合同内容与批件内容是否一致，如出口计划、出口配额等。

当审核发现问题时，应及时互相通告并调整签约时间使双方相互谅解，不可因此造成误解。文本中的问题，一般指出即可解决。有的复杂问题需经过双方主谈人商量后再谈判。不统一的问题可以再谈，能统一则统一，不能统一而又无关紧要的可以删去。

（二）签字人的选择

商务谈判最后的合同签字人不一定是主谈人。通常情况下，商务合同应由企业法人代表签字，而政府部门代表一般不负责签字。若商务合同需由企业所在国政府承诺时，可与商务合同一起拟订协议、议定书或备忘录，由双方所属政府部门代表签字。该文件可与商务合同一起作为不可分割的组成部分。

目前商务谈判中，签字人的选择有四种情况：第一是金额与内容一般的、货物比较普通的合同，可由业务员或部门经理签字；第二是金额较大、内容一般的合同，可由部门经理负责签字；第三是成交金额比较大、内容复杂的合同，多由公司或商社领导签字；第四是金额特别大、内容又涉及高新技术领域的合同，多由公司或商社领导签字，与合同相关的协议由政府代表、企业代表共同签字。

选择签字人主要考虑对合同履行的保证。复杂的合同由于涉及面较广，可以请上级、有关政府参与。这样一来，执行中若产生问题也比较容易解决，合同的顺利执行也有保证。有些国家或地区的厂商习惯在签约前让签约人出示授权书。授权书由其所属企业法人签发。若签字人就是公司或企业的最高领导，可不出示授权书，但应以其他形式证实其身份。

（三）签字仪式的安排

为了表示合同的不同分量和影响，签约的仪式也不同。通常情况下，一般性合同的签订，主谈人与对方主谈人签字即可。签字仪式简单，与会者可站到签字人身后，也可不站。主场谈判时应视对方的要求而定，双方一致同意，亦可摄影留念。

较大型合同的签字，如果由谈判双方领导出面签约，仪式应稍隆重一些。这时要做些签字仪式方面的准备工作，比如选择好适当的签字场所。有时可在谈判间设置签字桌，有时在宴请的宾馆设签字桌。宴请要排好桌次，席间最好安排祝酒活动。

特别重大的合同，即涉及政府参与合同签字仪式的，需选择较高级的场所，亦可选择能表示仪式隆重的礼堂作为签字仪式举办的地点。另外，签字可在一个厅，宴会应另选一个。

亦可安排上级主管领导甚至国家领导人等官员会见对方代表团。在签字时，应专设签字桌，后排为领导及双方贵宾，并可邀请新闻界记者参加。宴会前，双方代表应致辞，席间应祝酒。宴会桌次、座次要严格按照来宾身份进行排列，并在桌上列好名字标识牌。

签字仪式的繁简并无绝对规定，要视双方态度而定。当对方提出要求时，应尽力配合，最好不要在这个阶段为签字仪式问题产生误会或不快。要注意礼宾程序，不可擅自做主，并向上级主管部门及时汇报情况。

拓展阅读 6-1　签约仪式方案

一、活动目的

A 公司是由 B 商务有限公司参股的一家为金融机构服务的公司，在上海专业化服务机构中具有强大的实力和影响力。在当前××专业化服务发展的大好形势下，为庆祝本公司与 C 公司正式开展合作，扩大本公司在××专业化服务领域的知名度，推广企业品牌形象及答谢政府机关、兄弟单位和广大客户对我们的大力支持，特定于 2014 年 8 月 8 日，在福泉酒店宴会厅举办“A 公司与 C 公司上海分公司的合作签约仪式”。

二、活动主题

本活动以小型酒会的形式举办。酒会以“款待、庆贺”为主要基调，给嘉宾以“规模、气势、专业、热烈、隆重”的感官印象，增强其对 A 公司的信任感和亲和力。活动分为签字仪式和来宾答谢两大部分，签字仪式要气氛隆重、热烈，突出企业的品牌形象。来宾答谢部分则体现本公司的亲和力，更增信任感。

三、参会嘉宾（具体人员名单待定）

本次签约仪式拟邀请的参会嘉宾主要包括：

(1)上级单位集团领导、集团兄弟单位有关领导；

(2)政府官员；

(3)重要客户；

(4)国内知名新闻媒体。

邀请函设计应庄重大方：暗红色封皮，中间夹页有 A 公司 logo 和总经理亲笔签名。

邀请函寄出后专人电话确认是否收到，并确认客人是否能参加，客人是自驾车前往还是到指定地点安排接送，以确定最后的人数，便于安排。

四、会场布置

(1)会议厅外设嘉宾签到台，放签到本、笔、名片托盘及鲜花。

(2)签到台后设背景板一块，上有会议主题、A 公司 logo。签到处同时分发资料袋。礼仪为贵宾戴鲜花并引领至嘉宾席。

(3)在会议厅外设置 A 公司介绍的喷绘或展架。

(4)在会议厅正面墙壁悬挂横幅，上写“A 公司与 C 公司合作签约仪式”。会场整体风格符合隆重及权威的感觉。

(5)投影仪安装到位。

五、会议议程

1. 6:00 正式开始，请工作人员介绍活动背景、出席会议的领导与来宾。(3 分钟)

2. 工作人员用投影仪播放图片并加以说明，展示×××发展过程中有纪念意义的片段。(共 15 分钟)

3. 请 A 公司的薛总主持签约仪式并致辞。(3 分钟)

4. 请签约代表讲话。(5 分钟)

5. 工作人员宣读签约项目内容，双方代表签约。(共 15 分钟)

6. C 公司张总发表感谢致辞。(2 分钟)

7. 开红酒庆祝签约仪式成功。(2 分钟)

8. 与会嘉宾自由交谈。

9. 约 17:00，工作人员宣布签约仪式结束。

10. 安排嘉宾前往就餐地点。

六、工作人员

(1)筹划组：负责酒会全部工作的安排。负责邀请出席会议领导，会同有关部门做好会场布置；负责编印项目推介及会议宣传资料；起草领导讲话稿；负责汇总落实会议参加人员名单、签约项目，审查签约文稿并落实好签约文本，确定签约项目双方代表；做好活动配合工作。

(2)酒会工作人员：负责联络客人及酒会时接待客人，与客人进行交流并引荐客人互相认识，学习参加酒会的礼仪。

(3)工程组：负责会场布置、灯光、音响设备等。

(4)礼仪组：负责酒会迎宾、接待，为有需要的客人服务。

(5)摄像师 1 人：拍摄酒会全过程，录制酒会重要来宾精彩片断，为有需要的客人录制活动片断。

(6)摄影师 1 人：拍摄酒会的精彩镜头，拍摄重要来宾的精彩镜头，为有需要的客人拍照纪念。

以上工作人员应熟悉工作须知，各组工作须知详细资料再定。

七、费用报价

1. 场地布置及餐饮费、交通接送租车费用

2. 项目报价　　元

备注

合计

八、筹备进程

1. 日期

2. 筹备项目

3. 确定举办场地时间

4. 确定所有酒会菜单、酒水

5. 确定会场布置方案

6. 确定所有工作人员

7. 对所有工作人员进行培训

8. 筹备好酒会的全部工作

9. 发出邀请函

10. 基本确认参会人员

11. 制作印刷好参会人员名单

12. 确定好接送交通车

13. 确定全部工作准备完毕,对所有参会工作人员进行培训指导

14. 布置好会场及舞台灯光音响

第三节　商务谈判的总结与管理

一、谈判后的总结

谈判结束后,不管成功还是失败,都要对过去的谈判工作进行全面的总结,对于谈判所涉及的资源要进行及时、系统的整理和维护。这样,才能真正实现谈判的意义,即不但要获得眼前的利益,更要注重公司长远的发展。尤其对于国际性的商务谈判,这项工作非常重要。

(一)总体工作总结与单项工作总结

谈判后的总结工作主要涵盖两大方面,即总体工作总结和单项工作总结。谈判人员在进行总结工作时应遵循的基本顺序为先宏观再微观,即先对谈判的总体工作进行总结进而再对谈判的单项工作进行总结。

1. 总体工作总结

(1)总结我方谈判方案的实施情况

例如,如何确定谈判目标、谈判对手,如何制定谈判计划及其执行情况。然后以此为基础,阐明我方的得失。

(2)评价我方谈判策略和技巧的发挥情况

例如,谈判前期的准备工作是否充分,谈判的时间安排、议程安排是否合理,对谈判方案和谋略的运用和修改是否得当,控制是否适度,谈判日期、地点的选择对我方之利弊等。

(3)畅谈对谈判对手的印象和与之合作的感受

其中包括对对方成员的工作作风、工作效率、他们关心或厌恶的问题的评价等。还要把对方在谈判桌上的实际表现与事前收集的信息进行对比,这样可以找出我方谈判准备工作的不足之处。

(4)总结谈判成功的主要经验及对重大失误做出分析

这是总体总结中最关键的一环,目的在于在下一次谈判中扬长避短。

2. 单项工作总结

(1)评价谈判代表团内部的组织工作情况

例如,谈判成员各自的职责、职责权限的划分是否明确、合理,代表团负责人的组织是否有效及团员的配合是否得体,对谈判过程中内部出现的问题解决得是否及时、成功等。

(2)对企业或公司后援工作的评价

对企业或公司领导的指导作用、二线人员的辅助作用均应评价,在适当场合予以积极的反馈,以便增加集体凝聚力,增强二线人员的责任感。同时,对于后援工作中的通信联络的保证等作出鉴定,提出具体的建议。

(3)对谈判小组各成员完成任务情况的总结

在谈判方案中,谈判小组的每个成员都有自己分工范围内的具体工作,在谈判结束后,每个成员都应对自己的工作进行总结,对取得突出成绩的成员应予以多方面奖励和鼓励,对完成任务一般或出现失误的成员应区分不同情况采取相应的措施。

应该注意的是,作为客座的一方,谈判代表团在异国做完了总结之后,要做好返回工作。其中最重要的是检查、整理好一切应带走的资料,绝对防止因丢失电脑硬盘、光盘、书面文件而泄露谈判机密。

这种总结一般应于谈判结束后立即进行。这是因为此时大家的情绪正处于激动状态,思维敏捷、感受深刻、记忆全面。经验证明,如在谈判结束数月再进行总结,一般效果欠佳。当然,“立即”到什么程度,也要酌情而定。如果考虑到在外地或在国外费用太高,也可以采用先回来后总结的方式,但从谈判结束到总结之前的时间一定不要太长。

(二)谈判总结的步骤

第一步,回顾谈判情况,整理谈判记录和资料。谈判的总结工作应以事实为基础。要真正达到总结工作的目的,必须对谈判情况加以客观的回顾。例如,谈判的记录、各种文件和资料应按时间顺序或问题顺序加以全面、系统的整理、分类、归纳,以形成真实反映谈判情况、可供分析研究的完整资料。

第二步,分析和评定谈判情况,总结经验,找出问题。进行谈判总结工作时,最重要的一项内容就是要根据谈判的具体情况,对总结内容的三个方面进行具体分析,肯定经验和成绩,找出存在的问题,即应有目标和实际情况之间的差距,并在此基础上做出客观评价。

第三步,提出改进措施和建议。为了克服存在的问题,力求在下次谈判中不再出现类似错误,要进行措施的改进。进行这项工作时要集思广益,最好按照一定的逻辑顺序有针对性地提出,要抓好主要问题。所提出改进措施和建议要具有说服力和科学性,要明确、具体,避免抽象。

第四步,编写总结报告。总结报告是谈判总结工作的书面体现和结果。它一般包括谈判的目标与目的、谈判的过程和概况、谈判的成果及问题、谈判的评价及各方面的工作建议等。必要时,可以把一些重要数据、图表、资料、文件作为附件,以便为今后的谈判工作提供详尽的信息情报。

(三)谈判总结的内容

谈判是一项艰苦复杂的工作,它需要随时总结,经常请示汇报,即便是出了问题、做错了决定、违反了纪律,也要如实汇报,以便在组织的帮助下妥善处理,避免给公司造成更大的利益损失。国际商务谈判总结的内容比较广泛,具体有以下几个方面:

1. 己方谈判方面的总结

对于己方的谈判总结具体包括以下内容:

(1)谈判的准备情况,主要包括准备工作是否充分、资料的收集是否齐全、选派的人员能否胜任等。

(2)谈判的总体情况,主要包括谈判的目标及实现情况、谈判成果的综合分析、谈判的效率等。

(3)谈判过程的具体情况,主要包括谈判的程序、各阶段所运用的技巧和策略、谈判的思维、语言的艺术、谈判人员的综合表现等情况。

2. 己方公司方面的总结

对己方公司方面的总结是为了了解本公司各方面的工作对谈判的影响和作用,改善公司的经营管理,为今后的谈判创造更有利的条件。具体内容如下:

(1)公司对谈判人员确定的职责、给予的权力及管理情况的适当性。

(2)公司所要求的谈判目标、谈判原则和交易条件的合理性。

(3)公司提供或要求提供的标的物的品种、规格、质量、价格及服务等方面的可行性。

(4)是否能够加强与原有客户的信息沟通,在建立稳固的业务联系的基础上,开拓新市场,创造新客户,增进彼此的了解,不断扩大商务往来。

3. 客户方面的总结

对于客户方面的总结十分重要,不可忽视。对客户谈判的情况进行研究,可以从中学习和借鉴谈判的经验和教训,有助于向对方提出善意、合理的意见与建议。将对方的各种意见和要求(如供应或购买意向,供应或购买能力,所能提供的标的物的品种、规格、质量、价格、服务或对方的其他具体要求等)加以归纳、整理,及时反馈给公司,为本公司的经营管理提供宝贵经验。

另外,合同的签订并不意味着双方关系的完结,相反,它表明双方的关系进入了一个新的阶段。从近的方面来讲,合同把双方的关系紧紧地结合在一起;从远的方面来看,本次交易又是为今后的合作奠定基础。因此,为确保合同得到认真彻底的履行,以及考虑到今后双方的业务往来,应该安排专人负责与对方保持联系,己方的谈判人员也可与对方谈判人员保持经常的私人交往,以便双方的关系保持在良好的状态。

拓展阅读 6—2　关于 2014 年秋季免费教科书竞争性谈判工作总结

经××省财政厅批准,受××省免费教科书采购办公室委托,××众信教育有限公司承办了××省 2014 年秋季免费教科书采购竞争性谈判工作。接受委托后,我公司高度重视此项工作,积极同相关部门和单位进行沟通,安排工作人员广泛调查市场情况,多渠道了解全国各省免费教科书的采购信息，从制定谈判工作方案、编制谈判文件、确定成交供应商原则，到具体组织谈判等工作都进行了认真的研究和充分的准备，并严格按照操作流程工作，以确保这次谈判采购工作的公开、公正、公平。

一、拟订谈判方案

这次2014年秋季免费教科书谈判采购工作，时间紧、任务重。在制定工作方案过程中，我公司工作人员多次与采购人员一起核实所需教科书的科目、版本、学生数，并与省新华书店了解供书的具体情况，并对这次采购新增的地方教材、英语音像制品和作业本部分印张数、折扣率等情况进行了详细的了解。我们严格按竞争性谈判的工作程序制定工作方案，明确了工作人员职责和分工、专家组成方式，确定了成交供应商基本原则、谈判程序等方面的内容。

这次竞争性谈判采购预算总金额约为28 400万元。

二、编写谈判文件

按照采购工作谈判方案，我公司对此次采购的免费教科书、音像制品及作业本的科目、种类、数量、版本、质量、供货要求等具体细节进行了认真仔细的分析研究，在此基础上编写了谈判文件，并对损坏的、缺页等质量问题及供货要求等都提出了具体要求。

三、依法组织谈判

这次竞争性谈判公告经省财政厅政府采购管理处审批后，于2014年8月21日，在××政府采购网、××教育装备网上公开发布，并同时开始发售谈判文件。

2014年8月26日上午，我公司工作人员和山西省免费教科书采购办公室的同志在省财政厅政府采购处的监督下从省财政厅政府采购专家库随机抽取了6位专家和一名采购人代表组成谈判小组。

2014年8月26日15:00，在××市学府大厦四楼会议室举行了谈判。××省财政厅、省教育厅有关处室领导、我公司工作人员以及购买谈判文件的3家供应商代表参加了谈判开始仪式。这次共收到有效谈判响应文件3份。在谈判开始仪式上，我公司工作人员宣读了所有参加谈判供应商响应文件中的第一次报价。

第一次报价宣读后，采购人代表和谈判专家阅读了竞争性谈判文件并逐一审核了供应商的谈判响应文件。在此基础上，三个参加谈判的供应商代表就企业综合实力、质量保证、售后服务、经营业绩、中标史等情况分别做了介绍，谈判小组成员进行了相关的提问。在同一时间所有参加谈判的供应商进行了第二次报价；在对第二次报价商议后，谈判小组认为企业还是有让利空间的，又让参加谈判的供应商进行了第三次报价。谈判小组根据三个供应商谈判产品的优惠折扣率、质量、综合实力、售后服务等方面的情况，依据确定成交供应商的原则进行了评议。经过谈判小组评议后，确定成交供应商后选人为××省新华书店集团有限公司。

这次谈判成交总金额为25 458万元，节约金额为1 442万元。

××众信教育有限公司

二〇一四年八月二十八日

二、谈判资源的保存与维护

对于本次谈判的资源及总结的资料，应制做成客户档案，妥善保存。如果以后再与对方进行交易，上述材料即可成为非常有用的参考资料。如果能将这项工作长期坚持下去，必定会受益无穷。资料的保存方法通常包括时序排列法、来源排列法、内容排列法等，进行此项工作的人员可根据公司的惯例和实际情况进行选择。

对于资料的保存与维护要注意以下几个方面：

(1)防损坏，如防火、防潮、防高温、防虫害等。

(2)防失密、泄密、盗窃等。

(3)定期或不定期地进行清点，及时发现存储中的问题，提高管理水平。

(4)及时扩充新的信息。

在妥善维护资源的同时，还应注意给予一定程度的保密。如果有关本次谈判的资料，特别是关于本次的谈判方针、策略和技巧方面的资料被对方了解到，那么不仅使对方在今后的交易中更了解我方，更容易把握我方的行动，而且有可能直接损害目前合同的履行与双方的关系。例如，在谈判中，在某些问题上我方是可以让步的，结果因我方采取了某些策略和技巧而使对方做出了让步，这一信息如果为对方所了解，其必然会懊悔。这样，其履行合同的热情与诚意就会大大减少，甚至荡然无存，报复的心理有可能占据上风。

对于客户的档案，非有关人员未经许可不得调阅。这应成为公司的一项制度，从高层到员工都应严格遵守。

三、商务谈判的合同管理

合同管理是一个系统的工程，主要包括供应商分类、合同起草、合同谈判和合同执行四部分内容。

(一)供应商分类

供应商有很多，但不一定与每一家都签订合同。因为签合同费时费力，要考虑投入产出比，所以公司一般只与非常重要的供应商签订合同。这样一来，合同就会主导双方关系，成为衡量供应管理工作的一个重要指标。签合同供应商或者采购金额大，或者有关键技术，或者竞争对手少。从采购金额上说，帕累托原则是一个很好的尺度，即 20%的供应商往往占 80%左右的采购额，那么这 20%就是签合同的对象。

根据对公司的重要性，供应商可分为战略供应商、优先供应商、待定供应商、消极淘汰供应商、积极淘汰供应商和身份不明供应商，其中战略供应商和优先供应商是签订合同的重点对象。

(二)合同起草

如果公司规模较大，管理供应商的人较多，则一定要有一份标准的合同文本。但是，由于供应商较多、情况各异，所以标准文本不能定得太死，要有一个浮动范围。可由专人收集以前合同谈判中的例外，以及主要负责人、律师的意见，规定哪些条款变动可以接受、哪些可以谈判、哪些绝对不能变动。在标准文本的基础上,供应商的管理者可加入与特定供应商有关的内容,这样就产生了合同的初稿。需要注意的是,作为采购方,应尽量在谈判中采用本公司的合同文本,这样一来,就可以顺着本公司的思路与对方交涉。

(三)合同谈判

合同谈判主要包括两部分内容:对内征得内部意见一致,对外说服供应商。如果这两部分交替进行,很容易浪费时间,阻碍合同谈判进程。以下做法可以帮助合同谈判顺利进行:

1. 单页战略总结

通过此方法可以帮助内部人员达成共识。合同条款虽然很多,但真正想要达成的目标并不是很多,而绝大多数内部人员所关心的就是目标。这样一来,就可以把合同的关键点总结在一页纸上,同时附上供应商的基本信息(如规模、采购额、采购产品、与本公司产品的关系、现有合同状况、当前最大的问题等),以尽快达成内部共识。此做法主要用于合同初稿。

2. 谈判全面总结

因为谈判过程反反复复、变化频频,可以将谈判的相关内容总结出一个文件,分栏、逐点说明我方的立场、供应商的立场、双方是否达成共识等,并标明时间。这份文件有助于和上级主管层沟通,因为他们需要知道更详细的内容,以供拍板决策;也可约束供应商,防止他们对已达成共识的内容反悔。

3. 升级渠道

此方法可以防止内部决策者不及时做出决策或提出反馈意见。有些合同可能牵涉到产品设计、销售、客户服务、供应管理、律师等多个部门,各部门领导可能因为工作繁忙的原因,不能及时审阅。升级渠道可以详细规定各级主管在多少时间内应做出决策,否则应升级到上一级。这样一来,期望明确,内部各级负责人就会更配合。

(四)合同执行

签订了合同并不意味着合同就自动生效、执行,原因可能并非供应商拒绝执行,而是采购方忽略了合同中的某些条款。例如,对于年复一年的降价问题,有时候到了降价时间,但采购方订单上的价格并未做出变动,其主要原因就是缺乏自动的合同管理系统。也有可能是双方的理解不一致。例如,年复一年的降价定于 3 月 1 日生效。对于此条款,供应商的理解是从 3 月 1 日起新收到的订单采用新价,而采购方的理解是 3 月 1 日以后收到的产品都用新价。这中间就存在一个供货周期的问题,如果一个产品的供货周期是 6 星期,那么这个争议就是一个半月的采购量。因此,诸如此类情况,都需要在合同中具体说明。

确保内部客户使用合同供应商也是合同执行的重要环节。情况往往是,公司签订了合同,但工程设计部门却在用未签订合同的供应商,办公室耗材部仍在随便从别的供应商处采购。这就说明,公司缺乏自动的合同管理系统,而且有可能内部客户不确定哪些供应商是合同供应商。而从合同供应商的角度来说,也有可能其绩效表现不理想,内部客户不愿意采用。这些问题都需要供应管理部门及时解决。

【本章小结】

要依据交易条件、谈判时间、谈判策略和谈判者发出的信号等对谈判是否结束进行判断。缔结协议是商务谈判的重要一环，协议是双方权利、义务的一致表示，具有法律效力，是违约处理的重要法律依据。谈判后，还需要专人对此次谈判进行后期管理，包括总结谈判经验、维护谈判资源等，以便为下一次谈判做好准备。

【课后思考】

1. 如何从交易条件和磋商状况判定谈判进入成交阶段？
2. 谈判可能的结果有哪些？
3. 成交后是不是就完成谈判了？如果不是，还需要完成哪些工作？
4. 有哪些方法可以促进合同谈判的顺利进行？
5. 对于谈判资料的保存与维护要注意哪些问题？

【案例分析】

朝鲜停战协议的签订

朝鲜战争进入正式停战协议签字阶段时遇到了难题。一个多月前本是预定的签字日期，可是李承晚制造了一起扣留战俘事件，致使签字推迟。现在李承晚集团会不会耍别的花招呢？比如派刺客乔装记者混入会场制造事端？如果出现这种情况，后果将不堪设想，古往今来这类事件在重要的政治仪式中屡见不鲜。

1953 年 7 月 26 日，停战协定签字的前一天，李克农提出了一个巧妙的办法，美国人连连叫好。他提出一个双方司令官不到现场签字的办法，即先由双方首席谈判代表签字并立即生效，然后各自向自己的司令官送签互换的文本。平时条约签约是不允许新闻记者进入会场，这次则允许新闻记者进入会场。

李克农的方案一提出，美方很快接受。这是条约签字形式上极不寻常的做法，既保证了签字仪式的正常进行，又避免了不必要的事端，新闻媒体的及时公开报道给双方执行停战协议提供了保障。

李克农的签字仪式提案好在哪里？对我们从事商务谈判有何启示？

【实训项目】

◎ 实训目的

1. 熟悉谈判的签约程序；
2. 体验谈判成交的氛围。

◎ 实训组织

1. 将学生分成三组，两组分别代表谈判双方，另外一组负责布置签约场地；
2. 谈判双方就某一谈判成果举行正式的签约仪式。

◎ 实训评价

1. 是否遵循签约的基本程序；

2. 是否经过精心的准备；
3. 会场布置是否符合要求；
4. 谈判代表在签约仪式上的表现；
5. 是否符合基本的礼仪要求。

第七章 商务谈判礼仪

【知识目标】

- 了解商务谈判礼仪的含义与作用；
- 熟悉商务谈判礼仪的基本原则；
- 掌握商务谈判的基本礼仪。

【技能目标】

- 工作中全面体现商务礼仪的基本要求；
- 在商务谈判中正确运用会面、交谈、签字仪式等商务礼仪。

【导入案例】

据报道，一次，某省政府组织驻该省的外资金融机构的20余名代表考察该省的投资环境，整个考察活动是成功的。然而，给这些外资金融机构代表们留下深刻印象的除了各市对引进资金的迫切心情及良好的投资环境外，还有一些令他们费解同时也令国人汗颜的小片段。在某开发区，在向考察代表介绍开发区的投资环境时，不知是疏忽还是有意安排，由开发区的一个副主任做英语翻译。活动组织者和随行记者都认为一个精通英语的当地领导一定会增强考察者们的投资信心。哪知，这位副主任翻译起来磕磕巴巴、漏洞百出，几分钟后，不得不换另外一个翻译，但水平同样糟糕。而且，外资金融机构的代表们一个个西装革履、正襟危坐，而这位翻译却穿着一件长袖衬衫，开着领口，袖子卷得老高。考察团几乎所有的中方人员都为这蹩脚的翻译及其近乎随便的打扮感到难为情。在某市，当地安排考察团到一个风景区游览，山清水秀的环境的确令人心旷神怡。外资金融机构的代表们刚下车，一位中方陪同人员却把一个带着的或许已经变质的西瓜当着老外的面扔到了路旁。这大煞风景的举动令其他中方人员感到无地自容。

第一节 商务谈判礼仪概述

要取得商务谈判的成功，除了在谈判各阶段做好充分的准备，有效地运用商务谈判策略和技巧外，正确地把握礼仪也起着至关重要的作用。

一、商务谈判礼仪的含义

商务谈判礼仪是商务谈判人员在商务谈判过程中所必须遵守的、用来维护个体组织形象和对谈判对手表示尊重与友好的惯例以及形式。简言之，商务谈判礼仪是商务谈判活动中对人的仪容仪表、谈判的态度和言谈举止的普遍要求。商务谈判礼仪是社会礼仪的重要组成部分，但商务谈判由于其本身的商业性和正规性，对礼仪方面有着一些特殊要求。谈判者要想在谈判中掌握主动权，强化己方的谈判优势，不仅要有谈判的资本和实力，还要有高度文明的礼节。

二、商务谈判礼仪的作用

商务谈判既是一门科学，又是一门艺术。优秀的谈判者，不仅要求精通专业知识，掌握社会学、心理学、语言学等方面的知识，还要求通晓礼仪知识，这样才能在谈判中得心应手、应付自如。商场如同战场，在市场经济条件下，各行各业之间、企业之间，为了自己的经济利益，寸利必争、毫不相让。但是商场毕竟不是战场，这种竞争不是真刀明枪、你死我活的拼杀，而是文质彬彬地进行的，即使双方有争议、相持不下，也无论交易成功与否，注重礼仪都是十分重要的。

（一）有助于树立企业形象

在商务谈判中，交易双方可能并不了解，而商务人员是企业的代表，也代表地方和国家形象。谈判人员的一举一动、一言一行，都是本企业的典型活体广告，此时无声胜有声。有这样一种常见的现象：在商务活动中，一方往往通过对方的仪容仪表、举止言谈来判断对方，并通过对方来分析他（她）所代表的企业的可信度，进而影响与其交往的程度。比尔·盖茨就说过“企业竞争是员工素质的竞争”。在商务谈判中，己方人员高尚的道德情操、彬彬有礼的言谈举止、渊博的知识、得体的礼遇，都会给对方留下深刻的印象，并对企业产生好感，减少谈判阻力，推动交易成功。恰当地运用谈判礼仪对个人来说不仅能够修身养性，完善自我，表现出良好的内在修养和素质，使自己充满自信；而且能获得对方的尊重，很好地树立并维护企业的形象。

☞案例7—1　一口痰“吐掉”一项合作

《文汇报》曾有一篇报道，某医疗器械厂与外商达成了关于引进“大输液管”生产线的协议，第二天就要签字了。可是当这个厂的厂长陪同外商参观车间时，习惯性地向墙角吐了一口痰，然后用鞋底去擦。这一幕让外商彻夜难眠，他让翻译给那位厂长送去一封信：“恕我直言，一个厂的卫生习惯可以反映一个工厂的管理素质。况且，今后我们要生产的是用来治病的输液皮管，贵国有句谚语：人命关天！请原谅我的不辞而别”。一项已经基本谈成的项目，就这样被这位厂长“吐掉”了。

(二)有助于促进谈判的顺利进行

有人说恰当的礼仪是谈判进行中的润滑剂，它有助于谈判各方充分沟通、交流感情、表达心意，同时还能建立、发展和维护各方的友好合作关系，为今后发展奠定基础。一个企业，如果能够热情周到、大方得体地接待客户，想对方之所想，帮助对方解决困难、解决疑问，尊重对方，就会使客户感到你是有诚意的，因此，乐意同你打交道。在一个宽松和谐的氛围中谈判，就会自然地缩短双方的距离，容易找到一个双方均能接受、彼此都可受益的结合点。

(三)加深理解，促进友谊

在商务谈判中，双方都要维护各自的经济利益，难免会发生一些冲突。企业与企业、人与人之间因商务活动而产生的冲突，不是对抗，更不可把交易中的矛盾变为对某个企业或个人的攻击，而要把人和事区分开来。在商务谈判双方相持不下的时候，更要注意礼仪规范，通过理解和沟通尽力找出双方都能接受的方案。即使交易不成，由于待人真诚、礼遇有加，双方也会建立友谊，日后会寻找其他的合作途径。商务谈判是在人与人之间进行的，因此谈判的过程又是一个人际交往的过程。人际关系在谈判中往往起着十分微妙的作用。道德水平低、礼仪修养差的人和企业，是无信誉可言的，在商场上很难取得成功。

(四)反映一个国家的文明程度

在国际商务谈判中，谈判人员的礼仪在一定程度上反映了一个国家、一个民族的文明、文化程度和社会风尚。中国自古便是礼仪之邦，切不可在国际谈判桌上丢掉中华民族的优秀传统，贻笑大方。

第二节　一般性商务礼仪

一、仪容仪表

(一)男士的仪容仪表

1. 发型发式

男士发型发式统一的标准就是干净整洁。要注意定期修饰、修理，头发不应过长。一般认为男士前部的头发不要遮住自己的眉毛，侧部的头发不要盖住自己的耳朵，同时不要留过厚或过长的鬓角。男士后部的头发，应该不要长过自己西装衬衫领子的上部。

2. 面部修饰

男士在进行商务谈判活动的时候，每天要剃须修面以保持面部的清洁；同时，男士在商务活动中经常会接触到烟、酒这样有刺激性气味的物品，所以要注意随时保持口气的清新。

3. 着装修饰

在正式的商务场合，男士应该穿西装、打领带，衬衫的搭配要适宜。在和西装进行搭配时，可以选择如下修饰物：

(1)公司的徽标。公司的徽标需要随身携带，它准确的佩戴位置就是男士西装的左胸的上方，这只是男士在穿西装的时候需要搭配的物品。

(2)钢笔。因为从事商务活动经常要使用，钢笔正确的携带位置应该是男士西装内侧的口袋里，而不应该在男士西装的外侧口袋里。尽量避免把它携带在衬衫的口袋里，这样容易把衬衫弄脏。

(3)名片夹。应选择一个比较好的名片夹来放自己的名片，这样可以保持名片的清洁整齐。同时接受他人名片的时候，应该有一个妥善的位置能够保存，避免直接把对方的名片放在你的口袋中，这是不好的习惯。

(4)纸巾。应随身携带纸巾，或者是携带一块手帕，可以随时清洁自己面部的污垢，避免一些尴尬场面的出现。

(5)公文包。公文包的式样、大小应该和整体着装保持一致。手机、笔记本、笔这类物品可以放在公文包中。男士在着西装的时候，应该尽量避免口袋中携带很多的物品，否则会使衣服显得很臃肿，不适合商务谈判场合。

(二)女士的仪容仪表

女士的仪容仪表标准分为发型发式、面部修饰、着装修饰、丝袜和皮鞋的配合，以及携带的必备物品等。很多内容与男士相同，就不再一一介绍。需要强调的是，女士的发型发式应该美观、大方，若需选择发卡、发带，其式样也应该庄重大方；面部修饰应该以淡妆为主，化妆要自然，妆成有却无，没有明显的痕迹，不应该浓妆艳抹，也不应该不化妆；戒指、项链等饰物应避免奢华，以体现对他人的尊重。要注意，稀奇的发型、过分的化妆、大量的珠宝、浓浓的香水味都会损坏商务职业人员的形象，给谈判对方送去错误的信号。

二、服饰礼仪

(一)男性着装

对于男性而言，一套非常合体的深色西装套服(蓝、黑、灰、棕)会适合大多数国家。杜绝穿夹克衫、休闲装、运动装或者是穿着西装，却和高领衫、T恤衫或毛衣进行搭配，这些都不是十分稳妥的做法。避免穿着有花格子，或者颜色非常艳丽的西服。下面口袋有盖子的深色西服是正式着装。这种西服，要上身稍长，袖子稍短，配专门的高领西装衬衫，两手垂下站直时，裤子能盖住鞋面。男士的西服一般分为单排扣和双排扣两种。穿单排扣西服时，特别要注意，如果是两粒纽扣的，只系上面的一粒，如果是三粒纽扣的，只系上面的两粒。穿着双排扣西服的时候，则应系好所有的纽扣。

衬衫的颜色和西装整体的颜色要协调，同时衬衫不宜过薄或过透。穿着浅色衬衫时，衬衫里面不要套深色的内衣或是保暖防寒服，特别注意不要将里面的防寒服或者是内衣露出领口。打领带时，衬衫上所有的纽扣，包括领口、袖口的纽扣，都应该系好。

领带的颜色和衬衫、西服的颜色要协调；领带的长度应该正好抵达腰带的上方，或者有一两厘米的距离。

在穿西服、打领带这种商务着装的情况下，一般要配以皮鞋，杜绝穿运动鞋、凉鞋或者布鞋，且皮鞋要保持光亮、整洁。袜子的质地、透气性要良好，同时袜子的颜色必须和西装的整体颜色保持协调。如果穿深色的皮鞋，袜子的颜色也应该以深色为主，要避免出现比较花哨的图案，不能穿尼龙袜和白色的袜子，因为穿白袜子在西方人眼里是"驴蹄子"。

衬衫、领带和公文包之间的组合与搭配要有品位，且应符合场合、符合身份。任何服装都应做到清洁、整齐、挺直。上衣应熨平整，下装熨出裤线。衣领、袖口要干净，皮鞋应上油擦亮。

拓展阅读 7—1　西装着装的"三个三"

第一个"三"是指三色原则。其含义是全身的颜色限制在三种颜色之内，三种颜色指的是三大色系：蓝色、灰色和褐色。

第二个"三"是指三一定律。其含义是身上三个部位，即鞋子、腰带和公文包三个地方要采用一个颜色，一般以黑色为主。

第三个"三"是指三大禁忌。穿西装一定不要出洋相：第一个禁忌是商标必须要拆掉；第二个禁忌是袜子的问题，即袜子的色彩、质地，正式场合不宜穿尼龙丝袜，不宜穿白色的袜子，袜子的颜色要与鞋子的颜色一致或其他深色为宜；第三个禁忌是领带打法出现问题，主要是质地和颜色的要求。

穿非职业装和短袖装不打领带，穿夹克不打领带。领带的时尚打法有以下三种：第一种打法是有个窝，这叫"男人的酒窝"。第二种打法是打领带不用领带夹。用领带夹的一般是VIP或者是穿职业装，因为在他们的领带夹上有职业标识，一看就知道他的职称、所代表的公司。第三种打法是领带的长度，领带的箭头以在皮带扣的上沿为宜。

(二)女性着装

端庄典雅的职业套装是商业女性出席谈判场合的最佳选择，这在世界任何地方都适用。套裙的颜色以冷色调为主，如藏蓝、烟灰、暗红、炭黑、雪青等，以体现着装者的稳重、端庄，并配以肉色的长筒袜或连裤丝袜和黑色的高(中)跟鞋；丝袜的长度一定要高于裙子的下摆，皮鞋的鞋跟不要过高、过细。衣服的款式要尽量合身，以利于活动；无领、无袖，或者是领口开得太低、太紧身的衣服应该尽量避免。

☞案例 7—2　一个手提包带来的尴尬

一位高级主管去参加一个商业酒会，她换上了一套准备好的西服套裙，然后携带日常上班用的绒布提包去了饭店。到了酒会上她才发现，别的女士大都拎的是羊皮手提包或缎面的小包，她的提包看上去与现场气氛不协调，令她觉得浑身都不自然。

启示：从这个案例我们可以清晰地发现，该女士犯了一个非常严重的错误，那就是她没有考虑到自己所参与活动的场合。在日常工作与生活中，商务人员的着装应当因场合不同而异，以不变应万变显然大为不妥。在不同的场合，商务人员应该选择不同的服装，以此体现自己的身份、教养与品位。该女士参加的是商业酒会，穿着还是比较符合场合，却因为一个皮包的不合理搭配让她的整体感觉大打折扣。所以我们可以清晰地看到，在商务场合我们需要合理地搭配自己，以充分显示我们的品位。只有我们自己装饰得体，让别人有一种耳目一新的感觉，才会给我们自己加分，给我们所代表的公司加分，从而促成商务活动的成功进行。

☞案例 7—3　割草机谈判

中国某企业与德国一家公司洽谈割草机出口事宜。按礼节，中方提前 5 分钟到达公司会议室。客人到后，中方人员全体起立、鼓掌欢迎。不料，德方人员脸上不但没有出现期待的笑容，反而均显示出一丝不快的表情。更令人不解的是，按计划一上午的谈判日程半个小时便草草结束。事后了解到：德方之所以提前离开，是因为中方谈判人员的穿着。德方谈判人员中男士个个西装革履，女士个个都穿职业装。而中方人员呢？除经理和翻译穿西装外，其他人有穿夹克衫的，有穿牛仔服的，有一位工程师甚至穿着工作服。

启示：德国是个重礼仪的国家，德国人素以办事认真而闻名于世。在德国人眼里，商务谈判是一件极其正式和重大的活动，中国人穿着太随便说明了两个问题：一是不尊重他人，二是不重视此活动。既然你既不尊重人，又不重视事，那还有必要谈吗？所以，德方在发现中国人服饰不规范时脸上出现不快，并且提前离去就不足为奇了。

☞案例 7—4　领导的困惑

一外商考察团来某企业考察投资事宜，企业领导高度重视，亲自挑选了庆典公司的几位漂亮女模特来做接待工作，并特别指示她们穿着紧身的上衣、黑色的皮裙，说这样才显出对外商的重视。但考察团上午见了面，还没有座谈，外商就找借口匆匆走了，工作人员被搞得一头雾水。后来通过翻译才知道，外商通过接待人员的着装，认为这是工作以及管理制度极不严谨的企业，完全没有合作的必要。

三、见面礼仪

见面是商务谈判中的一项重要活动。由于谈判双方多数只是初级交往，谈判者没有机会也没有必要对对方进行深入了解，因此得体的见面礼仪可以给对方留下良好的第一印象。见面礼仪主要包括介绍礼仪和握手礼仪。介绍一般是双方主谈各自介绍自己小组的成员。顺序是女士优先，职位高的优先。称呼通常为“女士”、“小姐”、“先生”。中国人有一个称呼叫“同志”，翻译成英语是“comrade”，在西方的某些国家，意思是“同性恋”，所以为避免误会，在商务谈判中应禁用此词。

握手是中国人最常用的一种见面礼，也是商务谈判中不可缺少的礼仪之一。谈判双方不需语言，双手一握，便可传递热情、拉近距离。握手貌似简单，但这个小小的动作却关系着个人及公司的形象，影响到谈判的成功。

(1)握手的力度。中国人初次见面，通常是握到为止，不会过重。而欧美人则喜欢用力握对方的手，握得太轻则被认为是软弱、没有信心的表现。

(2)握手的时间。握手的时间不宜太长，也不宜太短，国际上通用的标准是 3 秒钟左右。但老朋友重逢，或谈判中达成了一项重大协议，或谈判成功签字后，握手的时间可略长。

(3)握手的顺序。一般来说，主人、年长者、职位高者以及女士先伸手，也就是说，遵循尊者先伸手的原则。在场人员较多时，要稳步寻找握手对象，防止交叉握手、争手的情况发生。应等别人握手完毕后再伸手。

(4)握手时伴随的动作。握手时，双眼要正视对方，面带微笑，以示致意；不可东张西望，或面无表情。东张西望显示心不在焉，面无表情显示不友好，两者都缺乏对别人的尊重。男子在握手前应先脱下手套、摘下帽子。

当然，在有些国家见面时并不握手，比如：日本常采用鞠躬的方式；泰国采用双手合十的方式；法国人采用亲吻的方式；阿根廷人不仅亲吻而且拥抱，男人亲吻女人，女人亲吻女人，但男人不亲吻男人；而在大多数非洲国家中，习惯用身体打招呼——长时间地把手放在客人的肩上。至于选择采用何种见面礼仪，应视不同文化而定，入乡随俗是上策。

☞案例 7—5 左手引起的麻烦

某厂长去广交会考察，恰巧碰上出口经理和印度尼西亚客户在热烈地洽谈合同。见厂长来了，出口经理忙向客户介绍，厂长因右手拿着公文包，便伸出左手握住对方的右手。谁知刚才还笑容满面的客人忽然笑容全无，并且就座后也失去了先前讨价还价的热情，不一会儿便声称有其他约会，急急地离开了摊位。

启示：在伊斯兰国家，左手是不能用来从事如签字、握手、拿食物等干净的工作的，否则会被看作是粗鲁的表现，因为左手一般是用来做不洁之事的。这次商务谈判失败，就是因为厂长不了解这一文化差异，而是用了对中国人来说可以接受的左手与对方握手。

四、名片礼仪

名片是自我介绍的高雅工具。我国西汉时期将姓名刻于竹简木片上，用以通报姓名，称作谒，东汉时期称作名刺。这实际上是早期的名片。后来有了白纸，使用纸片，称作名帖或帖子，清朝广为流传，一般官吏都有自己的名片。名片之所以在现代社会中得到广泛应用，是因为它使用起来简便、灵活、文明。正常情况下，名片是一个人身份、地位的象征，也是使用者要求社会认同、获得社会尊重的一种方式，从某种程度上说还是使用者所在组织形象的一个缩影。所以名片交换应重视其礼仪效应，恰到好处地使用名片会显得彬彬有礼，令人肃然起敬。

交换名片也是相互介绍的一种形式，是建立人际关系的第一步，一般宜在与人初识时、自我介绍之后或经他人介绍之后进行。要双手拿出自己的名片，这时候有一个停顿，要注意将名片的方向调整到最适合对方观看的位置，再双手递过去。递送名片时，应面带微笑，正视对方，将名片正面朝向对方，恭敬地用双手的拇指和食指分别捏住名片上端的两角送到对方手中。如果是坐着，应起身或欠身递送，递送时可以说一些“我叫××，这是我的名片”或“请多关照”之类的客气话。有的人将名片顺手放在桌上，这样效果不好。需要注意的是，如果你要想别人记住你，千万不要在自己的名片上印上很多头衔。因为头衔一多，反而不能突出自己的亮点。接受名片的人也应该起身或欠身，面带微笑双手恭敬地接过名片并说声“谢谢”、“能得到您的名片十分荣幸”、“久仰大名”等。收到名片后，要很好地确认对方的姓名和职务，还应轻声将对方的姓名等读出。一定要养成这种习惯，否则在谈话中说错了对方的姓名或职务便会失礼。如果遇到难读的姓氏时，要非常客气地请教对方："尊号怎么念?"或"对不起，您的姓氏很少见，请问如何读?"随后当着对方的面郑重其事地将他(她)的名片放入自己的名片盒或名片夹之中，千万不要随手放在桌子或装在裤子口袋里，也不要长时间地拿在手里不停地摆弄，那样是对别人的不尊重。名片礼仪的一般要求是有来有往，来而不往非礼也。实在没有也要比较委婉地告诉对方，没带或用完了。

拓展阅读 7—2　索取名片的四种常规方法

(1)交易法。先欲取之，必先予之。

(2)激将法。"能有幸和你交换吗?"

(3)谦恭法。"以后如何向你请教?"谦恭要讲究对象，比如面对一位小姐。

(4)平等法。"以后如何跟你联系?"

五、交谈礼仪

(一)尊重、谅解对方

在交谈活动中，只有尊重对方、理解对方，才能赢得对方感情上的接近，从而获得对方的尊重和信任。因此，谈判人员在交谈之前，应当调查研究对方的心理状态，考虑和选择令对方容易接受的方法和态度；了解对方讲话的习惯、文化程度、生活阅历等因素对谈判可能造成的种种影响，做到多手准备、有的放矢。交谈时应当意识到，说和听是相互的，双方发言时都要掌握各自所占有的时间，不能出现一方独霸的局面。

(二)及时肯定对方

在谈判过程中，当双方的观点出现类似或基本一致的情况时，谈判者应当迅速抓住时机肯定这些共同点。赞同、肯定的语言在交谈中常常会产生异乎寻常的积极作用。当交谈一方适时中肯地确认另一方的观点之后，会使整个交谈气氛变得活跃、和谐，陌生的双方从众多差异中开始产生一致感，进而十分微妙地将心理距离接近。当对方赞同或肯定我方的意见和观点时，我方应以动作、语言进行反馈交流。这种有来有往的双向交流易于使双方谈判人员感情融洽，从而为达成一致协议奠定良好基础。

(三)态度和气，语言得体

交谈时要自然，要充满自信。态度要和气，语言表达要得体。手势不要过多，谈话距离要适当，内容一般不要涉及不愉快的事情。在交谈中语速、语调和音量对意思的表达有比较大的影响。交谈中陈述意见要尽量做到平稳、中速。在特定的场合下，可以通过改变语速来引起对方的注意，加强表达的效果。一般问题的阐述应使用正常的语调，保持能让对方清晰听见而不引起反感的高低适中的音量。

☞案例 7—6　农民卖玉米

一个农民在集市上卖玉米。因为他的玉米棒子特别大，所以吸引了一大堆买主。其中一个买主在挑选的过程中发现很多玉米棒子上都有虫子,于是故意大惊小怪地说:“伙计,你的玉米棒子倒是不小,只是虫子太多了,你想卖玉米虫呀?可谁爱吃虫肉呢?你还是把玉米挑回家吧,我们到别的地方去买好了。”

买主一边说着,一边做着夸张而滑稽的动作,把众人都逗乐了。农夫见状,一把从他手中夺过玉米,面带微笑却又一本正经地说:“朋友,我说你是从来没有吃过玉米咋的?我看你连玉米质量的好坏都分不清,玉米上有虫,这说明我在种植中没有施用农药,是天然植物,连虫子都爱吃我的玉米棒子,可见你这人不识货!”接着,他又转过脸对其他的人说:“各位都是有见识的人,你们评评理,连虫子都不愿意吃的玉米棒子就好吗?比这小的棒子就好吗?价钱比这高的玉米棒子就好吗?你们再仔细瞧瞧,我这些虫子都很懂道理,只是在棒子上打了一个洞而已,棒子可还是好棒子呀!”

他说完了这一番话语,又把嘴凑在那位故意刁难的买主耳边,故作神秘地说道:“这么大、这么好吃的棒子,我还真舍不得这么便宜就卖了!”

农民的一席话把他的玉米棒子个大、好吃,虽然有虫但售价低这些特点表达出来了。众人被他的话语说得心服口服,纷纷掏出钱来。不一会儿工夫,农民的玉米销售一空。

启示:说话似乎是一件非常简单的事情,因为生活中,语言是人与人之间交流的一种最基本的手段。但同样一句话,不同的人说,效果会不同,反过来说和正过来说效果也不同。比如一个人对牧师说:“我可以在祈祷的时候抽烟吗?”这表现了他对宗教的不尊重;反之,他说:“我可以在吸烟的时候祈祷吗?”这又表现了他对宗教的虔诚。在本案例中农民就充分运用了语言的艺术,利用不同的表述方式反映了问题的不同方面,从而使问题由不利转为有利。

(四)表情微笑

在所有的行为语言中,人与人之间最共通的就是面部表情。老练的谈判者不会忽略对方面部一丝一毫的信息。从行为礼仪的角度分析,面部表情最佳的状态就是微笑。微笑应该发自内心,自然坦诚。微笑来自于快乐也能给自己和别人带来和创造快乐。作为一名商务谈判者,应该时时把微笑写在脸上。在微笑中,还要注重目光与目光的交流,真诚的目光与微笑会给对方留下良好的印象和感觉,使整个交谈融洽、和谐。

(五)坐姿端正稳重

坐姿的基本要求是端正稳重、文雅自然。谈判者轻稳坐下后,应上体挺直,头部中正,两肩平正放松,两臂自然弯曲放在膝上或椅子、沙发的扶手上,两腿自然弯曲,两脚平落地面。当然,男女之间由于文化风俗以及穿着服饰等原因,坐姿也不尽相同。

(六)手势

手势是人们在交谈中用得最多的一种行为语言,手势礼仪对谈判的气氛可以起到很好的烘托作用。不同的手势给人的感觉是不一样的。比如,伸出并敞开双掌会给人以一致、诚恳的感觉;谈话时掌心向上表示谦虚、诚实、不带有任何威胁性;食指伸出,其余手指紧握,呈指点状,表示教训、镇压,有很强的威胁性;双手紧握或不断玩弄手指,会使对方感到你缺乏信心或拘谨。谈判者应避免不恰当的手势。

六、馈赠礼仪

馈赠是商务谈判活动中不可缺少的交往内容，除了表示友好、增进友谊和今后不断联络感情的愿望外，更主要的是表示对本次合作成功的祝贺，和对再次合作能够顺利进行所做的促进。

馈赠合适的礼品可以促进谈判的顺利进行，但馈赠礼品有时又会成为一个文化地雷阵。一般情况下，国际交往中礼品包装的价值不得低于礼品的1/3；接受外国人的礼物时，要当面把包装打开端详一会，并要赞扬一下。赠送礼首先应根据对方的喜好与习惯加以选择。一般应偏重于意义价值，即有意义的物品，使用价值不是很重要，但也绝不能是无用之物。赠酒在法国很流行，尤其是备受法国人欢迎的红葡萄酒或白葡萄酒，但在阿拉伯国家却是禁品。赠送绿色领带给沙特阿拉伯人会大受欢迎，因为绿色是穆斯林喜欢的颜色；但赠送给捷克人则意味着断绝关系，因为绿色在那里是毒药和毒素原料的象征。欧美人较重视礼物的意义，而不在价值，礼太重则有贿赂之嫌；而在亚非拉国家，礼太轻则不受欢迎。在中国，送礼以双数为吉祥；在日本，则以奇数表示吉利。在美国，收到礼品时应当场打开，然后对礼品大加赞赏（即使你不喜欢），并对送礼者表示感谢；而在日本，除非应送礼者请求，否则当面打开礼物是不礼貌的。

☞案例 7—7　绿帽子的故事

1992年，由中国12名不同专业的专家组成一个代表团，去美国采购约3 000万美元的化工设备和技术。美方自然想方设法令我方满意，其中一项是在第一轮谈判后送给代表团每人一件小纪念品。纪念品的包装很讲究，是一个漂亮的红色盒子。可当我方高兴地按照美国人的习惯当面打开盒子时，每个人的脸色却显得很不自然，原来里面是一顶高尔夫帽，但颜色却是绿色的。第二天，中方代表便找了个借口，离开了这家公司。

启示：美国人这次送礼，可以说是经过精心策划的：一是礼品盒的颜色是红色，红色在中国代表喜庆、发达；二是礼品本身是时尚的高尔夫帽，意思是签合同后去打高尔夫，这在20世纪90年代对中国人来说是很奢侈的，也是很有品位的。但美国人的工作毕竟没有做细，犯了中国男人最大的禁忌——戴绿帽子。

总之，国际商务谈判礼仪是国际商务人员必须遵守的行为准则。但由于各国的文化差异，对一个国家有礼的行为在另一个国家可能是失礼的。成功的商务谈判人员无论面对哪种文化，都会在尊敬别人的前提下保持自己的价值观，不需要卑屈地仿效他国的礼仪来讨好对方，只需了解对方的文化习俗、熟悉文化差异，以免失礼或冒犯对方，导致商务谈判失败。

第三节　商务谈判过程中的礼仪

一、谈判准备阶段主座谈判安排

主座谈判作为东道主一方出面安排各项谈判事宜时，一定要在迎送、款待、场地布置、座次安排等方面精心、周密准备，尽量做到主随客便、主应客求，以获得客方的理解、信赖和尊重。

(一)注意谈判时间、地点的选择

谈判时间、地点要经双方商定而不能一方单独做主，否则是失礼的。首先，要选择对己方最有利的时间进行谈判。避免在身心处于低潮时、在连续紧张工作后、在不利于自己的市场行情下进行谈判。其次，要注意谈判地点的选择。谈判地点最好争取在自己熟悉的环境内。若争取不到，至少也应选择在双方都不熟悉的中性场所。如要进行多次谈判，地点应该依次互换，以示公平。谈判地点一般选择在会议室或会客厅。

(二)谈判人员的选择

一般来说，谈判队伍由主谈人、助手、专家和其他谈判人员组成，且与对方谈判代表的身份、职务相当。可向客方索要谈判代表团成员的名单，了解其姓名、性别、职务、级别及人数；了解客方对谈判的目的要求、食宿标准，以及参观访问、观光游览的愿望；掌握客方抵离的具体时间、地点、交通方式以便及时安排迎送的车辆和人员及预定好返程的交通票。

谈判代表要有良好的综合素质，谈判前应整理好自己的仪容仪表，穿着要整洁正式、庄重。谈判人员的素质修养和仪表形象始终是一种信息，会与谈判的实质内容一起传递给对方，并相互影响、相互感染。

(三)谈判会场的布置

谈判会场需要安静和通畅。窗帘颜色的选用要合适，给人一种恬静、温暖的安全感，不能给谈判者特别是客方一种沉闷的心理压力。

(四)谈判座次的安排

如前所述，举行正式谈判时，谈判现场的座次要求严格，礼仪性很强。商务谈判根据参加谈判的人员情况可分为双边谈判和多边谈判两种。

双边谈判，指的是由两方人士所举行的谈判。在一般性的谈判中，双边谈判最为多见。举行双边谈判时，应使用长桌或椭圆形桌子，宾主应分坐于桌子两侧。若桌子横放，正面对门的为上座，应安排客方，背面对门为下座，属于主方座次，见图 7－1。若桌子竖放，则应以

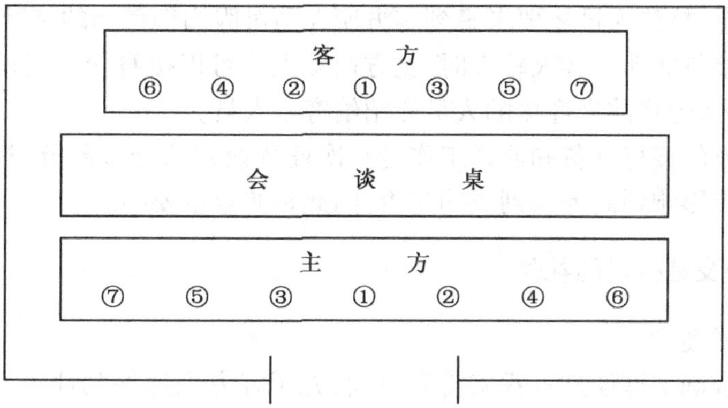

图 7－1 横桌式座次安排

进门方向为准，右侧为上，属客方位置，左侧为下，属主方位置，见图7—2。双方主谈人员在己方一边的中间就座，翻译人员通常安排在主谈人右侧，其余人员则遵循右高左低的原则，依照职位高低自近而远地分别在主谈人两侧就座。

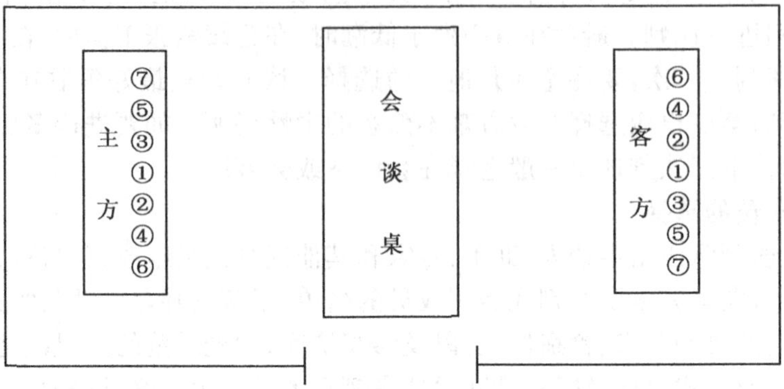

图7—2　竖桌式座次安排

多边谈判，是指由三方或三方以上人士所举行的谈判。举行多边谈判时，为了避免失礼、淡化尊卑界限，按照国际惯例，一般均以圆桌为佳，即所谓圆桌会议。

(五)迎送工作

根据商界对等接待的原则，主方应确定与客方谈判代表团的身份、职位对等，人数相等的接待陪同人员，并通知他们准时迎送。主方所有迎送人员应先于客方到达指定地点迎候。在迎送客人时，如果接的是外国人，千万不能帮助他们提行李，尤其不能帮助他们拿手提包。如果接的是外国老人，即便他腿脚不便，只要他不主动提出帮助，不要按照我们尊老的美德给他帮助。因为一旦你贸然帮助他，他会感觉年轻时代已经过去了、自己没用了。迎送时可以安排献花，但要注意各个国家的人对花的不同习俗。献花通常由年轻女职员在参加迎送的主要领导人与客方主要领导握手后，将鲜花献上。

涉外谈判接待，接待人员还要考虑到客方所在国对服饰颜色上的接受习惯，选择颜色合适的服装去参加接待活动。客人较多时，主方迎接人员可以按身份职位的高低顺序列队迎接，并由主方领导人先将前来迎接的人员介绍给客方人员。

主场谈判一方的接待准备和迎送工作是一次商务谈判的开端部分，接待和迎送工作的周到与不周到直接影响到商务谈判成功与否，因此是非常重要的。

二、谈判开始及进行时的礼仪

(一)主方准时迎候

主方人员应准确掌握谈判日程安排和时间，先于客方到达谈判地点。当客方人员到达时，主方人员在大楼门口迎候；也可指定专人在大门口接引客人，主方人员只在谈判室门口迎候。

(二)介绍成员

进入谈判席的双方由主谈人介绍各自成员的姓名、职务等情况,以便互相认识,初步了解。接下来要相互握手、问候、致意,并说些感谢的客套话,也可以随便聊聊新近的社会趣闻,目的在于创造一个和谐的气氛,为双方找到共同语言做好准备,这个阶段为时极短,但语言要热情、大方、友好和气、轻松愉快。然后由客方先行进入谈判室或宾主双方同时进入谈判室。主方人员待客方人员落座后再坐下。

(三)谈判正式进行

双方人员入座后谈判正式开始,这时非谈判人员应全部离开谈判室;在谈判进行中,双方要关闭所有的通信工具或调到静音,人员也不要随便进出。

谈判正式开始,就进入了谈判的实质性阶段,涉及内容主要是报价、查询、磋商、解决矛盾、处理冷场。

(1)报价——要明确无误,恪守信用,不欺蒙对方。在谈判中报价不得变幻不定,对方一旦接受价格,即不再更改。

(2)查询——事先要准备好有关问题,选择气氛和谐时提出,态度要开诚布公。切忌气氛比较冷淡或紧张时查询,言辞不可过激或追问不休,以免引起对方反感甚至恼怒。但对原则性问题应当力争不让。对方回答查询时不宜随意打断,答完要向解答者表示谢意。

(3)磋商——讨价还价事关双方利益,容易因情急而失礼,因此更要注意保持风度,应心平气和,求大同,存小异。发言措辞应文明礼貌。

(4)解决矛盾——要就事论事,保持耐心、冷静,不可因发生矛盾就怒气冲冲,言语、动作要谦虚恭敬,不讲粗话和侮辱人格的话。

(5)处理冷场——此时主方要灵活处理,可以暂时转移话题,稍作松弛。主方要主动提出话题,不要让冷场持续过长。如果确实已无话可说,则应当机立断,暂时中止谈判,稍作休息后再重新进行。

(四)谈后签约

签约即合同的签署。双方(多方)经过充分的洽谈磋商,就谈判项目达成书面协议,为使有关各方重视合同、遵守合同,在合同签署时,应举行郑重其事的签约仪式。

1. 签字人与参加人

签字人通常由谈判各方商议确定,但各方签字人的身份应大体对等,有时主谈人不一定就是签字人。参加签约仪式的人员一般都是各方参加谈判的人员,一方如要增加其他人员,应征得对方同意,但各方参加人数应基本对等。

2. 签字厅的布置

一些大公司(高级写字楼)有专门的签字厅,亦可将会议室、洽谈室、会客室临时改用。

签字厅的布置应该整洁庄重。将长方形签字桌(或会议桌)横放在签字厅内,桌面上最好铺设深绿色台布。座椅应根据签字方的情况来摆放,签署双边合同,在正面对门的一边摆两张座椅;签署多边合同,在中间放一张座椅,供各方签字人签字时轮流就座,也可为每位签字人各配备一张椅子。签字人签字时必须正对门就座,除桌椅外,其他家具陈设则可全部免除。

签字桌上，应放置好代签合同文本、签字笔、吸墨器等，涉外合同签字还应在有关各方签字人座位的正前方插放该国国旗。

3. 签字

签约仪式上，双方参加谈判的全体人员都要出席，共同进入会场，相互致意握手，一起入座。双方都应设有助签人员，分立在各自一方代表签约人外侧，其余人排列站立在各自一方代表身后。

助签人员要协助签字人员打开文本，用手指明签字位置。双方代表各在己方的文本上签字，然后由助签人员互相交换，代表再在对方文本上签字。

4. 签字完毕

签字完毕后，双方应同时起立交换文本，并相互握手祝贺合作成功。其他随行人员则应该以热烈的掌声表示喜悦和祝贺。

第四节　中西文化差异对商务谈判礼仪的影响

商务谈判就本质而言，是一种人际关系的特殊表现，而人的思维习惯、语言艺术、心理需求等都以特定的文化为基础。所以，在商务谈判中必须注意谈判双方或多方的文化差异。

一、中西方礼貌原则比较

（一）西方的礼貌原则

英国语言学家 Leech 提出了言语交际中的礼貌原则，分别为以下六个方面：

(1)得体原则(tact maxim)，尽量少让别人吃亏，尽量多使别人得益。

(2)慷慨准则(generosity maxim)，尽量少使自己得益，尽量多让自己吃亏。

(3)赞誉准则(approbation maxim)，尽量少贬低别人，尽量多赞誉别人。

(4)谦逊准则(modesty maxim)，尽量少赞誉自己，尽量多贬低自己。

(5)一致准则(agreement maxim)，尽量减少双方的分歧，尽量增加双方的一致。

(6)同情准则(sympathy maxim)，尽量减少自己与他人在感情上的对立。

（二）中国的礼貌原则

北京大学的顾曰国先生根据中国的历史文化背景和中国人日常交际的特点，总结了适合中国国情的礼貌原则，共包括五个方面：

(1)贬己尊人准则，指谓自己或与自己相关的事物时要“贬”、要“谦”，指谓听者或与听者有关联的事物时要“抬”、要“尊”。

(2)称呼准则，即用适合的称呼与对方打招呼，同时要考虑到对方的年龄、身份、场合等诸多因素。

(3)文雅准则，即“选用雅言，禁用秽语，多用委婉，少用直言”。

(4)求同准则，即交际双方尽量满足对方的要求，力求和谐一致。

(5)德、言、行准则，指在行为上尽量减少他人付出的代价，在言辞上尽量夸大别人给自己的好处。

二、中西方社交礼俗比较

(一)个人形象

西方人对于不同场合的个人仪表较为注重。而在中国似乎更推崇“清水出芙蓉”，除了在服务业中强调工作妆之外，在日常生活中女士对自身的妆容未有足够的重视。

在服饰方面，西方在不同场合形成了约定俗成的穿衣规则。我国没有礼服、便服之分。

(二)待人接物

(1)介绍。西方人第一次见面时，习惯于主动自我介绍。中国人一般是在已知对方是谁而只需介绍自己时才主动介绍自己。

(2)敬语称谓。在汉文化中，自卑以尊人是礼貌的核心部分，指称自己或相关的人、事用谦语，指称他人或相关的人、事则用敬语。而英语中无论指称自己或他人多采用较为平等对称的称谓方式。西方人一般不用正式头衔。只对法官、医生、高级军官、教授、高级神职人员称呼头衔。职务称谓也仅限于 president、senator、governor、mayor 以及军衔称谓。而中国人喜欢用职务作为称呼，以示尊敬。

(3)打招呼。西方人见面时通常用“hello”“hi”“good morning”“how are you?”等词来打招呼，而中国人在见面时却习惯说“你上哪儿去?”“吃了吗?”等等。

(4)握手。两人相见是否要握手，中国人一般要由上级或长者决定，在室内握手时女士也必须起立。西方人相见时握手与否一般要由女士采取主动。

(5)亲吻与拥抱。亲吻和拥抱是西方的常见礼节。中国同性好友久别重逢之时会热烈握手或拥抱，但在异性之间最多只能握手，绝不可拥抱或亲吻。

(6)访问。西方国家拜访别人一般要事先预约。中国个人访问，尤其是朋友和同事之间则常常不经事先约定就登门拜访。西方国家发出邀请的时间一般比较早，而且要以主人夫妇双方的名义，甚至以女主人的名义发出邀请，答复邀请也较早。中国人邀请人和预约往往比较晚，答复邀请也比较晚。

(7)送礼。西方国家的人一般送礼偏重礼物的纪念意义，应邀赴宴通常可带鲜花、糖果或葡萄酒，赴宴时不能带水果，因为那通常是看望病人用的。而中国人到家中拜访通常会带些水果作礼物。中国人在接受礼物时，通常不当着客人的面打开，而西方人在收到礼物时，一般都要当着客人的面打开并当场表示感谢。

(8)颜色。中西方在颜色上有许多共同之处，但某些颜色也有着不同的寓意。

(9)数字。西方人忌讳“13”、“3”等数字；而中国人不喜欢带“4”等音的数字，却很喜欢带“6、8、9”音的数字。

(10)动植物。在中西方动植物都有一定的寓意和象征，但在涉外交往中必须了解动植物在不同文化中的意义，避免弄巧成拙。在国际场合中，忌用菊花、杜鹃花、石竹花和黄色的花献给客人，这已成为惯例。

三、我国主要客源国或地区的礼俗

(一)日本礼俗

(1)日本人勤劳、守信、遵守时间,他们重礼貌,妇女对男子特别尊重。

(2)在待人接物以及日常生活中,日本人比较谦恭有礼,说话常用自谦语。

(3)现在日本人外出大多穿西服,和服是日本传统的民族服装。

(4)日本人与人见面善行鞠躬礼,初次见面向对方鞠躬90°。

(5)日本人不给他人敬烟。日本人的茶道已形成一种礼仪规范,它以"和敬清寂"为精神,作为最高礼遇来款待远道而来的尊贵宾客。

(6)在日本,初次见面时互递名片已是一种日常礼节。

(7)日本人忌讳绿色,忌荷花图案,忌"9""4"等数字,忌三人合影,还忌金眼睛的猫。日本商人忌2月和8月。日本人喜爱仙鹤和龟。忌问日本妇女私事。日本人饮食上忌讳8种用筷子的方法,叫作"忌八筷"。

☞案例7－8　日本与澳大利亚的煤铁谈判

日本的钢铁和煤炭资源短缺,渴望购买煤和铁。澳大利亚生产煤和铁,并且在国际贸易中不愁找不到买主。按理来说,日本人的谈判者应该到澳大利亚去谈生意。但日本人总是想尽办法把澳大利亚人请到日本去谈生意。澳大利亚人一般都比较谨慎,讲究礼仪,而不会过分侵犯东道主的权益。澳大利亚人到了日本,使日本方面和澳大利亚方面在谈判桌上的相互地位发生了显著的变化。澳大利亚人过惯了富裕的舒适生活,他们的谈判代表到了日本之后不几天,就急于想回到故乡别墅的游泳池、海滨和妻儿身旁去,在谈判桌上常常表现出急躁的情绪;而作为东道主的日本谈判代表则不慌不忙地讨价还价,他们掌握了谈判桌上的主动权。结果日本方面仅仅花费了少量款待作"鱼饵",就钓到了"大鱼",取得了大量谈判桌上难以获得的东西。

启示:日本人在了解了澳大利亚人恋家的特点之后,宁可多花招待费用,也要把谈判争取到自己的主场进行,并充分利用主场优势掌握谈判的主动权,使谈判的结果最大限度地对己方有利。

(二)韩国礼俗

(1)韩国人以勤劳勇敢著称于世,有强烈的民族自尊心,同时又能歌善舞。

(2)在日常交际场合,晚辈对长辈、下级对上级规矩严格。

(3)韩国人一般不轻易流露自己的感情,公共场所不大声说笑,颇为稳重有礼。妇女十分尊重男子。

(4)韩国人忌讳"4"这个数字。

(三)中国台、港、澳地区礼俗

中国台、港、澳同胞一般比较勤勉、守时。与他们交往时要注意做到不能使他们觉得丢面子。台、港、澳同胞,尤其是上了年纪的老一辈人相信迷信的不少,他们忌讳说不吉利的话，喜欢讨口彩。

（四）美国礼俗

（1）美国人一般都性格开朗，乐于与人交际，而且不拘泥于正统礼节，没有过多的客套。行接吻礼只限于对特别亲近的人，而且只吻面颊。

（2）接待美国人时要注意他们有晚睡晚起的习惯。

（3）现代的美国人平时不太讲究衣着，具有个性，只有在正式的社交场合才讲究服饰打扮。美国妇女日常有化妆的习惯。在美国崇尚“女士第一”。

（4）美国人讲话中礼貌用语很多，很重视隐私权，忌讳被人问及个人私事；交谈时与别人总保持一定的距离。

（5）美国人忌“13”、“星期五”等，他们还忌蝙蝠作图案的商品和包装。美国忌讳与穿着睡衣的人见面。美国人不提倡人际间交往时送厚礼。

（五）英国礼俗

（1）英国人重视礼节和自我修养，重视行礼时的礼节程序。

（2）英国人，特别是年长的英国人，喜欢别人称他们的世袭头衔或荣誉头衔。见面时对初次相识的人行握手礼。

（3）英国人特别欣赏自己的绅士风度。他们感情内敛，不喜欢别人问及有关个人生活的问题。

（4）英国人较注意服饰打扮，什么场合穿什么衣服都有讲究。

（5）“女士第一”在英国比世界其他国家都明显。对英国人用表示胜利的手势“V”时，一定要注意手心对着对方。和英国人闲谈最好谈天气等，不要谈论政治、宗教和有关皇室的小道消息。

（6）英国人对数字除忌“13”外，还忌“3”，英国人忌用人像作商品装潢，忌用大象图案，讨厌孔雀，忌送百合花。

（六）法国礼俗

（1）法国人乐于助人，谈问题不拐弯抹角，约会准时。

（2）在公共场所，不能随便指手画脚、掏鼻孔、剔牙、掏耳朵；女子坐时不能跷二郎腿，双膝要靠拢。男女一起看节目时，女子坐中间，男子则坐在两边。

（3）法国人待人彬彬有礼，礼貌语言不离口。在公共场所，他们从不大声喧哗。

（4）法国人行接吻礼时，规矩很严格：朋友、亲戚、同事之间只能贴脸或颊，长辈对小辈是亲额头，只有夫妇或情侣才真正接吻。

（5）法国人忌黄色的花，忌黑桃图案，忌墨绿色，忌送香水给关系一般的女性，认为仙鹤是蠢汉和淫妇的象征。

（七）德国礼俗

（1）德国人好清洁，纪律性强，在礼节上讲究形式。他们不喜欢别人直呼其名，而要称呼头衔。接电话要首先告诉对方你的姓名。与他们交谈不要谈篮球、垒球和美式橄榄球运动。

（2）除宗教禁忌外，德国人对着色禁忌较多，茶色、黑色、红色、深蓝色他们都忌讳；服饰和其他商品上禁用“卐”或类似符号；他们还忌吃核桃，忌送玫瑰花。

（八）俄罗斯礼俗

（1）俄罗斯人主要信仰东正教。

（2）俄罗斯人性格豪放，喜欢谈笑，组织纪律性强，习惯统一行动。朋友间行拥抱礼并亲面颊。与人相约，讲究准时。称呼俄罗斯人要称其名和父名，不能只称其姓。俄罗斯人重视文化教育，喜欢艺术品和艺术欣赏。

（3）与俄罗斯人交往不能说他们小气，不能与他们在背后议论第三者，对妇女忌问年龄。

（九）澳大利亚礼俗

澳大利亚是我国主要的客源国之一。澳大利亚人见面时行握手礼，他们办事爽快、认真。澳大利亚人注意遵守时间并珍惜时间。多数澳大利亚人信奉天主教和基督教。在禁忌方面，与英国人相仿。

（十）加拿大礼俗

作为冰雪运动大国，加拿大讨论的话题多与滑雪、滑冰、冰雕、冰球等有关。他们忌讳“13”这个数字，宴请活动不宜安排在与此有关的日子里。加拿大人喜欢蓝色，应邀作客时，可带上一束蓝色鲜花或蓝色包装的礼品。

【本章小结】

礼仪的本质是尊重，既尊重自己，也尊重谈判对手。谈判礼仪则是培训谈判人员的重要内容之一。谈判礼仪是商务谈判的重要组成部分，是每个参与者必须遵守的游戏规则。懂得把握和运用谈判礼仪，会为商务谈判的成功奠定基础，甚至在某些情况下，它可以决定一次商务谈判的成败。

【课后思考】

1. 商务谈判礼仪的原则是什么？
2. 商务谈判礼仪就是对谈判对手的阿谀奉承吗？
3. 在跨文化谈判中我们应该注意哪些问题？
4. 简述谈判的座次安排方式及其特点。
5. 如何理解手势的运用对谈判的影响？
6. 商务谈判签约仪式的基本程序是怎样的？

【案例分析】

重新阅读并比较案例4—10和案例4—11，分析商务谈判礼仪的重要性，并讨论如何应对商务谈判中的礼仪问题。

【实训项目】

◎ 实训目的

1. 掌握谈判礼仪的基本要求；
2. 体验不同国家礼仪风俗。

◎ 实训组织

以班级为单位，组织同学轮流当一回礼仪示范生，从仪表、神态、言谈、举止等几个方面来培养和训练学生的礼仪规范，感受礼仪修养的重要性。可以安排以下情境：

1. 介绍一位年轻人与年长者相识；
2. 介绍一名男子与一名女子相识；
3. 把职务低的人介绍给职务高的人；
4. 介绍外地的客人与当地人相识；
5. 进行一次集体介绍。

◎ 实训评价

1. 是否符合介绍的基本程序；
2. 是否经过精心的准备；
3. 是否符合介绍的顺序；
4. 介绍过程的表现；
5. 是否遵循商务礼仪。

第八章

世界各国商务谈判的风格

【知识目标】

◎ 充分认识了解不同国别商务谈判风格的重要性；

◎ 掌握不同国家和地区的谈判风格。

【技能目标】

◎ 熟悉并掌握国际商务谈判中各国商人的谈判风格；

◎ 熟悉并掌握谈判中相关社交礼仪和工作礼仪；

◎ 了解国际交往中的礼节与禁忌。

【导入案例】

某年，我国的一家大型铝厂为进口意大利B公司的先进技术设备，派代表团前往意大利谈判。对方极为重视这次谈判，派出了公司总裁、副总裁和两名高级工程师组成的谈判组与中方进行谈判。

谈判一开始，对方企图采用先报价、报高价的谈判手法为谈判划定一个框框，在中方身上"大砍一刀"，获取大笔利润，所以抛出了一个高于世界市场最高价格的筹码，以此先声夺人地镇住中方谈判代表。

中方主谈人是该铝厂精通技术的厂长，也精通谈判之道。他并没有被对方的计谋吓唬住，一边耐心地倾听对方公司代表吹嘘他们的技术设备世界第一，一边暗自想好了对付他们的策略。等到对方报价并吹嘘完毕后，他很有礼貌地向对方说，我们中国人是最讲究实际的，既然贵公司的技术水平世界第一，请你们把图样拿出来让我们看看到底哪儿先进吧。

对方只好把图样拿来摊开，中方主谈人不慌不忙地走到图样前，一边看图样一边向意方主谈人比比画画、指指点点，中肯而又内行地分析出图样上的哪些地方不够合理、哪些地方又不如某某国家的先进……

眼看对方代表面面相觑，无法下台，中方主谈人又很有心计地给他们一个台阶："贵公司先进的液压系统是对世界铝业的重大贡献……"接着又不无讽刺地说："……我们在20年前就研究过了。"B公司的谈判代表深深地被折服了，意方主谈人由衷地说："了不起，了不起……你们需要什么，我们就提供什么，一切从优考虑！"

这一仗打得非常漂亮，该铝厂以极为优惠的价格引进了一套具有世界先进水平的铝加工设备，不仅为该厂节约了一大笔外汇，而且使该厂处于全国同行中的先进行列。

启示：这就是国际商务谈判中我国谈判手风采的一个缩影。在长期的国际商务谈判实践中，我国谈判手给外国同行留下了精明强干、经验丰富、认真敬业的印象。当然，除了"知己"外，我们也要"知彼"，详细地了解国外谈判手的特点和优缺点，有利于在实际工作中有的放矢。

国际商务谈判是在不同国家的商务人员之间进行的，文化背景、风俗习惯及价值观念等方面存在着明显的差异，因此在商务谈判中呈现出不同的风格。俗话说："入乡先问俗，入乡要随俗。"对于国际商务人员来说，除了掌握必要的商务谈判原则和技巧外，更应了解不同国家商务谈判人员的谈判风格，这样才能有效地运用谈判手段，在国际商贸活动中运筹帷幄、掌握主动、赢得胜利。

第一节 文化差异与谈判风格的形成

在国际商务谈判中，各个国家之间的文化差异造成各国谈判人员在思维方式、风俗习惯、语言与表达方式、价值观、道德与法制等方面存在一定的差异。为了使谈判能够顺利进行，要求谈判双方承认和了解国际商务谈判中存在的文化差异，合理地避免或是解决这种文化差异，这样才能在国际商务交流中掌握主动、实现双赢。

一、国际商务谈判的跨文化特征

不同国家、不同身份、不同职业、不同性别、不同年龄的谈判者，带着他们根深蒂固的价值观念和特定的行为方式来到谈判桌前，如果不了解他们与自己之间的各种差异，特别是潜藏于这些差异之后的深刻背景，便无法得心应手地与之谈判。所以，作为国际商务谈判人员，应该积极了解谈判对手所在地的文化背景及特点。

文化是一个民族或群体在长期的社会生产和生活中的价值观念、宗教信仰、生活态度、思维方式、行为准则、风俗习惯等各方面所表现出来的区别于另一民族或群体的显著特征。它是一个很抽象的概念，涉及人类生活的各个方面，包括信仰、知识、艺术、习俗、道德等。

国际商务谈判具有跨文化谈判的特征。所谓跨文化谈判，指的是不同国家、民族之间的谈判，也包括不同政治制度、意识形态之间的谈判。因而，国际商务谈判的各主体之间存在明显的文化差异，文化差异的存在不可避免地导致了国际商务谈判中的文化碰撞甚至冲突。

跨文化谈判要求双方超越由于政治制度、意识形态和历史传统造成的文化心理上的差异。实现这一目标的前提条件是我们承认并尊重每一种文化存在的合理性，任何一种文化没有优劣是非之分。世界是由多个国家及多个民族构成的，其文化具有多元性。人们必须充分意识到这一点，才能突破自身的文化束缚去理解另一种文化中的人的言行，避免由于文化上的差异而造成的种种误会和隔阂。

作为国际商务谈判人员，在与另一种文化背景的人进行谈判之前，应适当地了解他们的价值观念、思维方式和生活习惯；同时，也应掌握其他文化对自己文化的了解及态度，从而得知对方是怎样看待自己、将在何种程度上接纳自己，然后才有可能考虑缩小彼此距离的有效途径。因此，只有正确地认识国际商务谈判中的跨文化特征、克服文化差异障碍，谈判才能顺利进行。

二、文化差异对谈判思维的影响

思维方式作为一种长期的文化积淀，潜移默化地影响着人们的社会生活。在国际商务谈判中，对策略的运用与变化，就是双方思维能力的较量。

更进一步说，在谈判活动中，人的思维始终在发挥作用，可以说思维是谈判的原动力。

不过，受到世界各国文化差异的影响，各个国家谈判人员的思维方式是不同的。例如，日本人向人敞开的外部思维空间有限，更多的思想内涵藏在内部空间，人们常常只能看到日本人脸上和善的笑容，而无法了解其真实思想，所以和日本人谈判是很困难的。英语中的“Negotiation”常与日语中的“谈判”翻译成同一意思。但是，日语的“谈判”蕴涵着争论、对立、战略、口角等微妙词义，而英语的“Negotiation”则没有这层含义，它意味着讨论、商量、让步等。这不是单纯语义方面的差异，语言是文化的一种形式，事实上它正反映了东西方谈判人员对“谈判”本身理解的不同，这种不同源于两者的文化差异。

☞案例 8—1　美国 CBS 与日本 NHK 的谈判

1975 年美国总统福特访问日本，美国哥伦比亚广播公司(CBS)受命向美国转播福特在日的一切活动。在福特访问前两周，CBS 的谈判人员飞抵东京商谈租用日本广播协会(NHK)的器材、工作人员、保密系统及电传问题。美方代表是一位 20 岁左右的年轻人，雄心勃勃，争强好胜。在与 NHK 代表会谈时，他提出了许多过高的要求，并且直言不讳地表述了自己的意见。可是随着谈判的进展，NHK 方面的当事人逐渐变得沉默寡言。第一轮谈判结束时，双方未达成任何协议。两天以后，CBS 一位要员飞抵东京，他首先以个人名义就本公司年轻职员的冒犯行为向 NHK 方面表示道歉，接着就转播福特总统访日一事询问 NHK 能提供哪些帮助。NHK 方面转变了态度并表示支持，双方迅速达成了协议。当 CBS 的年轻谈判人员得知自己的行为方式几乎无助于解决问题时，他十分惊讶，并向日方赔礼道歉，同时嘀咕道：“我还以为在日本谈判跟在美国一样呢！”

上述案例中，CBS 的年轻谈判员在与日本 NHK 最初的接触中根本无法了解日本人在想些什么。但是，一旦熟悉后，日本人的内部空间对你开放，就会坦诚相见，毫无保留。可见，日本人的谈判思维具有典型的东方特色，这与古老的儒家思想的影响不无关系。和日本人相反，美国人的思维，向人敞开的外部思维空间较大，因此同美国人很好打交道。那位年轻谈判员直言不讳地表述意见，并提出许多要求，正反映了美国人坦率外露的思维方式。虽然美国人好打交道，但他不会随便向你吐露内心秘密，即美国人的内部思维空间虽小但封闭强度高，这就是美国人所谓的“个性”。美利坚是个年轻的民族，它的文化极其混杂，形成了这种开放式但又“个性”化的思维方式。

美国学者曾在《心理学家谈管理》一书中，将影响谈判思维的重要文化特征加以归纳，具体如表 8—1 所示。

表 8—1　　影响谈判的文化特征

社会系统	价值系统	政治经济系统	学习系统
地位和作用	法律	政府的职能	教育
身份	宗教	政府的态度	语言
家庭	礼仪	政府的作用	思想
	伦理	经济形势	决策
	时间与空间		

东西方文化在谈判思维上表现出的差异可概括如下：

(一)思维方式上的特征

其一，东方文化重演绎推理，习惯于从一般到个别，即根据一般原理推出个别结论；而西方文化重归纳推理，习惯于从个别到一般，即从许多个别事物的特征中找出这一类事物的共同本质。

其二，东方文化偏好综合思维，即在思想上将对象的各个部分联合为整体；西方文化偏好分析思维，即在思维上将一个完整的对象分解成各个组成部分、方面。

其三，东方文化注重统一，思维上整体优先；西方文化注重对立，思维上部分优先。

(二)原则和细节

在原则和细节的关系问题上，东方人一般注重“先谈原则，后谈细节”。在谈判时首先要设定一个最基本的原则框架，喜欢先谈概括性的事项，然后再制定谈判的若干细节，往往把具体内容安排到最后的谈判中解决，认为这有利于以后的讨价还价。一旦原则确定，就会坚定不移、寸步不让，而在具体细节的处理上则表现出极大的灵活性。

西方文化则不同，尤其是美国人，他们喜欢从具体事物入手，认为细节才是问题的本质。如果他们认为在某一个问题上占有优势，可以获得主动，就会首先谈这个内容，而在原则问题上比较宽松，不受原则框架的限制。在他们的合同中，各项条款的认定也比东方人细致明确。

(三)决策方法

东方文化采用通盘决策方法。尤其是最具有东方民族色彩的中国,往往从战略上思考问题,对全部问题进行通盘考虑,认为只要能建立起和谐的业务关系,价格等细节问题可以迎刃而解。在处理具体商务关系时,注重对所有的问题整体讨论,不存在明显的次序之分,通常要到谈判的最后阶段才会在具体问题上做出让步和承诺,从而达成一揽子协议。

西方文化特别是英美人采用的是顺序决策方法。当面临一项复杂的谈判任务时,他们常常将大任务分解为一个个小任务,将价格、交货、担保和服务合同等问题分次解决,每一个问题的讨论都伴随着让步和承诺。他们习惯于解决一个条款推进一个条款,“解决了一半问题,谈判任务也就完成了一半”,最后的协议就是将各个小协议综合起来。但是,在中国和日本,谈判结束前不会有任何结果,必须要把所有事项谈完,直到最后一刻才会宣布谈判结束。

三、谈判风格

(一)研究谈判风格的目的

谈判风格是指谈判人员在谈判过程中通过言行举止表现出来的建立在其文化积淀基础上的与对方谈判人员明显不同的关于谈判的思想、策略和行为方式等的特点。这一概念包括如下几层含义:首先,谈判风格是在谈判场合与过程中表现出来的关于谈判的言行举止;其次,谈判风格是对谈判人员文化积淀的折射和反映;再次,谈判风格有其自身的特点,与不同国家或地区的风格存在显著的差异;最后,谈判风格历经反复实践和总结,被某些国家或民族的商人所认同。

谈判风格对谈判有着不可忽视的作用,甚至关系到谈判的成败。学习和研究谈判风格,具有重要的意义和作用。

1. 营造良好的谈判气氛

良好的谈判气氛是保证谈判顺利进行的首要条件。如果我们对谈判对手的谈判风格十分熟悉,言行举止会十分得体,能较快赢得对方的好感,使他们从感情和态度上接纳你。在这样的氛围下开展谈判,深入探讨问题,自然会容易得多。谈判风格是一种看不见、摸不着的东西,但它会在谈判中反复、顽强地表现出来,并成为始终起重要作用的因素。可以通过了解对方的民族、宗教、习惯、习俗、文化背景、思维方式、价值取向等来掌握其谈判风格。

2. 为谈判策略提供依据

学习和研究谈判风格不仅仅是为了创造良好的谈判气氛,更重要的意义是为谈判谋略的运筹提供依据。如果不研究对方的谈判风格,不了解谈判风格的形成、表现形式及其作用,就会在制订谈判谋略的时候束手无策,更谈不上主动地根据对方的谈判风格设谋用略。

3. 有助于提高谈判水平

商务谈判往往是很理性化的行为,但理性往往受到非理性或感性东西的引导或驱使。

谈判风格在认识上有可能是理性的，但其表现形式多为感性。我们研究和学习谈判风格的过程本身，就是一种学习和提高的过程。要汲取不同国家、不同民族和地区谈判风格中的优秀元素为我所用，汲取他们的优秀谈判经验与艺术，以减少谈判失误及避免相关损失，进而形成自己的谈判风格或使自己的谈判风格日臻完美。

(二)文化差异对谈判风格的影响

1. 平等观念对谈判风格的影响

西方社会经历了争取平等、自由权利的资产阶级革命，平等意识深入人心。在商务活动中，英、美等国奉行平等主义价值观，坚持公平合理的原则，认为双方进行交易，无论哪一方都要有利可图。在情况的介绍方式上，西方人使用具体的方式，特别喜欢用数据说话。美国人虽然注重实际利益，但一般不漫天要价，报价和提出的条件比较客观。在买卖关系上，美国卖方往往将买方更多地视为地位相等的人，对利润的划分相对而言较日本人公平。许多美国经理认为，利润划分的公平性似乎比利润的多少更为重要。

东方人受等级意识的影响较深，在商业活动中的平等方面就不如美国和其他西方人。如日本人，善于做大蛋糕，但划分蛋糕的方式却不怎么公平。在日本，顾客被看作上帝，卖方往往会顺从买方的需要和欲望，因此对利润的分配较为有利于买方。目前，中国市场经济体制已初步建立，中国经营者的观念意识往往具有西方早期市场经济的特点，在商务谈判中往往采取“单赢”策略，涉及经济利益时，较多地考虑己方的利益，不太关注对方的利益。而发达国家的市场体制则相当成熟，所以西方谈判者更多地采用“双赢”策略，基本上能考虑双方的实际利益。

2. 时间观念对谈判风格的影响

不同文化具有不同的时间观念，一般而言，发达国家从工业革命进入到信息时代，人们的工作和生活节奏加快，时间观念强。特别是美国人，普遍具有“时间就是金钱”的观念，在商务谈判中都很珍惜时间。如果谈判时间过长，就会对美国人失去吸引力；一旦突破其最后期限，谈判很可能破裂。在一些经济落后或是封建意识较为浓厚的国家里，人们往往不太重视时间，如中东和拉丁美洲文化的时间观念较弱，在他们看来时间是弹性的，时间应当用来享用。

在时间利用方式上，爱德华·霍尔把时间的利用方式分为两类：单一时间利用方式和多种时间利用方式。前者强调“专时专用”和“速度”，北美人、瑞士人、德国人等具有此类特点；后者则强调“一时多用”，人们可以有宽松的时刻表和信息反馈的延期，中东和拉丁美洲文化具有此类特点。由于持有不同的时间观念，导致不同谈判者的谈判风格各异。

北美文化的时间观念很强，美国是采用单一时间利用方式的典型。美国人具有强烈的现代竞争意识，追求速度和效益，这就造就了美国商人雷厉风行的商业作风。他们会在各个环节尽量缩短谈判时间，力争使每一场谈判都能速战速决。美国企业的各级部门职责分明，谈判的信息搜集、决策都快速高效。美国人做事井然有序，谈判中，他们特别守时，而且总是按事先安排的议程行事，谈判特点是开门见山。他们认为，直率就是效率，同时也是尊重对方的表现。对于报盘中的价格虚头，美国商人希望事情迅速地完结，所以他们的初次报盘往往与他们的实际要价比较接近。为了节约时间，不拘礼节的美国人宁愿通过寄发邮件来签订合同，也不愿举行正式的合同签订仪式。

日本及南美等国家是多种时间利用方式的典型。在对待时间的态度上，南美商人不讲究准时参加商务谈判和宴会，有时甚至故意拖延时间。在巴西文化中，巴西商人希望谈判时间相对长一些，他们的初次报盘往往和实际底线相去甚远。日本人在谈判中的耐性是举世闻名的，为了一笔理想的交易，他们可以毫无怨言地等待，只要能达到预期目的，时间并不是最重要的。在决策方面，日本的决策程序十分烦琐，由下到上，层层把关，时间较长，不过他们付诸实施却很迅速。同时，日本文化也是看重相互关系的文化，为了长远的伙伴关系，他们喜欢投入大量的时间和费用建立起个人友谊，在此基础上再进行业务商谈。

3. 个人意识与群体意识对谈判风格的影响

个人意识和群体意识都是主体的社会意识，但由于在主体中的地位和作用的不同，就区别为不同的价值取向。东方文化强调集体主义和群体意识，忠实于国家权力和集体利益，认为压抑自己的个性是一种美德，注重个人利益是私欲的表现；而西方文化崇尚自我意识和个人奋斗，人们张扬个性，普遍认为应该追求自己的利益，如果将国家利益置于个人利益之上，就等于人权的丧失。

中国长期处于以小农经济为基础的封建集权的社会结构中，加上“治国平天下”的传统教育和团体主义文化氛围的强化，中国经营者基本上沿袭了“国家→集体（企业）→个人”的价值优先顺序。西方企业家则长期生活在以激烈竞争为主导和个人主义盛行的资本主义社会里，其价值优先顺序必然相反，即个人→集体（企业）→国家。

日本也具有强烈的群体意识和团体生存发展的愿望。日本文化所塑造的价值观念与精神取向都是以集体主义为核心的。它教化人们将个人的意愿融于和服从于集体意愿，人们要循众意而行。在决策方面，日本人在谈判以前就必须与公司的其他部门商量，合同书的条款由集体研究决定，谈判过程、具体内容还要反馈到日本公司总部，经各部门传阅，得到集体认可才能有效。西方人认为日本人的决策时间很长，就是因为群体意识的原因。

加拿大、意大利和法国深受个人主义文化的影响，而美国最为典型。美国谈判者在谈判桌上常说的一句话就是“我一个人能行”，充分体现出强烈的自我意识。美国人认为，人是独立的个体，既有义务，也有权利，每个人都应充分发挥个人的能动性，通过自己的努力掌握谈判的主动权，达到既定的目标，并且将使用权力和冒险视为好的品德。所以，美国商人常常会单枪匹马地对付为数不少的中国或者日本的谈判对手，在谈判过程中显示出较大的自决权和创造性。在谈判风格上，他们充满自信，直接坦率，甚至表现出傲慢自大，有时还会咄咄逼人。由于谈判中的重要决策都是由参与谈判的级别最高的人做出的，所以，美国人喜欢与有足够权力的对手交谈。他们将谈判视为一场竞争，希望谈判结果能给己方带来实际的经济利益，并给他们个人的前途带来发展机遇。

4. 利益意识、法律意识和关系意识对谈判风格的影响

国际商务谈判是在不同主体之间就商务上的有关事务所进行的会谈，利益是谈判的主要评价指标。谈判双方都代表一定的利益主体，都努力争取各自的经济利益。在现代社会，

东西方谈判者都具有利益意识。但相比之下，西方人的利益意识强烈，而东方人的关系意识浓厚。就中国与美国的文化而言，中国谈判者的利益意识产生时间晚，没有美国人那么明确和强烈；在获得利益的方式上，美国人在谈判中旗帜鲜明地指向利益，而中国人则往往通过迂回的方式，把利益建立在人情关系的基础上；对于谈判的结果，美国人旨在追求最大的经济利益，而中国人则看重是否能为脸上增光。

西方社会的基础是以市场交换和市场竞争为主要特征的现代市场经济，在这种社会中形成的人际关系主要是利益关系，西方人重视的是经济性资源的交换和利益机制的作用。尤其是美国人，做生意往往以获取利润为唯一目的。他们坚持西方谈判理论的“原则谈判法”，客观地面对人和事。在处理利益与人情的关系问题时，一律公事公办，强调“经济和业绩而不是人”，并“根据冷酷的、铁一般的事实进行决策”。在谈判过程中始终对实质性的利益问题感兴趣。因为他们信奉的是：没有永远的朋友，只有永远的利益。美国人愿意进行纯粹的业务往来，私人交情比较淡薄。即使有私交，也是生意归生意、朋友归朋友。对于人际关系，他们喜欢随和、不拘礼节，不喜欢形式主义、传统约束和规规矩矩的社交活动。在多数情况下，双方素昧平生，只要条件合适就可进行洽谈。如果双方有可能再次合作，也会决定继续交往。他们认为有了好的商业关系才能带来好的个人关系。

中国社会受传统经济和儒家文化的影响，注重的是亲缘关系和人际关系，人们之间并不主要以利益交换为基础，而是重视非经济性资源的人情交换。正如梁漱溟先生在比较中国与其他社会系统后指出的：中国社会既不是个人本位，也不是社会本位，而是关系本位，人乃是关系的存在。中国历来主张“诚信礼义”、“和为贵”，素有“礼仪之邦”的美称。中国人非常重视和谐的人际关系，待人接物注重礼节和友情。喜欢通过社会交往建立和巩固友谊，往往是先交朋友后做生意，或是通过亲朋好友介绍生意伙伴或商业机会。

在现代社会，所有的商务活动都要在法律关系下进行，但由于社会经济和文化背景不同，东西方的法律观念存在明显的区别。

目前，中国的法制尚不健全，国民的法律意识普遍低于西方，司法队伍的质和量也有待于提高。仅就律师而言，至今只有律师 11 万余人，能进行涉外服务、国外客户洽谈业务、签订合同的律师只有 3 000 人左右，远远不能适应经济和社会发展的需求。

西方社会经过几百年的发展，资本主义法制相当完备，人们的法律意识根深蒂固。学法、懂法、用法成为西方人的必备素质。所以，西方人不愿在情理上费时间纠缠，而是倾向于通过法律来规范商务活动。在国际商务谈判中，他们要求按程序办事；谈判结束后涉及合同管理及后续交流，根据商务活动的规则即共同签订的合同来约束双方；一旦发生分歧与争端，主张按法律途径给予解决。

西方的律师业很发达，这与他们解决矛盾惯用法律的手段，而不是靠良心和人情关系的作用有直接联系。西方很多私人和公司都聘有法律顾问和律师，谈判时习惯有律师随同。整个谈判过程，从合同条款的草拟到交易的完成，法律顾问和律师都扮演着重要的角色，如有争议和纠纷一定是律师出面去处理。用法律来保障自己的权利和履行规定的义务是西方社会的重要特征。

第二节　亚洲的商务谈判风格

一、中国商人的谈判风格

中国是四大文明古国之一，人口约占世界人口的1/4。改革开放后，经济飞速发展，国际商务活动日益增多，解读中国商人的谈判风格成为必然。中华民族历史悠久，儒家文化根深蒂固。受此文化背景影响，中国人表现出注意礼节、重人情、讲关系、谈吐含蓄、比较保守、不轻易冒险、足智多谋等特点。中国人的谈判风格主要有以下几点：

（一）注重礼节

中国人接待客人非常殷勤和慷慨，几乎每一个到中国访问的外商都会备感温暖。中国商人在谈判时，习惯于以礼相待，经常给对方留有余地，很少直截了当地拒绝对方的建议。同时他们也要求对方给予礼遇，因为中国人认为，作为谈判代表，他代表的是一个集体，在一定意义上甚至代表的是一个国家和民族，而不是一个单一的个人。对其个人可以有失礼之处，但绝不可以轻视他身后的集体组织、社会背景与文化传承。对于讲究面子的中国人来说，礼节常与威信和尊严联系在一起。因此，不论对待年龄大小或地位高低的谈判人员，都应该始终注意自己言行中的礼仪。

（二）含蓄内敛

儒家思想对中国文化有着深远的影响，如孔子的“讷于言而敏于行”、“和为贵”，因此中国人提倡多听少说、三思而行，认为多言是破坏和睦、造成冲突的祸根。这种交流方式是与中国的集体主义文化分不开的，目的是在交流中避免冲突、维护和睦、照顾各自的面子。中国人在谈判中表现得十分正统和客气，尽量避免正面摩擦，如果在利益上有分歧，一般不会直接拒绝对方，认为这样会损害对方的面子、僵化关系。谦虚、有耐性、有涵养被视为优良品质。谈判者之间的相互尊敬和友谊是交易的基础，也是开展长期业务活动的基础。所以，在谈判中会避免公开争论和冲突，用谨慎的、不显眼的微妙方式解决争议。

在中国，根据语境和情景，沉默可以表示多种意思，如“你说得对，请继续说下去”、“我正在考虑你的问题，让我想一想”等。人们对于谈话中暂时出现的间断和停顿可以理解和接受，并从中判断讲话者的意思，把沉默作为说服的手段之一。

（三）注重关系

中国商人十分注重人际关系。在中国，建立关系是寻求信任和安全感的一种表现。在商业领域和社会交往的各个环节，都渗透着“关系”。“关系”成为人们所依赖的与他人、与社会进行沟通联系的一个重要渠道。中国社会的这种关系意识就导致一些中国谈判人员在商务洽谈过程中注重人情关系及非正式的处理方式。比如在处理经济纠纷时，往往习惯于依靠人际关系、舆论道德的作用或通过“组织”出面解决问题，而对如何运用法律的力量考虑不多。在“情理法”的多重效应中，中国人首先讲情，然后讲理，情理都行不通才诉诸法律。就法律和权威的地位而言，中国人更崇尚权威，常常让技术专家、贸易专家、金融专家等参与谈判，但不一定带上律师。

在商务交往中建立业务关系，一般情况下借助于一定的中介，找到具有决策权的主管人员。建立关系之后，中国商人往往通过一些社交活动来达到相互的沟通与理解。这些活动通常有宴请、观光、购物等。

(四)时间观念不强

中国人对时间的流逝并不十分敏感，人们喜欢有条不紊、按部就班。谈判时，中国人往往会派出为数众多的洽谈人员，但人多常常会延长谈判时间。中国商人信奉欲速则不达，防止拔苗助长、急躁妄为。如果时机不成熟，他们宁可按兵不动，也不草率行事。此外，决策程序复杂也造成谈判时间拖长。

与中国人谈判可将日程安排紧凑，争取更多的工作时间，对这点，中国人往往会予以满足。紧凑的日程增加了交换意见的机会，在某种意义上也增加了成功的机会。随着市场经济的确立和深入，中国人的时间观念正在逐渐加强，工作效率正在不断提高。

(五)善于把握原则性和灵活性

中国人对问题的原则性和灵活性把握得很有分寸，在谈判时注重利益均衡。当谈判进入实质性阶段，中国商人往往会要求首先以意向书的形式达成一个原则框架，然后才洽谈具体细节。中国商人在原则问题上寸步不让，表现得非常固执。谈判中如果发现原则框架中的某条原则受到了挑战，或谈判内容不符合长期目标，或提出的建议与计划不适合，中国人的态度就会严肃起来并表现出不屈不挠的决心。同时，在具体事务上，他们则表现出极大的灵活性。由于中国商人追求“平等”与“平衡”，所以在谈判中无论什么条件均会比较一下得与失。与中国人做交易，谈判各种性质的交易条件都应有一本明细账。这样，在进退之中可以随时进行准确评估，减少混乱之中的失衡，减少不必要的谈判弯路且避免无谓的谈判危机。

我国香港、澳门、台湾地区的商人与内地商人比较而言，商业气息极强。这些地区的商人在商业交易中，善于与对方拉关系、套近乎，也擅长施以小恩小惠。他们报价灵活，水分很大，常常一降再降给对方造成错觉，使对方感到他们已作了最大让步，其实成交价往往高于基本价。因此，与他们谈判前，应充分了解产品的市场行情。港、澳、台地区的商人做生意时，惯于放长线钓大鱼，常常表示愿赠送一些设备如复印机、电子音响、汽车和其他个人礼品，或表示愿提供无息贷款或提供考察费用等。港、澳、台地区的公司或企业多如牛毛，其中不乏皮包公司，因此要注意资信调查，谨防上当受骗。另外，港、澳、台地区的商人较注重眼前利益，若市场行情有变化，他们就会想方设法钻合同的漏洞。因此，要认真仔细地制定合同的每一项条款，确保合同能得到切实的执行。

二、日本商人的谈判风格

日本是个岛国，资源缺乏，人口密集，市场有限。同时，日本是世界上经济最发达的国家之一，其贸易遍布世界各个角落。日本文化深受中国文化的影响，儒家思想中的等级观念、忠孝思想、宗法观念等同样根植于日本人的内心深处，并在行为方式中处处体现出来。现代的日本人兼有东西方观念，给人的印象是礼貌、谨慎、沉着，谈判极具耐心。各国的谈判专家普遍认为，日本商人是最具个性、最具魅力、最成功的谈判者。

(一)具有强烈的群体意识，注重集体决策

日本文化所塑造的日本人的价值观念和精神取向是集体主义的。在谈判中，他们强调秩序，以集体为核心，这一特点成为日本人最为显著的谈判风格。单个的日本人与其他民族的人相比，无论在思维、能力、创新精神或心理素质等方面都不是出类拔萃的，但是日本人一旦组成了一个团体，这个团体的力量就很坚强。日本企业采取家族式的经营管理方式就可以说明这一点。这种管理方式使个人、家庭与企业紧密地联结在一起，使个人对集体产生强烈的依赖感、归属感、忠诚与责任心，从而使日本企业组织内部的统一性、协调性达到很高的水平。

在日本企业中，决策往往不是由最高领导层武断做出的，而是自上而下集体决策。企业高层领导通常派某人专门整理所需决策的情况，集中各方面意见，然后再做出决策。与此相适应，日本企业的谈判代表团多是由曾经共事的人员组成，彼此之间相互依赖，有着良好的协作关系，团体倾向性强。谈判团内角色分工明确，但每个人都有一定的发言决定权，实行谈判共同负责制。在谈判过程中常常会遇到这样的情形：碰到日方谈判团事先没有准备过或内部没有协商过的问题，他们很少当场明确表态、拍板定论，而是要等到与同事们都协商过之后才表态。虽然日本人决策程序复杂、时间较长，但一旦决策便执行彻底、迅速。

(二)等级观念根深蒂固

日本人的等级观念根深蒂固，他们非常重视尊卑秩序。日本企业都有尊老的倾向，担任公司代表一般都是有15～20年经历的人。他们讲究资历，不愿与年轻的对手商谈，因为他们不相信对方年轻的代表会有真正的决策权。日本商人走出国门进行商务谈判时，总希望谈判对手的地位能与自己的地位相当。在日本谈判团内等级意识也很强，一般都是谈判小组成员奋力争取、讨价还价，最后由头面人物出面稍作让步，达到谈判目的。还应注意的一点是，日本妇女在社会中的地位极低，一般都不允许参与大公司的经营管理活动，日本人在一些重要场合也是不带女伴的。

(三)讲究礼仪，要面子

日本商人在谈判时表现得彬彬有礼、富有耐心，实际上他们深藏不露、固执坚毅。日本商人在谈判中会显得殷勤谦恭，对长者或对某方面强于自己的人充满崇敬之情。在国外，他们恪守所在国的礼节和习惯，谈判时则常在说说笑笑中讨价还价，这反映了“礼貌在先，慢慢协商”的态度，使谈判在友好的气氛中进行，同时也使对方逐渐放松警惕，便于他们杀价。欧美一些国家的商人称日本人的彬彬有礼是“带刀的礼貌”。要对付极善于“以柔克刚”、“微笑谈判”的日本对手，就必须牢记一条：商务谈判中友谊是有价的。

日本人非常讲面子，他们不愿对任何事情说“不”字。他们认为直接的拒绝会使对方难堪，甚至恼怒，是极大的无礼。因此，在谈判过程中，他们即使对对方的提议有保留，也很少直接予以反驳，一般是以迂回的方式陈述自己的观点。例如，谈判中，日本人会说“はい”(是的），但这并不一定表示同意。它可能意味着"是的，我理解您的观点"或者"是的，这需要进一步的研究"。因此，与日本商人谈判，不要指责日本人，也不要直接拒绝日本人，更不要提出令人难堪的问题。

此外，日本人在商务交往中注重礼尚往来，送礼是日本人的商务习惯，同时有利于谈判双方良好关系的建立。需要注意的是，日本人的礼物通常是些有民族特色的小礼物，所以在还礼上也不宜过于贵重。

拓展阅读 8－1　正确理解日本人的表达方式

日本人在谈判中往往会不断地点头并说"はい（哈依）"，千万不要把他们这种礼节性的表示误认为是同意的意思。这个词表示的是他们在认真听你的讲话，而不是表示"同意"。日本人在仔细推敲某一个细节时，总是会突然变得沉默不语，这一点通常会令对手觉得莫名其妙。此外，日本人总是不愿意明确表明态度和立场，而是故意含糊其辞，经常说："我想听听贵公司的意见。"这一招足以将对手引入歧途。因此，在与日本人进行磋商时，必须善于察言观色，仔细体会他们所要表达的含义，最好是能招一名双方都信得过的日语翻译，这样不仅可以帮助己方更清楚地知道日方的想法，也能避免日语中由于诸多的隐含意思所引起的误会，还可以避免双方因为意见不一致而出现尴尬局面，有效地维护双方的面子。

（四）注重在交易谈判中建立和谐的人际关系

1. 强调建立长期的相互信赖的关系

日本人愿与熟人长期打交道，不喜欢也不习惯直接的、纯粹的商务活动。如果有人想开门见山直接进入商务问题谈判而不愿展开人际交往，他就会处处碰壁，欲速则不达。因而在商务谈判过程中，日本人把相当一部分精力和时间花在人际关系上。有人认为，参加与日本人的交易谈判就像参加文化交流活动。

2. 可信的中间人至关重要

日本人相信良好的人际关系会促进业务的往来和发展，认为一定形式的介绍有助于双方尽快建立业务关系。因此，谈判前如果想与日方接洽，最好设法找到中间人，而不是自己直接去找那个公司。因为日本对这种直截了当的推销做法感到不自在。日本企业与商务对象建立联系，往往通过私人接触或通过政府部门、文化机构及有关的组织安排活动来建立联系。

3. 重视信任

在以往的概念中，日本商人精于算计、惯于施计，但对于大多数日本商人来说，信任是合作成功的重要媒介。要与他们进行良好的合作，建立相互之间的信任十分重要。双方一旦建立了可以相互信赖的关系，几乎可以随时签订合同。

（五）有耐心，不轻易妥协

日本人在谈判中的耐心举世闻名。在谈判过程中，他们习惯慢条斯理、婉转暧昧，即使同意对方观点，也不直截了当地表明意见。这种模棱两可的态度，使得性急的谈判对手感到急躁。耐心使得日本人在谈判前准备充分，其经济情报信息工作做得相当细致。在谈判中，他们一般不愿率先表明自己的意图,而是耐心等待,静观事态发展。为了一笔理想的交易,他们可以毫无怨言地等上3个月,只要能达到他们预想的目标或取得更好的结果,时间对他们来说不是第一位的。他们往往利用“蘑菇战”将对方搞得精疲力竭,而在对方最后期限即将来临之际突然拍板表态,让对方在毫无思想准备的情况下措手不及。因此,与日本人谈判切忌暴露最后期限,缺乏耐心或急于求成,往往会一败涂地。

由以上谈判风格,形成了一些日本人谈判时常用的策略和技巧:

1. 喜欢“投石问路”

在正式会谈之前,他们常举行一些带有社交性质的聚会,以试探对方意图、个性和可信任程度。在这种场合,日本人看似漫不经心地问这问那,显得热情与真诚。这种聚会,既是一种礼貌,也是一种策略。

2. 喜欢“拖延”

日本人经常导演的局面是减交或不成交,往往拖延谈判,结束前才敲定。为此,他们千方百计地探听对方的行期和日程安排,尽可能使最终的谈判结果对自己有利。

3. 日本式的“巨大牺牲”是虚假的

日本人做出让步往往是具有形式主义色彩的。他们会将自己不断变换的新的立场称作最大限度的让步,尽管他们最终的意愿是真诚的。

4. 日本人不喜欢硬性、快速的推销式的谈判

他们讨厌进攻性的滔滔不绝的讲话;相反,他们注重镇静、自信、优雅和耐心,喜欢在介绍情况时作“低调”处理。事实上,在谈判中人们会发现日本人目光显得呆滞,面无表情,长时间地坐在那里一言不发。这并不说明他们对对方的话不感兴趣或不同意,也不说明他们有内部分歧。这种沉默和含糊的态度,正是日本人在谈判中很典型的态度。

5. 谈判细致

正如办事一丝不苟的日本作风一样,虽然日本人在表面上显得含含糊糊、模棱两可,但实际上他们在谈判中非常细致。他们不仅会对各种情况进行详细调查了解,在会谈中对具体的问题作反复权衡;即使在达成协议之后,他们也会索取大量情况介绍、研究调查报告、图表等。

三、韩国商人的谈判风格

韩国自然资源匮乏、人口密度大,自朝鲜战争以后,经济发展迅速。同日本人一样,韩国也受到儒家文化的影响,注重传统道德;同时受美国文化的影响也比较深。韩国商人在长期的对外贸易活动实践中,积累了丰富的谈判经验,即便在不利的贸易谈判中也常能占得上风。其主要谈判风格如下:

(一)在谈判前周密准备、胸有成竹

韩国商人十分重视谈判前的准备工作,会通过各种渠道调查对方的情况,做到心中有数并做好充分准备后才与对方坐到谈判桌前。他们一般是通过海内外的有关咨询机构了解对方情况,如经营项目、规模、资金、经营作风及有关商品行情等。

(二)注重谈判礼仪和创造良好的气氛

在谈判准备阶段,韩国商人对谈判地点的选择十分讲究,强调气氛。在谈判初始阶段,往往一见面就会全力创造友好的谈判气氛。见面时总是热情打招呼,向对方介绍自己的姓名、职务等,然后再寒暄几句与谈判无关的话题,如天气、旅游等,以此创造一个和谐的气氛。尔后,才正式开始谈判。韩国商人既谙熟东方的谈判策略,也深知西方的谈判技巧,并善于应用。韩国商人同中国人一样重视招待与被招待,在饭桌上做成的生意常常与在公司的会议室里做成的一样多。

(三)注重谈判策略和技巧

韩国商人逻辑性较强,做事喜欢条理化,谈判也不例外。在谈判中,韩国商人对谈判内容的条款层次非常重视,在实质性磋商开始前,他们常常先要与对方商量,敲定主要的议题、目标及谈判顺序,然后才进行实质性谈判。尤其是较大型的谈判,往往是直奔主题,开门见山。韩国商人喜欢用下面两种谈判方法:(1)横向协商法,即进入实质性谈判后,先列出需要讨论的条款,然后再逐条逐项磋商;(2)纵向协商法,即对共同提出的条款逐条协商,取得一致后,再转入下一条。有时也会两种方法兼而有之。他们还时常使用"声东击西"、"先苦后甜"、"疲劳战术"等策略。谈判中,韩国商人非常善于讨价还价,直到最后一刻仍会提出"价格再降一点"的要求,即使让步也是进取性的妥协,以退为进战胜对手。

(四)过于敏感

韩国曾遭受过多次外来侵略,有一种民族自卑与自豪相交叉的感觉,所以韩国人对自己的国际形象很敏感。韩国人忌讳高声大笑和作过分的姿态,他们珍视一种"内在"的气质。在谈判中,只要对方稍不尊重他,生意即会谈崩。他们很容易表现出灰心或震怒,会不分青红皂白地威胁中止谈判。这时,不应采取同样的手段进行报复,事情才可能有转机。此外,在完成谈判签约时,韩国商人喜欢使用合作对象国家的语言、英语、朝鲜语三种文字签订合同。三种文字具有同等效力。

四、东南亚、南亚商人的谈判风格

东南亚、南亚包括许多国家,主要有印度尼西亚、新加坡、泰国、菲律宾、印度、马来西亚、巴基斯坦、孟加拉国等国家。随国别不同体现出不同的性格特点,从事商务谈判的方式也有所不同。

(一)印度尼西亚商人的谈判风格

印度尼西亚由上万个岛屿组成,是全世界最大的群岛国家。印度尼西亚的宗教信仰十分坚定,有 90%的人是穆斯林。除雅加达等大城市用英语外,一般都使用马来语。

1. 重视交情

印度尼西亚商人很强调行业互助精神,待人很有礼貌,不讲别人的坏话,但却较难成为知心朋友。一旦建立了推心置腹的交情,与之合作就比较容易,而且可靠。因此,与印度尼西亚人打交道,不能心急,要花时间努力与其建立友谊。

2. 喜欢对方上门访问

喜欢有人到家里访问，是印度尼西亚商人的一个重要特点，可以随时敲门拜访以加深友谊。家访是和印度尼西亚商人顺利进行商务谈判的一种有效手段。

前往印度尼西亚洽谈商务的最佳时间是每年 9 月到次年 6 月，因为多数印度尼西亚商人在七八月外出避暑度假。

(二)新加坡商人的谈判风格

新加坡是连接太平洋和印度洋的要道，是亚洲最重要的金融、服务和航运中心。在城市保洁方面成效显著，故亦有"花园城市"之美称。新加坡是一个名副其实的华裔之国，其种族的构成，华人占了绝大多数，约 70%以上，其次是马来人、印度人、巴基斯坦人等。

新加坡的贸易对手中以华侨居多。众所周知，华侨的乡土观念很强，团体的同甘共苦精神也很强烈，同时也很讲面子。这些特性与中国内地极为相似。华侨的勤奋、能干是举世公认的。

新加坡商人谦恭、诚实、文明、礼貌，他们在谈判桌上一般会表现出三大特点：一是谨慎，不做没有把握的生意；二是守信用，只要签订合同，便会认真履约；三是看重"面子"。对于年老的一代来说，"面子"在商业洽谈中具有决定性的意义。在洽谈中，若遇到重要的决定，往往不喜欢做成书面的字据。但一旦订立了契约，就绝对不会违约，一般很重信义，珍惜朋友之间的关系，对对方的背信行为十分痛恨。

(三)泰国商人的谈判风格

泰国是亚太地区新兴的发展中国家。泰国商人崇尚艰苦奋斗、勤奋节俭，不愿过分依附别人，他们的生意也大都由家族控制，不依赖外人。同行业之间会互相帮助，但不会形成一个稳定的组织来共担风险。在商务谈判中，泰国人喜欢对方尽可能多地向他们介绍个人及公司的创业历程和业务开展情况。然而，要与他们结成推心置腹的友谊，要花费相当的时间和努力。当然这种关系一旦建立，他们就会非常信任你，遇到困难，也会给你通融。他们喜欢的是诚实、善良、富有人情味的合作伙伴，而不仅仅是精明强干的商人。

(四)印度商人的谈判风格

印度的人口超过 10 亿，其中包括大约 1.5 亿相对富裕的中间阶层的消费者。所以，对出口商和投资者而言，印度是个具有强大吸引力的市场。印度社会层次分明、等级森严，毫无准备的商务代表们很容易由于到处存在的官僚文牍主义而陷入困境。

印度谈判者谦逊、耐心、尊重他人。印度人通常遵循甘地的谈判方式，既不使用暴力也不进行侮辱，但是责任心不强。印度商人疑心很重，一般不愿意把自己掌握的技术交给别人。他们常常喜欢找借口逃避责任，在工作出现失误时会不厌其烦地解释。

印度商人也非常注重关系。在开始谈判之前，要留出足够的时间来了解你的对手。在印度，做生意之前，要先和对方交个朋友。合适的当地合作伙伴会拥有广泛的关系，从而减少那些阻碍性的拖延。但是千万不要抱有太高希望，因为在印度要获得成功，找到合适的伙伴只是必要条件，但并不是充分条件。

在印度，时间并不被看重。在北印度语言中，"kal"的意思既是"昨天"也是"明天"，时间含义不固定，所以和印度商人打交道时，需要较好的耐性。

在交易中，印度人会漫天要价，喜欢辩论，喜欢市场上那种你争我吵的讨价还价方式。因而一旦与当地合作伙伴建立了联系，就要为强硬的、长时间的讨价还价做好准备。印度商人通常在市场杀价方面是真正的专家，所以在开价时要留些余地。

印度税收很重，因此对印度公司的资信调查很困难。调查报告所列数据的真实性也不易分辨。同印度商人进行商务谈判之前，最好委托本国驻外机构帮助调查，以免受骗。

五、阿拉伯商人的谈判风格

由于受地理、宗教、民族等问题的影响，阿拉伯人具有一些共同的特点：以宗教划派，以部族为群；通用阿拉伯语，信仰伊斯兰教；家庭观念强，家族关系在社会经济生活中占有重要地位；性情固执保守，脾气倔强；重朋友，热情好客，却不轻易相信别人；喜欢打手势，用形体语言表达思想。阿拉伯商人的谈判风格主要有以下几点：

（一）比较注重信誉、讲交情

与阿拉伯商人谈生意必须首先赢得他们的好感和信任，建立朋友关系。只有这样，下一步的交易才会进展顺利。与他们建立亲近关系的方法有：由回族人或信仰伊斯兰教或讲阿拉伯语的同宗、同族的人引见；以重礼相待；在礼仪和实际待遇上均予以照顾，使其既有面子又得实惠。

（二）谈判节奏缓慢

阿拉伯商人时间观念差，会随意中断或拖延谈判，决策过程也较长。与阿拉伯人的一次谈判只是同他们进行磋商的一部分。这种拖延也可能表明他们对你的建议有不满之处。

（三）重视谈判的早期阶段

阿拉伯人不喜欢同你一见面就匆忙谈生意，他们认为一见面就谈生意是不礼貌的。他们希望能花点时间同你谈谈社会问题和其他问题，一般要占去 15 分钟或更多的时间，有时要聊几个小时。因此，你最好把何时开始谈生意的主动权交给阿拉伯人，他们会下很大工夫打破沉默局面、制造气氛。

（四）注重集思广益

在商务谈判中，阿拉伯商人的决策都是由公司上层人员负责的，但决策者相当重视来自中下层人员的意见和建议。这是因为等级制度使得拥有决策权的上层人物缺乏实际业务经验，有些甚至对公司运转情况一无所知。这样，他们便不得不依靠助手和下级工作人员的帮助来做出正确决策。因此，在与阿拉伯商人谈判时，要同时注意与决策者及他们的助手（即专家、技术人员）打交道。

（五）找代理商十分关键

与阿拉伯人做生意，寻找当地代理商十分必要。专家建议，无论同私营企业谈判，还是同政府部门谈判，代理商是必不可少的。几乎所有的阿拉伯国家都坚持外国商人在开展业务时必须通过本国的代理商来进行。这些代理商说着纯正的阿拉伯语，有着广泛的社会关系网，熟悉民风国情，特别是同你所要洽商的企业有直接或间接的联系。这种代理制度，不仅有利于维护阿拉伯商人的利益，而且对外国商人也大有裨益。

(六)热情好客

阿拉伯人具有沙漠地区的传统。他们十分好客,任何人来访,他们都会十分热情地接待。因此,谈判过程也常常被一些突然来访的客人打断,主人可能会抛下你,与新来的人谈天聊地。所以,与他们谈判,你必须适应这种习惯,学会忍耐和见机行事,这样你就会获得阿拉伯人的信赖。这是达成交易的关键。

(七)谈判目标层次鲜明

阿拉伯人谈判的目标层次极为鲜明。在他们看来,没有讨价还价就不是一场严肃的谈判。无论小店、大店均可以讨价还价,标价只是卖主的“报价”。因此,外商与阿拉伯商人做生意时应确立起“见价必还”的意识,凡对方提出交易条件,必须准备讨价还价的方案。同时,最好在报价时留出打折的余地。

(八)撒手锏:IBM

阿拉伯人在商业交往中习惯使用“IBM”。这里的“IBM”不是指IBM公司,而是指阿拉伯语中分别以I、B、M开头的三个词语。I是指“因夏利”,即“神的意志”;B是指“波库拉”,即“明天再谈”;M是指“马列修”,即“不要介意”。他们常以这几个词作为武器,保护自己,以抵挡对方的进攻。比如,双方已订好合同,后来情况发生变化,阿拉伯商人想取消合同,就会名正言顺地说“神的意志”。而在谈判中形势对外商有利时,他们却耸耸肩说:“明天再谈吧。”等到明天一切又要从头再来。当外商因阿拉伯人的上述行为或其他不愉快的事而烦恼不已时,他们又会拍着外商的肩膀,轻松地说:“不要介意。”所以,与阿拉伯人做生意,要记住他们“IBM”的做法,配合对方悠闲的步伐,慢慢推进才是上策。

此外,需要注意的是,阿拉伯是一个敏感的政治冲突地区,在谈生意时,要尽量避免涉及政治问题,更要远离女性话题。在任何场合都要得体地表示你对当地人宗教的尊重与理解。阿拉伯商人信奉伊斯兰教,禁忌比较多。虽然对这些不一定精通和信奉,但到这些国家访问洽商时,做些基本了解还是十分必要的。

六、犹太商人的谈判风格

犹太人是世界闻名的赚钱能手,虽然人数不多,但却是世界上最富有的民族。他们在做生意时,采取彻底的现金主义。他们在世界各地开设商店,经营钻石、戒指、饰品和高级女装,做这些生意一般都能获得较高的利润。

犹太人的关系网广泛而坚固,他们对外团结一致并擅长利用关系网调查对手的情况。同犹太人长期做生意,就必须给他们留下好印象。他们不会宽容不守信誉的谈判对手,如果他们发现对方做生意时曾有过令他们不可接受的行为,即使以前的谈判进展顺利,也会拒绝继续谈判。

犹太人的谈判方式和风格与一般常见的谈判风格截然不同。他们有着堪称卓越的谈判战略和谈判观念,恰到好处地将机智、幽默及风趣穿插其间,往往能把一次极为困难的谈判处理得尽善尽美。

犹太人精明能干,对于交易条件比较苛刻,且很难讨价还价。他们不会轻易答应交易条件，对价格更是锱铢必较。对协议条款内容需要反复确认、字斟句酌，千方百计地让措辞有利于自己，以备市场行情发生变化时，他们可以做出有利于自己的解释或寻找漏洞而拒绝履行合同。所以，与他们做生意时想毁约，法律方面的有关内容必须充分准备好。

犹太人在进行谈判时，态度非常明确，如果对方提出的条件无法接受，他们会明白地告诉你"不能接受"。在双方发生争议时，犹太人会非常认真、严肃和诚恳，但并不意味着他们会轻易承认自己有失误的地方，除非对方找出证据。

犹太商人谈判中富有弹性、随机应变、攻心为上，并以此控制对方的心理。他们可以为了某些条件与对方争辩得很激烈，但过后不久，又会面带笑容主动问好。所以，需要很强的心理素质来稳住阵脚，以沉着的态度应付他们。

第三节 美洲的商务谈判风格

一、美国商人的谈判风格

美国是世界上经济、技术最发达的国家之一，在国际贸易中占有举足轻重的地位。与此相应，美国人的谈判风格在世界上也有相当大的影响力。美国从历史的角度来讲是个年轻的、多民族的国家。美国还是一个开放程度很高且充满现代意识的国家。国民在这块土地上生存得比较自由自在，不受权威与传统观念的支配。这种社会文化和历史背景培养了美国人强烈的创新意识、竞争意识与进取精神。美国人有句格言：允许失败，但不允许不创新。美国人的谈判风格主要有以下几个特点：

(一)自信心强，自我感觉良好

众所周知，英语几乎是国际谈判的通用语言，世界贸易有50%以上用美元结算。美国无论在经济上还是在政治上都是实力最为雄厚的国家之一。所有这些都使美国人对自己的国家深感自豪，具有强烈的自尊感与荣誉感。这种心理在他们的贸易活动中充分表现出来。

美国人对本国产品的品质优越性、技术先进性非常自信。他们认为，如果你有十分能力，就要表现出十分来，千万不要遮掩、谦虚，否则很可能被看作是无能。如果你的产品质量过硬、性能优越，就要让购买你产品的人认识到。那种到实践中才检验的想法，美国人认为是不妥的。

美国人的自信与傲慢还表现在他们喜欢批评别人、指责别人。当谈判不能按照他们的意愿进展时，他们常常直率地批评或抱怨。这是因为他们往往认为自己做的一切都是合理的，缺少对别人的宽容与理解。

(二)讲究实际，注重利益

美国人做交易往往以获取经济利益为最终目标，所以，他们有时对日本人、中国人在谈判中要考虑其他方面的因素，如由政治关系所形成的利益共同体等表示不可理解。尽管他们注重实际利益，但他们一般不漫天要价，也不喜欢别人漫天要价。他们认为，做买卖要双方都获利，不管哪一方提出的方案都要公平合理。所以，美国人对于日本人、中国人注重友情和看在老朋友的面子上可以随意通融的做法很不适应。

美国人做生意时更多考虑的是做生意所能带来的实际利益，不是生意人之间的私人交情。所以亚洲国家和拉美国家的人都有这种感觉：美国人谈生意就是直接谈生意，不注重在洽商中培养双方的友谊感情，而且还力图把生意和友谊清楚地分开，所以显得比较生硬。美国人一旦签订了合同，非常重视合同的法律性，合同履约率较高。在他们看来，如果签订合同不能履约，就要严格按照合同的违约条款支付赔偿金和违约金，没有再协商的余地。所以，他们也十分注重违约条款的洽商与执行。

(三)热情坦率，性格外向

美国人属于性格外向的民族，他们的喜怒哀乐大多通过其言行举止表现出来。在谈判中，他们精力充沛、热情洋溢，喜欢很快进入主题，不断地发表自己的见解。不论在陈述己方观点，还是表明对对方的立场态度上，都比较直接坦率。如果对方提出的建议他们不能接受，也是毫不隐讳地直言相告，甚至唯恐对方误会了。所以，他们对日本人和中国人的表达方式表示了明显的异议。美国人常对中国人在谈判中的迂回曲折、兜圈子感到莫名其妙；对于中国人在谈判中用微妙的暗示来提出实质性的要求，美国人感到十分不习惯。他们常常惋惜，不少美国厂商因不善于品味中国人的暗示，失去了不少极好的交易机会。

在发生纠纷时，他们态度认真、坦率、诚恳，甚至有时面红耳赤。中国人在发生纠纷时，常赔笑脸以示豁达，借以平息对方怒气。这种东方人所表现的谦虚、耐性、涵养在美国人看来可能是虚伪、玩世不恭、自认理亏的表现，易产生误会。

(四)重合同，法律观念强

美国是一个高度法制化的国家。据有关资料披露：平均 450 名美国中人就有一名律师，这与美国人解决矛盾纠纷习惯于诉诸法律有直接的关系。他们这种法律观念在商业交易中也表现得十分明显。美国人认为，交易最重要的是经济利益。为了保证自己的利益，最公正、最妥善的解决办法就是依靠法律，依靠合同，其他的都靠不住。因此，他们特别看重合同，十分认真讨论合同条款，而且特别重视合同违约的赔偿条款。一旦双方在执行合同条款中出现意外情况，就按双方事先同意的责任条款处理。因此，美国人在商业谈判中对于合同的讨论特别详细、具体，也关心合同适用的法律，以便在执行合同中能顺利地解决各种问题。

(五)注重时间效率

美国是一个高度发达的国家，生活节奏比较快，这使得美国人特别重视、珍惜时间，注重活动的效率。所以在商务谈判中，美国人常抱怨其他国家的谈判对手拖延，缺乏工作效率，而这些国家的人也埋怨美国人缺少耐心。

在美国的企业，各级部门职责分明、分工具体，因此谈判的信息搜集、决策都比较快速、高效。加之他们个性外向、坦率，所以他们谈判的特点一般是开门见山，报价及提出的具体条件也比较客观、水分较少。他们同时也喜欢对方这样做，几经磋商后，双方的意见很快能趋于一致。如果对方的谈判特点与他们不一致或正相反，那么他们就会感到十分不适应，而且常常把他们的不满直接表示出来，更显得他们缺乏耐心。人们也就常常利用美国人夸夸其谈、准备不够充分、缺乏必要的耐心的弱点，牟取最大利益。当然，美国人的干脆利落在谈判对手也是这种风格的情况下确实很有工作效率。

美国商人重视时间，还表现在做事要一切井然有序，有一定的计划性，不喜欢事先没安排妥当的不速之客来访。与美国人约会，早到或迟到都是不礼貌的。

(六)全盘平衡，面面俱到

美国商人在谈判方案上常会表现出财大气粗，喜欢搞全盘平衡，进行一揽子交易。他们常常从总交易条件入手谈判，再谈具体条款。除讨论项目的品质、规格、包装、数量、价格、交货期及付款方式外，还包括该项目的设计与开发、生产工艺、销售、售后服务及双方更好的合作事项，面面俱到。

(七)谈判风格幽默

美国人的幽默久负盛名。曾有这样的故事流传：在餐厅盛满啤酒的杯中发现了苍蝇，英国人会以绅士风度吩咐侍者换一杯啤酒来；法国人会将杯中啤酒倾倒一空；西班牙人会令侍者把餐厅经理找来，训斥一番；沙特阿拉伯人会把侍者叫来，把啤酒杯递给他，说"我请你喝"；美国人则会对侍者说："以后请将啤酒和苍蝇分别放置，由喜欢苍蝇的客人自行将苍蝇放进啤酒，你觉得怎样？"在谈判过程中，美国人也喜欢用轻松幽默的语言传达信息，或讲讲笑话。

由于美国地域广阔、种族繁多，不同地域的美国人的处世方式、商业习惯或多或少有些差异。美国东部地区的人雷厉风行，精明而苛刻；中西部人比较保守，和蔼而朴素，易于交往；南部地区的人比较殷勤、和蔼可亲、童叟无欺、不记仇，但有时很急躁。因此在与美国商人进行谈判时，有必要捕捉其谈判风格上的地区差异。

☞案例8—2　为什么非要绕圈子

美国某电气公司与日本的一家汽车制造有限公司进行关于购销几台大型机器设备的谈判。然而，接下来不是签订协议，而是进行了一些无谓的磋商，却始终没有实质性进展。该电气公司不得不一次又一次地重申自己最初的交易目标，而日方代表则一次又一次要求按照最初的意思办理，却始终不谈最初的意思具体是什么。兜来兜去，这家电气公司好不容易搞懂，原来日方这样绕圈子的目的无非是想确定一个最理想的购买价格。美国人很不理解，日本代表为什么不在第一时间就说明要求降低价格呢，这样兜来兜去既浪费彼此的时间，还有可能会因为误解而使谈判进行不下去。

启示：上述谈判进行得不顺利，其原因是日、美两国谈判风格不同。

二、加拿大商人的谈判风格

加拿大是个移民国家，民族众多。各民族相互影响，文化彼此渗透。大多数人性格开朗，强调自由，注重实利，张扬个性，讲究生活舒适。

加拿大居民大多是英国和法国移民的后裔，在加拿大从事对外贸易的商人也主要是英国后裔和法国后裔。英国裔商人主要集中在多伦多和加拿大的西部地区；法国裔商人则主要集中在魁北克。英国裔商人同法国裔商人在谈判风格上有较大的差异。所以，和他们谈生意时，首先应注意他们的不同特点。

英国裔商人比较保守，重视信用，商谈时要比法国裔商人严谨得多，在每一个细节尚未了解以前，是绝对不会答应要求的。而且，英国裔商人商谈时喜欢设关卡，一般不会爽快地答应对方提出的条件和要求，所以从开始到价格确定这段时间的商谈是颇费脑筋的。对此，要有耐心，急于求成往往办不好事情。不过，一旦签订契约，违约的事情很少出现。

法国裔商人则大不相同，刚开始接触时非常和蔼可亲、平易近人，款待也很客气和大方，但坐下来谈到实际问题时就判若两人，讲话慢吞吞、难以捉摸，因此要谈出结果颇需耐心，即使签约后也仍然使人存有一种不安感。因为法国裔商人对签约比较马虎，往往当主要条款谈妥后，就要求签字，他们认为次要的条款可以待签字后再谈，然后往往是由于当时不被人们重视的次要条款导致了日后的纠纷。因此，同其谈判时应力求慎重，签约时应力求详细明了和准确，否则难免引起纠纷和麻烦。

加拿大商人多属于保守型，不喜欢价格经常上下波动，也不喜欢做薄利多销的生意，喜欢稳扎稳打。

三、拉丁美洲商人的谈判风格

拉丁美洲是指美国以南的地区，包括墨西哥、中美洲和南美洲，由于曾受过拉丁语系的西班牙和葡萄牙的殖民统治，所以称为拉丁美洲。虽然与北美洲同处一个大陆，但拉美人的观念和行为方式却差别极大。因此，和拉美人谈生意、打交道时，一定要了解他们的谈判风格。

（一）自尊心强

由于历史上受外国的长期剥削，加上国内政治混乱、政变频繁，拉美许多国家的经济仍很落后，经济单一化严重，贫富分化明显。但是拉美人并不是带着纯粹的羞辱感来看待自己的历史，他们有着强烈的民族自尊心，以自己悠久的历史和独特的文化而自豪，坚决反对并非常痛恨那些发达国家商人趾高气扬、自以为是的态度，不愿接受北美人或欧洲人教训式的谈话方式。拉美商人总希望双方能在平等互利的基础上进行商贸合作，所以和拉美人打交道时，千万不要表现出轻蔑的态度，要尊重他们的人格，尊重他们的历史。

（二）悠闲恬淡，注重感情

拉美人的生活比较悠闲、恬淡，不太注重物质利益，而比较注重感情，这与崇尚实际利益的美国人大为不同。因此，想与拉美人做生意，最好先与他们交朋友，一旦你成为他们的知己，他们会优先考虑你作为生意伙伴。同样，在与拉美人进行商务谈判中，感情因素也很重要，以公事公办、冷酷无情的态度对待他们是行不通的。相反，若彼此关系相熟、私交不浅，如果你有事拜托他们，他们会毫不犹豫地为你优先办理，并充分考虑你的利益和要求，这样双方的会谈就会自然而然地进行下去。

（三）不喜欢妥协，注重真诚与个人

拉美人最突出的特点是固执、个人人格至上和富有男子气概；同时比较开朗、直爽。固执不妥协的特点体现于拉美人的商贸谈判中，就是对自己意见的正确性坚信不疑，往往要求对方全盘接受，很少主动做出让步；如果他们对别人的请求感到不能接受，一般也很难让他

们转意。个人人格至上的特点使得拉美人特别看重谈判对手本人而不是谈判对手所属的公司或者团体。他们判定谈判对手的工作能力及在公司、团体中所处的地位，往往是根据对手讲话的语气和神情，一旦他们认定对方是有较强工作能力和丰富工作经验并且是公司、团体中的重要人物时，就会对之肃然起敬，以后的谈判自然而然就会比较顺利。拉美人对男子气概的崇尚使他们瞧不起妇女，这可以在日常生活小事中看出来，正因为这点使他们不喜欢同女性谈判。当然也有例外，那就是女性谈判者能用带有权威的、不容置疑的语调和大量事实向他们表明：自己同他们一样有经验、懂技术、胜任任务，甚至做得比他们更好，并且令人信服地向他们展示自己的能力，这就能让他们感到敬佩，从而暂时消退他们所谓的男子汉气概，因为拉美人是崇尚个人奋斗、敬仰成功者的。

(四)谈判节奏缓慢，时间利用率低

他们是享乐至上主义者，即使是谈判做生意，他们也不愿意使一些娱乐活动受到妨碍。许多拉美国家假期很多，在商务谈判过程中常常会因为拉美谈判人员的突然休假，使得谈判活动戛然而止。拉美人处理事务节奏较慢，往往会让性急的外国人无可奈何。但是，如果想速战速决只会让他们恼火，甚至使进度更加停滞不前。因此，最好还是保持理解与宽容，并注意避免工作与他们的休闲发生冲突。

(五)不重视合同

拉美人不太重视合同，常常是签约之后又要求修改，合同履约率也不高，特别是不能如期付款。因此，在谈判时要时刻注意确保谈判成果、降低风险。

此外，在中南美国家中，各国政府对进出口和外汇管制都有不同程度的限制，而且差别较大。一些国家对进口证审查很严，一些国家对外汇进出入国境有繁杂的规定和手续。所以，一定要进行认真的调查研究，有关合同条款也要写清楚，以免发生事后纠纷。

拉美各国的商人有共同点，也有不同点。拉美地区国家较多，不同国家谈判人员特点也不相同。如阿根廷人比较正统，喜欢握手；巴西人以好娱乐、重感情而闻名；智利、巴拉圭和哥伦比亚人做生意比较保守；厄瓜多尔人和秘鲁人的时间观念不强，他们大多不遵守约会时间等。

第四节　欧洲的商务谈判风格

一、英国商人的谈判风格

英国是最早的工业化国家，早在17世纪，它的贸易就遍及世界各地，所以英国人有一种与生俱来的优越感。但英国人的民族性格是传统、内向、谨慎的。尽管从事贸易的历史较早、范围广泛，但是贸易洽商特点却不同于其他欧洲国家。其谈判风格主要可以归纳为以下几点：

(一)不轻易与对方建立个人关系

英国人一般比较冷静与持重，不轻易与对方建立个人关系。即使是本国人，人们之间的交往也比较谨慎，很难一见如故。他们不轻易相信别人、依靠别人。这种保守、传统的个性，在某种程度上反映了英国人的优越感。但是一旦与英国人建立了友谊，他们会十分珍惜，长期信任你，在做生意上也会十分融洽。所以，如果没有与英国人长期打交道的历史，没有赢得他们的信任，没有最优秀的中间人作介绍，就不要期望与他们做大买卖。

（二）保守、传统、深层次的等级观念

尽管英国是老牌的资本主义国家，但那种平等和自由更多地表现在形式上。在人们的观念中，等级制度依然存在，这就是为什么英国还保留象征性的王室统治。在人们的社交场合，平民与贵族仍然是不同的。在对外交往中，英国人比较注重对方的身份、经历、业绩，而不是像美国人那样更看重对手在谈判中的表现。在与英国人谈判时，应尊重他们的等级制度和礼节。所以，在必要的情况下，与英国人谈判，派有较高身份、地位的人，有一定的积极作用。

（三）注重礼仪，崇尚绅士风度

英国商人的绅士风度举世闻名，常常处变不惊、谈话轻描淡写。他们喜欢以他们的文化遗产、喂养的宠物等作为谈论的话题，尽量避免讨论政治、宗教、皇家是非等。与英国人初次接触时，一般应保持一定的距离，不要被他们的彬彬有礼所感动，他们可能是工于心计的谈判家。

英国商人十分注意礼仪，他们谈吐文明、举止高雅、珍惜社会公德、很有礼让精神。无论在谈判场内外，英国谈判手都很注重体现个人修养，尊重谈判业务。同时，他们也很关注对方的修养和风度，如果你在谈判中显示出良好的教养和风度，就会很快赢得他们的尊重，为谈判成功打下良好的基础。

（四）谈判稳健，缺乏灵活性

英国人谈判稳健，善于简明扼要地阐述立场、陈述观点，之后便是更多的沉默，表现出平静、自信而谨慎。在谈判中，他们缺少灵活性，常采取非此即彼、不允许讨价还价的态度。因而在谈判的关键时刻，他们往往表现得既固执又不肯花大力气争取，使对手颇为头痛。如果出现分歧，他们往往不肯轻易让步，以显其大国风范。英国人认为，追求生活的秩序与舒适是最重要的，勤奋与努力是第二位的。所以，他们宁愿做风险小、利润也少的买卖，不喜欢冒大风险、赚大利润的买卖。例如，在1989年，英方与中方曾拟合作一个大项目，当一切都谈妥之后，由于形势有了变化，英方担心中方政策有变，毅然放弃了这个合作项目，这就是英国人的特点。

（五）不能保证合同的按期履行

英国商人的一个共同特征，就是不能保证合同的按期履行，不能按时交货。据说这一点举世闻名。这使得他们在谈判中比较被动，外国谈判者会利用这点迫使他们接受一些苛刻的交易条件，如索赔条款等。英国人为此也做了很大努力，但效果不明显。这可能由于英国工业历史较为悠久，但近几个世纪发展速度放慢，英国人更追求生活的秩序与舒适，而勤奋与努力是第二位的。另外，英国的产品质量、性能优越、市场广泛，这又使英国人忽视了现代贸易应遵守的基本要求。

二、德国商人的谈判风格

德意志民族具有沉稳、自信、好强、勤奋、严谨、勤劳好学、善于发明创造的特点，他们办事严肃认真、注重效率、讲究信誉、素质较高，被称为欧洲最老练的商人。德国谈判者身上所具有的这种日耳曼民族的性格特征会在谈判桌上得到充分的展现。

（一）重质量、重标准

德国在世界上是经济实力最强的国家之一，他们的工业极其发达，生产率高，产品质量堪称世界一流。这主要是由于企业的技术标准十分精确具体，对这一点德国人一直引以为豪。因此，他们购买其他国家的产品，往往把本国产品作为选择标准，对于想出售或购买的商品要求很高。如果要与德国人谈生意，务必要使他们相信你公司的产品可以满足德国人要求的标准。当然，他们也不会盲目轻信你的承诺。如果你不能信守诺言，你就没希望取得大笔买卖的订单。从某种角度说，德国人对你在谈判中表现的评价，取决于你能否令人信服地说明你将信守诺言。

（二）讲效率

德国商人非常讲究效率，他们信奉的座右铭是"马上解决"，他们不喜欢对方支支吾吾，"研究研究"、"考虑考虑"、"过段时间再说"等拖拖拉拉的谈判语言。他们具有极为认真负责的工作态度和高效率的工作程序。所以，在德国人的办公桌上，看不到搁了很久、悬而未决的文件。德国人认为，一个谈判者是否有能力，只要看一看他经手的事情是否快速有效地处理就清楚了。因此，德国商人在谈判桌上会表现出果断、不拖泥带水的特征。

（三）谈判前准备充分

德国人的思维很有系统性和逻辑性，在谈判前，准备工作细致，极具条理性。他们会想方设法地掌握翔实的第一手资料，不仅要调查研究对方要购买或销售的产品，还要仔细研究对方的公司，以确定对方能否成为可靠的商业伙伴。只有在对谈判的议题、日程、标的物的品质和价格，以及对方公司的经营、资信情况和谈判中可能出现的问题及对应策略做了详尽研究、周密安排之后，他们才会坐到谈判桌前。他们不同于那种只要有利可图就与之做生意的赚钱公司，他们不喜欢与声誉不好的公司打交道。所以，有的人认为德国人比较保守，这可能是一个影响因素。

（四）重合同，守信用

受宗教及其他因素影响，德国人比较注意遵守各种社会规范和纪律。在商务往来中，他们崇尚契约、严守信用，权利与义务的意识很强。德国人很注重合同，对合同条文研究得比较仔细，合同的执行也相当严格。因此在签订合同之后，任何关于要求交货日期或付款日期的稍微宽延、变更或另作解释等都是不会被理会的。

（五）时间观念强，注重家人团聚

德国人非常守时，不论工作还是干其他事情，都是有板有眼、一本正经。因此与他们打交道，不仅谈判时不应迟到，一般的社交活动也不应随便迟到。对于迟到的谈判人员，德国商人对之不信任的反感心理会无情地流露出来，破坏谈判气氛，令对方处于尴尬的境地。另外，在德国，谈判时间不宜定在晚上，除非特别重要。虽然德国人工作起来废寝忘食，但他们都认为晚上是家人团聚、共享天伦之乐的时间，而且他们会认为你也有相同的想法。所以，冒昧地请德国人在晚上谈论商务或是在晚上对他们进行礼节性拜访会让他们觉得你不知趣。

(六)自信和执着，坚持己见

德国商人在谈判中很难做出让步。他们考虑问题周到系统，缺乏灵活性和妥协性。他们总是强调自己方案的可行性，让步的幅度一般在20%以内，因为他们坚信自己的报价是科学合理的。德国人总是千方百计地使对方让步，常常在签订合同之前的最后时刻还在争取使对方让步。

此外，德国商人在个人之间的交往上也是十分严肃正统的，不大重视在建立商务往来之前融洽个人关系。因此，在与德国人谈判时应注意：德国人对个人关系界定得很严肃，他们不喜欢称兄道弟。

三、法国商人的谈判风格

在近代世界史上，法兰西民族在社会科学、文学、技术方面有着卓越成就。法国商人具有浓厚的国家意识和强烈的民族、文化自豪感，他们乐观、开朗、热情、幽默，注重生活情趣，富有浓郁的人情味、爱国热情和浪漫情怀，非常重视相互信任的朋友关系，并以此影响生意。

(一)坚持用法语谈判

法国人对本民族的灿烂文化和悠久历史感到无比骄傲。他们时常把祖国的光荣历史挂在嘴边。法国人为自己的语言而自豪，认为法语是世界上最高贵、最优美的语言，因此在进行商务谈判时，往往习惯要求对方同意以法语为谈判语言，即使他们的英语讲得很好也是如此，除非他们是在国外或在生意上对对方有所求。在合同的文字方面，法国人往往坚持使用法语，以示其爱国热情。为此，与法国商人签订协议不得不使用两种文字，并且要商定两种文字的合同具有同等的效力。

(二)富有情趣和人情味

在商务交往上，法国人往往凭借着信赖和人际关系去进行。一般来说，在尚未结为朋友之前，他们是不会轻易与人做大宗生意的；而一旦建立起友好关系，他们又会乐于遵循互惠互利、平等共事的原则。因此，与法国人做生意，必须善于和他们建立起友好关系。在社会交往中，热情的法国人将家庭宴会作为最隆重的款待，但绝不能将家庭宴会上的交往视为交易谈判的延伸。一旦将谈判桌上的话题带到餐桌上，法国人会极为不满。

法国商人大多十分健谈、富有感情、话题广泛，而且口若悬河、出口成章。在谈判开始时，他们喜欢聊一些社会新闻及文化方面的话题，以创造一种轻松友好的气氛，否则将被视为“枯燥无味的谈判者”。法国商人在边聊边谈中慢慢转入正题，在最后作决定阶段，才一丝不苟地谈生意。要引起注意的是，法国人在谈判中讲究幽默与和谐，但他们不愿过多提及个人和家庭问题，与他们谈话时应尽量避免此类话题。

(三)家族企业多,重视个人力量

法国公司家族企业多,讲究产品特色,不轻易做出超越自己财力范围的投资。一般情况下,法国公司的组织结构单纯,自上而下的层次不多,比较重视个人力量,很少集体决策。从事谈判也大多由个人承担责任,决策迅速。法国商人大多专业性强、熟悉产品、知识面广,但在法国中小企业中,也有许多法国人不熟悉国际贸易业务,与他们做生意时应尽量把每个细节都商定清楚。

(四)时间观念不强

法国人的时间观念比较淡薄,他们在商业往来或社会交际中经常迟到或单方面改变时间。对别人要求严格、对自己比较随便是法国人时间观念的一大特点。如果你迟到,不论出于何种原因都会受到冷遇,但他们自己却会很自然地找个借口了事。在法国社交场合,有个非正式的习惯,主宾越重要,越到得迟。

(五)偏爱横向式谈判

法国商人在谈判方式上偏爱横向式谈判,即先为协议勾画出一个轮廓,然后达成原则协议,最后再确认谈判协议各方面的具体内容。法国商人不如德国商人那么严谨,但喜欢追求谈判结果,不论什么会谈、谈判,在不同阶段,他们都希望有文字记录,而且名目繁多,诸如"纪要"、"备忘录"、"协议书"、"议定书"等,用以记载已谈的内容,为以后的谈判起到实质性作用。因此,与法国人谈判对于频繁产生的文件应予以警惕,慎重行事,对己有利的内容,可同意建立文件;对己不利却难以推却的可仅建立初级的纯记录性质的文件。注意各种不同类型文件的法律效力,严格区别"达成的协议点"、"分歧点"、"专论点"、"论及点"等具体问题;否则产生的文件会变得含糊不清,成为日后产生纠纷的隐患。

另外,法国人认为谈判的重点在于整个交易是否可行,不太重视细节部分。主要问题谈妥后,他们便急于签约。他们认为具体问题可以以后再商量或是日后发现问题时再修改。经常出现昨天签的协议明天就要修改的情况。因此,签约时要小心行事,用书面语言加以确认,保证最终的文件具有法律约束力,以防止他们不严格遵守,在市场行情不看好的时候撕毁协议。

(六)思维灵活,手法多样

法国商人谈判时思路灵活、手法多样,为促成交易,他们常会借助行政、外交的手段或让名人、有关的第三者介入谈判。这种承认并欢迎外力的心理和做法可以为我所用。例如,有些交易中常会遇到进出口许可证问题,往往需要政府出面才能解决问题。当交易项目涉及政府的某些外交政策时,其政治色彩就很浓厚,为达成交易,政府可以从税收、信贷等方面予以支持,从而改善交易条件,提高谈判的成功率。

此外,法国商人对商品的质量要求十分严格、条件比较苛刻,也十分重视商品的美感,要求包装精美。此外,就他们看来,衣着可以代表一个人的修养与身份,在谈判时,考究得体的着装会带来好的效果。

另外,法国人工作时认真投入、讲究效率,休闲时痛快玩耍。他们十分珍惜假期,十分舍得在度假中花钱。通常 8 月是法国人的假期,全国上下,各行各业的职员都休假,这时候你想做生意是徒劳的。

四、意大利商人的谈判风格

与法国人不同，意大利人的国家意识比较淡薄，他们不习惯提国名，而更愿意提故乡的名字。意大利人文化素质高，既有德国人的精明能干，又有法国人的健谈。意大利商人谈判风格的主要特点如下：

(一)重视个人力量

意大利人狂热、效率不高、组织性不强、重视商人个人的作用。在商务谈判时，往往是参与谈判的人决定一切，个人在交往活动中比其他国家更具有自主权，所以与谈判对手关系的好坏是能否达成协议的关键因素之一。

意大利商人在处理商业事务时，做出决策很慢。但同日本等国不一样的是，他们并不是要和同僚协商，而是不愿仓促地表态。假如对方给他们一个做出决策的最后期限，他们会连眼都不眨地迅速拍板定案。这一方面显示了他们应付危机的能力；另一方面，或许他们早已经胸有成竹。所以，对他们使用最后期限策略，效果较好。

(二)不遵守约会时间

意大利人并不像其他国家那样对时间特别看重，约会、赴宴经常迟到，而且习以为常。即使是精心组织的重要活动，也不一定能保证如期举行，但如果他们特别重视与你的交易情况可能另当别论。比不准时更糟的是，有时候他们根本不来赴约，单方面推迟会期。

(三)注重节约

意大利人有节约的习惯，与产品质量、性能、交货日期相比，他们更关心的是花较少的钱买到质量、性能都说得过去的产品。如果是要他们卖东西，只要能有理想的销价，他们会千方百计地满足用户的要求。

(四)情绪多变，喜好争论

意大利人性格外向、情绪多变，喜怒都会表现出来。在谈话中，他们的手势也比较多，肩膀、胳膊、手甚至整个身体都随说话的声音而扭动，以至于有的专家认为，听意大利人说话简直是一种享受。意大利人非常喜欢争论，假如允许，他们会整天争论不休，尤其是在价格方面，更是寸步不让。

(五)崇尚时髦

意大利人崇尚时髦，讲究住所、衣着。不论是商人还是旅行家，都衣冠楚楚，潇洒自如。他们的办公地点，一般设施都比较讲究；他们对生活中的舒适，如住宿、饮食都十分注重。与其谈判时，应注意对其饮食与住宿的安排。意大利人对自己的国家及家庭也感到十分自豪与骄傲。在商务谈判中，最好不要谈论国体政事，但可以听听他们或引导他们谈谈其家庭、朋友等。

五、北欧商人的谈判风格

欧洲北部的挪威、丹麦、瑞典、芬兰和冰岛同属北欧。北欧是一个文化、经济高度发达的地区。北欧国家的人口密度在欧洲相对较低，经济水平则最高，丹麦、瑞典等国的人均国民生产总值均居世界前列。林业、水力发电、铁矿开采、渔业、造船业和航运业均为北欧的传统经济部门，与世界各地的贸易交往也具有较长的历史。

总的来说，北欧商人自立性强，态度谦恭、平和，坦率沉着，不易激动，愿意主动提出建设性意见以求做出积极对策，使北欧人形成了坦诚、积极的谈判风格。

（一）讲究礼仪

北欧人十分讲究文明礼貌，也十分尊重具有较高修养的商人。他们不易激动，善于同外国客商搞好关系。在与外国人交往时比较讲究礼仪，不论是正式谈判还是非正式谈判，他们如果是东道主，会安排得有条不紊，尽量让客人满意。同时，他们的谈判风格坦诚，不隐藏自己的观点，善于提出各种建设性方案。喜欢追求和谐的气氛，但这并不意味着他们会一味地顺应对方的要求。

（二）对工作态度严肃认真，谈判富有特点

工作计划性很强，做事按部就班。他们喜欢谈判有条不紊地按议程顺序逐一进行，谈判节奏较为舒缓，但这种平稳从容的态度与他们的机敏反应并不矛盾，他们善于发现和把握达成交易的最佳时机并及时做出成交的决定。他们在工作期间严肃认真、一丝不苟，但娱乐时间也决不工作。

北欧人在谈判中十分沉着冷静，即使在十分关键的时刻也不动声色、耐心、有礼貌，他们不喜欢无休止地讨价还价。如果他们与你做生意，主要是因为他们确认你的公司产品在市场上是十分优秀的，他们信得过你。如果你只为自己利益着想，忽视他们的利益或建议，他们就会改变对你的看法，很可能放弃与你做生意。应以坦诚态度对待来自北欧的谈判人员，这可以使谈判双方感情融和、交流顺畅，形成相互信任的气氛，以推进谈判。其次，要以理性的方式对待北欧人固执的态度。外国商人不能太着急，应充分注意其论述的理由。

（三）重视现代科技

北欧人对自己产品的质量非常看重，其产品质量在世界上也是一流的。北欧人为保证产品的世界竞争力，总是大规模投资于科学技术。近几年，他们更倾向于具有高附加值、高度专业化的产品出口。

（四）喜欢桑拿浴

北欧人将桑拿浴视为日常生活中必不可少的一部分，大多数北欧国家的宾馆里都设有桑拿浴室。在北欧，谈判之后去洗桑拿浴几乎成了不成文的规定。如果北欧谈判者邀请对方去洗桑拿浴，不要以为这很荒唐，这充分说明对方很受欢迎，因为洗桑拿浴是受到良好招待的明显标志。到北欧洽谈生意的外国客商也应不失时机地发出邀请或接受邀请，以增加双方接触的机会，增进友谊。

此外，北欧国家所处纬度较高、冬季时间长，所以北欧人特别珍惜阳光。夏天和冬天分别有三周和一周的假期。这段时间，几乎所有公司的业务都处于停顿状态，人们都休假去了。因此，做交易应尽量避开这段时间。当然，也可以利用假期将至为由催促对方赶快成交。

六、俄罗斯商人的谈判风格

苏联解体后，出现了许多独立的国家。其中，俄罗斯是面积最大、人口最多、经济实力最强的国家。俄罗斯人热情好客，表现得非常豪爽、质朴、热情，他们健谈、灵活，乐于谈论自己的艺术、建筑、文学、戏剧、芭蕾等。目前，俄罗斯的社会生活发生了很大的改变，人们的社会地位、生活方式、价值观念也有显著的变化。俄罗斯商人一般显得忧虑、自信心不足、进取心差，而且无政府主义蔓延，虽然待人谦恭，却缺乏信任。他们求成心切，求利心重，喜欢谈大金额合同，对交易条件要求苛刻，缺乏灵活性。俄罗斯商人的谈判风格主要有以下几个特点：

(一)固守传统，缺乏灵活性

苏联解体后，俄罗斯在由计划经济向市场经济的转变过程中进程最快，外贸政策有了巨大变化，企业有了进出口自主权，对外贸易大幅增长。政府给予外国投资者的优惠政策大大地吸引了欧美投资者。但是，在涉外谈判中，一些俄罗斯人还是带有明显的计划体制的烙印，在进行正式洽商时他们喜欢按计划办事，如果对方的让步与他们原定的具体目标相吻合，容易达成协议；如果有差距，他们很难让步，即使明知自己的要求不符合客观标准，也拒不妥协让步。

一些俄罗斯人缺乏灵活性，还因为他们的计划制定与审批要经过许多部门、许多环节。这必然要延长决策与反馈的时间，这种传统体制也僵化了人的头脑。尽管现在体制上有了较大的变革，但还没有形成正常的经营秩序和健全的管理体制。体制严格的计划性束缚了个人能力的发挥，而且这种体制要求经办人员对所购进商品的适用性、可靠性和质量进行审查，并要对所作出的决策承担全部责任。因此，他们非常谨慎，缺少敏锐性和创新精神，喜欢墨守成规。

(二)办事拖沓

俄罗斯人受到官僚主义办事拖拉作风的影响，做事断断续续，大大增加了谈判的难度。俄罗斯商人绝不会让自己的工作节奏适应外商的时间表。外商遇见的办事人员，绝不会急急忙忙奔回自己的办公室，向上级呈送一份有关谈判的详细报告，除非外商供应的商品正好是俄罗斯人极想要的商品。在谈判期间，假如外商向俄罗斯商人发信或打电传，征求俄罗斯商人的意见或反应，往往得不到及时回应。不仅如此，俄罗斯商人谈判喜欢带上各种专家，如技术专家、经济专家、金融专家、运输专家、法律专家，这样不可避免地扩大了谈判队伍，各专家意见不一也延长了谈判时间，拖延了谈判进程。因此，与俄罗斯商人谈判时，切勿急躁，要耐心等待。

(三)对技术细节感兴趣

俄罗斯人的谈判能力很强，这是源于苏联的传统，这一点美国人、日本人都感受至深。他们特别重视谈判项目中的技术内容和索赔条款。这是因为引进技术要具有先进性、实用性，由于技术引进项目通常都比较复杂，对方在报价中又可能会有较大的水分，为了尽可能以较低的价格购买最有用的技术，他们特别重视技术的具体细节，索要的东西也包罗万象，如详细的车间设计图纸、零件清单、设备装配图纸、原材料证明书、化学药品和各种试剂、各种产品的技术说明、维修指南等。所以，在与俄罗斯人进行洽商时，要有充分的准备，可能要就产品的技术问题进行反复大量的磋商。另外，为了能及时准确地对技术部分进行阐述，在谈判中要配置技术方面的专家。同时，要十分注意合同用语的使用，语言要精确，不能随便承诺某些不能做到的条件。对合同中的索赔条款也要十分慎重。

(四)擅长讨价还价

俄罗斯人十分善于与外国人做生意。讲得简单一点，俄罗斯商人非常善于寻找合作与竞争的伙伴，也非常善于讨价还价。假如俄罗斯商人想要引进某个项目，首先要对外招标，引来数家竞争者，从而不慌不忙地进行选择，并采取各种离间手段，让争取合同的对手之间竞相压价、相互“残杀”，最后从中渔利。

俄罗斯人在谈判中一般不会主动让步，在他们看来让步就是软弱，他们这种强烈的谈判意识给人留下一种僵硬而固执的印象。

俄罗斯商人非常精通传统的以少换多的交易之道，堪称行家里手。在价格谈判阶段，不管外商的开盘报价多么公平合理，怎样精确计算或多么低，俄罗斯商人也绝对不会相信，更不会接受外商的第一次所报价格。俄罗斯商人千方百计地迫使外商降低价格，挤出其中的水分，达到他们认为理想的结果。为了达到这一目的，俄罗斯商人会使劲玩弄“降价求名”的把戏。这时不要太实在，报个虚价，并咬牙坚持到底。一旦俄罗斯商人得到了低的价格，他们就会盼望、要求价格永远保持在低水平上。有时，俄罗斯商人也会使用“欲擒故纵”等最古老的计谋：“我们没有办法同你做生意，因为你的价格与你的竞争者们相比实在太高了，要不现在都快达成协议了。”还有其他惯用的招数，像大声喊叫、敲桌子，甚至拂袖而去等。对此，最好的办法就是不为所动，牢牢把住自己的价格防线。

对俄罗斯人的报价策略有两种形式：一种是报出标准价格，然后力争作最小的让步。可以事先印好一份标准价格表。表上所有价格都包含适当的溢价，给以后的谈判留下余地。第二种策略是公开你的标准价格再加上一定的溢价（如15%），并说明这样做的理由是同其做生意承担的额外费用和风险。因为在政治体制不稳定的环境中做生意的风险与费用是难以估量的。一般来讲，第二种策略要好些，因为如果在报价之初就定死一个价格，几个星期甚至数月后，情况可能会发生很大变化。俄罗斯的通货膨胀率已远远超过欧美，如果俄罗斯人不用硬通货作为支付货币，就必然要承担极大的风险。所以，要对俄罗斯人尽量缩短报价期限，并充分考虑报价在合同期内所受的通货膨胀的影响。

(五)注重关系

俄罗斯人的商业关系是建立在个人关系基础之上的。只有建立了个人关系，相互信任和忠诚，才会发展成为商业关系。没有个人关系，即使是一家优秀的外国公司进入俄罗斯市场，也很难维持其发展。俄罗斯人主要通过参加各种社会活动来建立关系，增进彼此友谊。这些活动包括拜访、生日晚会、参观、聊天等。在与俄罗斯人交往时，必须注重礼节，尊重民族习惯，对当地的风土民情表示出兴趣等。只有这样，在谈判中才会赢得他们的好感、诚意与信任。

(六)注重礼仪

俄罗斯人很重视仪表,喜欢打扮;在公共场合注意言行举止,比如他们从不将手插在口袋里或袖子里,即使在热天也不轻易脱下外套。在商务谈判中,他们也注意对方的举止,如果对方仪表不俗,他们会比较欣赏;相反,如果对方不修边幅就坐到谈判桌前,他们会很反感。俄罗斯商人对于研究过俄罗斯文化艺术的外商特别尊重,这会给商务谈判带来友善的气氛。

七、东欧商人的谈判风格

东欧诸国一般是指捷克共和国、斯洛伐克联邦共和国、波兰共和国、匈牙利共和国、罗马尼亚共和国、保加利亚共和国、前南斯拉夫等国。这些国家的政治体制改革和经济体制改革对社会文化的影响较大,国家制度的变化给这些国家人民的思想带来了很大的冲击。

在目前东欧政治、经济不稳定的历史条件下,更加剧了东欧商人的不稳定情绪。他们言行随便,谈判准备工作懈怠,信誉较差。对此,应在谈判之前就约法三章,在谈判时循章行事,若对方无诚意,应尽早结束谈判,不要再耗费时间和精力。

现在的东欧商人特别看重别人的尊重。所以与他们谈判时,应以尊重为前提,以尊重他们为基础,通过一系列尊敬对方的措施感动对方,换取信任,来促进思想的沟通和信息的交流,使谈判顺利进行。

现在的东欧商人更为注重现实利益。因此,谈判时,不要过分怀念传统,而应在珍惜传统的同时追求开阔的眼界和更高的利益。对于各种交易条件,都要权衡利弊、以利换利。对已获得口头承诺的利益,应立即用严格的书面形式明确,确保自己的利益。

东欧几国的民族文化相似,但各具特点。匈牙利人具有东方人的气质,重视信誉,容易交往;罗马尼亚人精明、开朗,善于察言观色和讨价还价;捷克和斯洛伐克的商人进取心强、反应敏捷等。

第五节　大洋洲的商务谈判风格

大洋洲是世界上最小的一个洲,也是世界上人口最少的洲,包括澳大利亚、新西兰、斐济、巴布亚新几内亚和所罗门群岛等30多个国家和地区。其中,澳大利亚和新西兰是两个较为重要的国家。70%以上的居民是欧洲移民的后裔,大多数居民通用英语,绝大部分居民信基督教,少数信天主教和印度教。

经济以农矿业为主,盛产供出口的椰子、甘蔗、菠萝、天然橡胶等。畜牧业发达,以养羊为主。工业以采矿、农畜产品加工为主。重工业较发达的有澳大利亚和新西兰,新喀里多尼亚镍产量居世界第二位,斐济的金和瑙鲁的磷酸盐开采较发达。

一、澳大利亚商人的谈判风格

澳大利亚以动植物的珍异闻名,是蓝桉、大叶桉、柠檬桉、檀香等栽培植物的原产地。由

6个州组成，各州都有各自的宪法，法律也不相同，各州的地区观念比较浓。铁路及地区开发、教育等是州政府自己办理的。澳大利亚主要输出农业、矿产资源，输入工业品。澳大利亚的人口中，90%是欧洲系人，以沉着型居多，不喜欢生活环境被扰乱。

澳大利亚很重视办事效率。谈判中，澳方派出的谈判人员一定都具有决定权，因此希望对方派出的人员也应同样具有决定权，以免在决策中浪费时间。澳大利亚人讲究实际，通常注重超额利润，提出的建议一般非常接近对方可接受的水平。他们极不愿意把时间浪费在不能作决定的空谈中，也极不愿意在讨价还价上浪费时间。在谈判中谈及价格时，他们往往不愿采用开始高报价，然后再慢慢减价的方式。他们采购货物时大多采用招标的方式，以最低报价成交，根本不予讨价还价的机会。

澳大利亚商人待人随和，不拘束，也乐于接受招待。一般员工很遵守工作时间，责任感很强，对工作很热心。但需注意的是，不要以为在一起喝过酒生意就好做了。他们的想法是，招待归招待，与生意无关，公私是分得很清楚的。他们在签约时很谨慎，但是履约率很高。一旦签约，就极少发生毁约现象。另外，由于澳大利亚行业范围狭小，信息传递得很快，因此谈判中要注意措辞。

澳大利亚国内的商品质量提高得很慢，便以进口关税来控制外国商品的输入；在该国市场上，进口货通常处于不利地位。

二、新西兰商人的谈判风格

新西兰是位于太平洋西南部的一个岛国，面积约26.8万平方公里，是正宗的英语国家，以欧式文化为主流。高度民主的政治体制、优裕的社会福利制度、丰富的自然资源、良好的社会治安、悠闲的生活方式，使其成为世界著名旅游胜地。

新西兰是一个农业国，工业品大部分需要输入，但国民福利相当高，商人过着充裕的生活。尽管如此，在商业活动中，他们责任心很强、注重信誉。由于经常进口外国货，商人都精于商谈，很难应付。

新西兰人在衣着上比较讲究，即使在体育活动时也很注意仪表。新西兰人崇尚平等主义。因此，在与新西兰人打交道时，不要随意打听对方的身份和级别，他们最忌把人划分为不同的等级。

新西兰人进行交易基于公平的原则，做生意不讨价还价，一旦提出一个价格就不能变更。新西兰商人的责任心很强，普遍重信誉。他们喜欢谈论政治、天气和体育，但要避免谈及种族问题。

第六节　非洲的商务谈判风格

非洲是全球仅次于亚洲的第二大洲。由于海岸平直，缺乏海湾及内海，外人不易深入，所以开发迟缓。受到专制统治和殖民主义的影响，非洲是全球最贫穷的大洲，其一年的贸易总额只占全世界的1%。非洲大陆有50多个国家，人口约有10亿，主要有两大种族，即黑色人种和欧罗巴人种(又称白种人)。在与非洲商人打交道时,要注意其各民族不同的语言和礼俗。

按地理习惯,非洲可分为北非、东非、西非、中非和南非 5 个部分。不同地区、不同国家的人民在种族、历史、文化等方面的差异极大,因而他们的国籍、生活、风俗、思想等方面也各具特色。

非洲各国内部存在许多部族。各部族之间的对立意识很强,其族员的思想大多倾向于为自己的部族效力,对于国家的感情则显得淡薄。各部族内部的生活具有浓厚的大家庭色彩。他们认为,有钱人帮助没钱人是天经地义的,因而大多数人都将希望寄托在已有职业或家境富裕的族人身上。由此带来的后果就是,非洲人工作效率低下,办事能拖就拖,时间观念较差。谈判时,他们较少准时到会,即使到了也要寒暄一阵才会开始正式谈判。对此,其他国家的谈判人员只能忍耐。

非洲人的权力意识很强,每个拥有权力的人,哪怕是极小的权力,都会利用它索取财物。在非洲,利用采购权吃回扣的事也屡见不鲜。因此,去非洲做生意,应当注意用"吃小亏占大便宜"的方法,以小恩小惠来取得各环节有关人士的信任和友谊,才可能使交易进展顺利。

由于非洲人生活节奏较缓慢,所以在与其进行商务谈判时要尽量照顾其生活习惯,配合其怡然自得的生活节奏,否则会引起对方不必要的猜疑,使之适得其反。

非洲人有许多禁忌需要注意。许多国家等级森严,从事商务活动的人多为名门望族,故十分看重礼节,稍有失礼,将可能直接影响商务谈判的进展。

非洲商人既会讨价还价,也能妥协让步,总的来看是刚强生硬、自尊心极强,十分看重友谊,任何交易都需要建立在深厚的友谊基础上,否则无从下手。

由于历史的原因,整个非洲的文化素质不高,有些从事商务谈判的人对业务知识不太熟悉。贸易术语自有定规,这就要求我们在与其交往时要把所有问题乃至各问题的细节都在商务谈判中加以确认,以免日后发生误解或纠纷。另外,在非洲还要避免与那些"皮包商"做生意,他们往往只为骗取必要的许可证再转卖出去或为了拿到你提供的样品,积极找你谈生意并一口答应你的条件和建议,得手后便逃之夭夭。非洲国家的法制不够健全,很难依靠法律追究他们的责任。

在非洲诸国中,南非的经济实力最强,黄金和钻石的生产流通是其经济的最大支柱;南非商人的商业意识较强,他们讲究信誉、付款守时。他们一般派出有决定权的人负责谈判,一般不会拖延谈判时间。尼日利亚的经济实力也较强,虽以农业为主,但石油储量丰富,工业发展很快。当权人物都受过高等教育,能巧妙运用关税政策低价进口物美价廉的外国产品。扎伊尔以农业为主,是重要的矿产国,其国民缺乏商业知识和技巧。坦桑尼亚、肯尼亚和乌干达三国位于非洲东部,形成共同市场,期望经济合作。三国的地方资本已有所发展,但商人缺乏经验,推销也不可靠,因此与这三国的商人洽谈时,要认真考察后再作决定。

【本章小结】

在谈判中，谈判风格受其个人的气质、心理素质的影响，也会因每个人所处的国度、地区不同，受到不同的政治、经济、文化传统的影响而有所不同。因而，来自不同国家、不同地域、不同民族的商务人员由于文化背景的差异在国际商务谈判中表现出不同的风格、特征。这些各具特色的谈判风格主要是由各国商人不同的思维方式造成的，这种谈判思维上的差异又是基于他们各自的文化背景差异形成的。了解和熟悉谈判对手的谈判风格，有利于在谈判中掌握主动权，甚至可以因势利导，扭转谈判的局面，使得谈判顺利进行。

【课后思考】

1. 谈判风格的特点和作用有哪些？
2. 应如何对待美国式谈判？
3. 如何同德国人进行谈判？
4. 试分析一下俄罗斯商人的谈判风格，并说明怎样和他们进行谈判会取得更好的进展。

【案例分析】

韩国人为何在谈判中往往处于弱势？

2007 年末，美国西北大学对世界各国 CEO（最高执行官）的谈判能力进行了调查，结果是韩国排名第 16 位。但是，西北大学调查的对象国家恰巧是 16 个。韩国在 16 个国家中的排第 16 位，就是说，韩国的谈判能力相对最差。

为什么韩国人不会谈判？原因大概不外乎以下三点：

首先是文化上的原因。在韩国，小学生每天上学时，绝大多数妈妈都会叮嘱“好好听老师的话，别和同学打架”。听话，不打架……归根结底就是“以和为贵”的文化在起决定性的作用。当自己和对方意见不同时，韩国人不善于通过对话来解决问题，所以韩国在“协商谈判”时必然身处弱势。

第二个理由就是“气质”。国外把韩国人的谈判特点归结为两种：“感情用事”和“脾气急躁”。在谈判当中，胜者是没有“谈判最后时限”的一方。如同在韩美牛肉谈判中所表现的那样，韩国总觉得被什么东西追赶似的先设定谈判时限，必然会被美方牵着鼻子走。感情调节能力也是韩国人所缺乏的部分。谈判并不是一场靠感情来取胜的游戏。在谈判中需要的是合理和论理。

第三个理由是缺乏对谈判的专业教育。在美国，谈判教育如同领导力教育那样早已普及，这也是造就今天的美国成为谈判强国的秘诀。换句话说，这也是韩国在与美国的谈判中屡战屡败的原因。在美国自 20 世纪 80 年代开始，谈判课程便进入大学课堂，开始实施全面教育。仅在美国最大的谈判专门学校 KARAS，一年就有 3 万多人接受谈判教育。相比之下，韩国从 20 世纪 90 年代中期才开始在大学实施谈判教育，更何况教育内容本身也远不及美国。

韩国人身上的弱点，我们是否也存在？如何克服？如何进行谈判能力的教育？

【实训项目】

◎ 实训目的

1. 掌握谈判的基本风格；
2. 体验各国谈判的风格。

◎ 实训组织

1. 将学生分若干小组，分别搜集各国、各地区商人的谈判风格，进行角色扮演；
2. 各自推举谈判代表组成谈判小组，就某一交易展开谈判；
3. 由未参与谈判的学生对各组体现的谈判风格进行评判。

◎ 实训评价

1. 是否经过精心的调研准备；
2. 各谈判小组所表现的谈判风格是否突出、有特点；
3. 是否遵循国际商务谈判的基本原则。